上海市高校辅导员培训基地系列教程

U0622211

国外高校研究生事务管理实务

主　编　崔海英

副主编　杜彬彬

编　委（按照姓氏拼音排序）

蔡小梅　经雨珠　栗蕊蕊　李小玲

罗　艺　梅月平　王海建

华东师范大学出版社

图书在版编目(CIP)数据

国外高校研究生事务管理实务/崔海英主编. —上海：
华东师范大学出版社，2014.4
ISBN 978 - 7 - 5675 - 1951 - 0

Ⅰ.①国…　Ⅱ.①崔…　Ⅲ.①研究生教育-教学管理-国外　Ⅳ.①G643

中国版本图书馆 CIP 数据核字(2014)第 058799 号

国外高校研究生事务管理实务

主　　编　崔海英
责任编辑　朱建宝
项目编辑　蒋　将
责任校对　王　溪
封面设计　孔薇薇

出版发行　华东师范大学出版社
社　　址　上海市中山北路 3663 号　邮编 200062
网　　址　www. ecnupress. com. cn
电　　话　021 - 60821666　行政传真 021 - 62572105
客服电话　021 - 62865537　门市(邮购)电话 021 - 62869887
地　　址　上海市中山北路 3663 号华东师范大学校内先锋路口
网　　店　http://hdsdcbs. tmall. com

印 刷 者　苏州工业园区美柯乐制版印务有限责任公司
开　　本　787×1092　16 开
印　　张　16.75
字　　数　390 千字
版　　次　2014 年 5 月第一版
印　　次　2014 年 5 月第一次
书　　号　ISBN 978 - 7 - 5675 - 1951 - 0/G·7284
定　　价　39.00 元

出 版 人　朱杰人

(如发现本版图书有印订质量问题,请寄回本社客服中心调换或电话 021 - 62865537 联系)

前　　言

　　2007 年 8 月,由教育部思想政治工作司主办,华东师范大学、中国学位与研究生教育学会德育委员会承办的首次全国高校研究生辅导员班主任骨干培训班在华东师范大学开班。在紧密围绕教育部、上海市教委关于大学生思想政治教育工作的部署精神下,2008 年 5 月,上海市高校辅导员培训基地(华东师范大学)正式挂牌。基地成立伊始,针对研究生扩招和新形势下研究生群体的新特点,进一步改进研究生思想政治教育工作,提升研究生辅导员队伍的专业素质,基地将培训对象定位为以研究生辅导员为主,成为了上海市唯一专门针对研究生辅导员培训与研修的基地,也成为了全国首家专门针对研究生辅导员的培训平台。

　　基地以“抓研究生辅导员队伍建设,促研究生思政教育工作”为理念,以社会主义核心价值体系引领研究生辅导员队伍建设和研究生思想政治教育工作,努力提升研究生辅导员业务能力和综合素质,依托华东师范大学研究生思想政治教育工作实际,稳步推进本校研究生辅导员队伍职业化和专业化建设。六年来,在教育部思政司和上海市教委的关心与指导下,基地共培训学员 1000 余人,覆盖全国近 100 所高校,在兄弟高校中树立了良好口碑,产生了广泛影响。

　　在认真完成各项培训任务的同时,基地也注重创新培训体制与机制,特别注重建立培训专家库,完善培训课程体系,开发培训专用教材,这一过程得到了教育部思想政治工作司、上海市教育委员会的悉心指导,出版过程也得到了华东师范大学出版社的大力支持,2013 年起基地牵头组织编撰的培训教材即将呈现于读者眼前。本书介绍了国外高校研究生事务管理的理念、方法和制度,供广大读者批判性地阅读。同时,我们也希望,这一系列教程的付印与推广,能够促进高校大学生辅导员队伍不断主动创新、深化研究,形成更好地开展高等院校学生事务管理工作的有效方法,从而产生更大的理论与实践意义。

编者

2014 年 3 月

目录

目
录

第一章　研究生事务管理概述

第一节　麻省理工学院的 ODGE 简介[①]

　　麻省理工学院(Massachusetts Institute of Technology,简称 MIT)是美国一所综合性私立大学,位于马萨诸塞州的剑桥市,培养了众多对世界产生重大影响的人士,是全球高科技和高等研究的先驱领导大学。麻省理工学院的自然及工程科学在世界上享有极佳的声誉,其管理学、经济学、哲学、政治学、语言学也同样出众。麻省理工学院有专门的研究生事务管理部门,即 ODGE(Office of the Dean for Graduate Education,简称 ODGE),本节内容以 ODGE 的组织架构为主进行简介。ODGE 的负责人是分管研究生教育的院长,主要负责研究生教育办公室、国际留学生办公室以及研究生委员会办公室等三方面工作。

　　ODGE 的管理组织架构如图 1.1(英文)、1.2(中文)所示,主要由三部分组成:

※　研究生教育办公室(Office of the Dean)

下设:行政部门(Administration)

　　　宣传交流部门(Communications)

　　　学生服务部门(Student Services)

　　　招生宣传部门(Undergraduate Outreach)

※　国际学生办公室(International Students Office,简称 ISO)

下设:留学生事务部门(For Students)

　　　移民事务部门(Immigration)

　　　留学生资源部门(Resources)

　　　工作人员专属部门(For MIT Staff)

※　研究生委员会(Graduate Student Council,简称 GSC)

下设:委员会(Committees)

　　　总理事会(General Council)

　　　课程及项目规划部门(Programs & Initiatives)

　　　资金筹备部门(Funding)

　　　参与部门(Get Involved)

---

① 本节内容主要参考麻省理工学院官方网站:www. mit. edu。

资源部门（Resources）

新闻热点部门（News & Events）

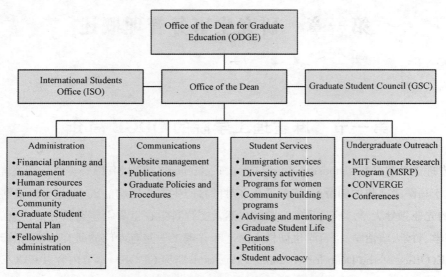

图 1.1　ODGE 的管理组织架构图（英文）

来源：http://odge. mit. edu/

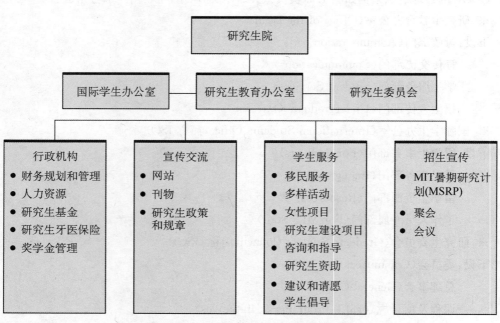

图 1.2　ODGE 的管理组织架构图（中文）

ODGE 旨在为麻省理工学院的研究生教育和研究生生活提供帮助，提高研究生的学术水平并改善他们的生活质量。

一、研究生教育办公室

　　研究生教育办公室的每个工作部门分工明确，为研究生提供各种各样的咨询和建议，例如：调解导师与研究生之间的关系，调解校内冲突矛盾，协助解决科研经费的周转问题，解答研究生课程、科研相关问题，解答学生应享有的权利及该履行的义务等一系列与研究生切身利益相关的问题，他们还为研究生对于教育相关政策及规章制度的疑惑做出合理的解释。此外，麻省理工学院的每个学院下设一名或多名研究生管理员，负责研究生相关的事务性工作：招生、注册、成绩单打印、企业招聘信息发布、论文相关问题、学位及毕业工作等。

　　下面就研究生教育办公室的四个工作部门做进一步介绍。

（一）行政部门

　　研究生教育办公室的行政部门主要负责财务规划和管理、人力资源、研究生基金、研究生牙医保险及奖学金管理等方面工作。下面以学生财务部门为例进行简单介绍。

　　学生财务部门借助不同的形式争取各种有利资源，为研究生提供尽可能多的经济支持，其中一些经济支持建立在研究生奖励机制的基础上，另外一些则建立在研究生经济需求的基础上，或者两者兼备，亦或基于其他方面的因素。各学院的部门、机构均有财政资源提供给有经济需求的研究生。此外，研究生委员会及注册办公室提供研究生各项开支的明细信息。对研究生而言，奖学金只是一项用来支付全部或部分学费的奖项，而助学金包括学费支持、津贴补助、差旅费、书本费、食宿费等。下面就学生财务部门的五个方面做简单介绍。

　　（1）学杂费

　　学生注册办公室官方网站主页上有关于研究生学杂费的表格，上面列有当前学年及之前学年的学费明细。此外，研究生委员会还制作了一张关于研究生平均生活成本的表格，展示在研究生委员会官方网站主页上，供学生查看。

　　（2）活动和委员会支持

　　学生个人或者是被认可的学生组织或团体可以为他们将要进行的项目向ODGE要求经济支持。为了得到经济支持，学生得写一份完整的活动或项目经费申请表，包括姓名、日期、目的、预算以及该活动或项目对麻省理工学院研究生将会产生怎样的影响，该申请表申请须在项目活动开展的一个月前发给ODGE。

　　（3）研究助理及助教岗位申请

　　研究助理主要是协助实验室研究人员的工作，或参与其中一个研究项目；研究生助教岗位主要是协助教师的课堂或实验教学，研究助理或助教岗位可以向研究生管理员咨询信息并提出申请。

　　（4）奖学金

　　麻省理工学院研究生奖学金的全部信息都在ODGE官方网站主页上列出，部分奖学金可能由各个学院或部门给出相关信息。下面简单介绍几类奖学金。

　　➤ 校外组织或机构提供的外部奖学金

　　该奖学金分为美国公民可申请的、永久居民可申请的、国际学生可申请的三部分，研究生可以根据自己的身份去申请。

> 总统研究生奖学金计划

该奖学金是麻省理工学院为招揽全世界最优秀的研究生而设置,该计划每年奖励来自世界各地的 120 名研究生新生。

> ODGE 奖学金

该奖学金由 ODGE 专门设立,每年三月份由 ODGE 行政人员组织评审,所有申请者必须先通过研究生办公室的提名,所有符合条件的学生必须联系他所在院系或部门的研究生管理员以便确认自己是否具备申请资格。

> 国外研究补助金

该奖学金专为去国外交流访问的研究生而设置,研究生可以申请补助金去国外的高校或研究机构进行学术交流访问。

此外,ODGE 官方网站主页的奖学金版块展示了奖学金预算样表,给出了各项经济资助预算,麻省理工学院的一些其他部门也为国际学生提供了可以申请的奖学金。

(5)助学贷款

麻省理工学院开设了学生财政服务官方网站,该网站列出了助学贷款的相关内容。已申请奖学金、助学金的同学还可以同时申请助学贷款,需要办理助学贷款的研究生都需要接受贷款前的辅导,学生财政服务中心(Student Financial Services,简称 SFS)网站专门提供贷款咨询。另外,办理助学贷款的研究生在毕业之前,还需要参加 SFS 组织的结束贷款面试。

(二)宣传交流部门

研究生教育办公室的宣传交流部门主要包括网站、刊物及研究生政策和规章制度。关于网站和刊物,在本节的研究生委员会部分会做详细的介绍,这里主要介绍研究生政策和规章制度。为提高研究生的社会性和多样性,同时为帮助学术部门,包括为研究生提供财政拨款,ODGE 在制定和修订研究生政策和规章制度的过程中,结合了研究生课程委员会的方案。研究生政策及规章制度主要分为招生与注册、更高学位的获得、财务资助、角色与关系等五方面。

1. 招生和注册政策

每位研究生新学期都必须通过注册,每个学院各有一名老师作为学生的学籍登记官,负责审批学生的注册申请信息,并关注学生的学籍变化信息。学生在开学一周后可以在网上查看自己的学籍状态。关于研究生招生政策将在本节的招生宣传部分做详细介绍。

2. 更高学位的获得政策

更高学位的获得政策主要包括硕士学位获得、博士学位获得、跨部门交流计划、论文撰写、学位课程相关问题、学位奖项等方面内容。更高学位的获得政策内容比较详实,例如,在硕士学位获得政策部分,对理学硕士、工程硕士、建筑学硕士、工商管理硕士等各个不同领域的硕士学位的获得提出了不同的期望和要求。另外,针对部分研究生修读双学位的学位获得政策也进行了详细规定。

3. 财务资助政策

财务资助政策主要包括奖学金、助研岗位申请、兼职、贷款等方面内容。麻省理工学院的硕士研究生的学费,一年大概为 19000 美元,加上食宿费、书本费等,一年的总费用大概为 29350 美元。研究生可以选择不同的方式去承担这笔费用,ODGE 官方网站上有关于助研岗位的信息,校内外的一些兼职信息也在网上公布,有需要的研究生可以自己去了解并申请。此外,研究生也可以选择办理助学贷款来减轻自己读研究生期间的费用负担。

4. 教学督导部门

教学督导部门下设部门委员会、研究生课程委员会、研究生教务员名录(分院系、部门)、研究生管理员名录(分院系、部门)、请愿部门等。这些部门的设立便于研究生处理关于课程、学分、论文等一系列与教学、科研相关的事务性工作。

5. 角色与关系

该部分对麻省理工学院的教师与学生的角色定位及关系做了相应的解释,介绍了学生的领导部门,详细说明了学术诚信的相关规定。这部专门的学术诚信手册,详尽阐述了违反学术诚信的案例,以及违反学术诚信条例的后果等。

(三)学生服务部门

研究生教育办公室的学生服务部门旨在为学生提供各种类型的服务,主要包括移民政策、多样性活动、女生项目及资源、研究生建设项目、咨询和指导、建议和请愿、学生倡导、专业及个人发展等方面的服务。下面简单介绍女生项目及资源、专业及个人发展的服务情况。

1. 女生项目及资源

麻省理工学院专为女生开设了官方网站,对于她们可参与的项目及可享受的资源情况做了详细的介绍。研究生女生有两个重要的团体,一个是研究生女生社团,另一个是女生阅读社,这两个学生团体专为女生设计活动。学生服务部门曾经组织庆典活动,表彰了 47 名麻省理工学院杰出的女研究生,另外该部门还将各个学院致力于科研工作的女研究生集中起来开展学术研讨活动。

2. 专业及个人发展服务

专业及个人发展服务主要为毕业生提供各种资源,给他们提出各方面的建议和意见,无论是个人问题,还是职业生涯规划相关问题,或是为学生社团在校园内获得支持,或关于研究生在校园内日复一日工作、学习状态的非正式的讨论,只要你能想到的问题,这里都可以找到相关信息。这里还有各种讲座或招聘会的信息、关于就业洽谈会的信息、关于论文写作指导的讲座信息,也有企业以喝咖啡聊天形式来学校招聘的宣传信息。麻省理工学院设立了全球教育与职业发展办公室,帮助研究生进行职业生涯规划。

(四)招生宣传部门

研究生教育办公室的招生宣传部门每学年都在进行招生宣传工作,无论是麻省理工学院的本科生还是来自外院校的本科生。无论学生最终是否选择麻省理工学院继续深造,招生宣传部门通过举办各类活动,鼓励本科生考虑自己的读研计划。下面简单介绍三类活动。

1. MIT 暑期研究计划

MIT 暑期研究计划旨在通过增加多样性来改进研究生的科研计划,为 MIT 的研究生教育输送最优秀的生源,提升研究生教育的价值。目前,这一暑期计划主要是为了选拔一些有天赋并想在 MIT 的暑假生活中受益的大二、大三学生和非毕业班的本科生,他们可以在一些有经验的科学家或者工程师的指导下,在 MIT 的实验室做研究,向一些优秀的研究生、博士后或是 MIT 的教员请教学术问题。参加暑期研究计划的本科生更容易适应研究生阶段的学习,并且能调动他们的积极性,因此这也是麻省理工学院的一项人才储备计划。

2. 聚会

聚会的目的是增加研究生在 MIT 研究生项目中的积极性,为了实现这样的目标,招生宣传部门会选择在秋季的某一个周末在校园内举办聚会活动,邀请参与者来体验麻省理工学院研究生的学习和生活。

3. 会议

麻省理工学院的学生代表可以参加各种全国会议。会议中心积极邀请本科生参加各种会议,以帮助本科生更好地了解在麻省理工学院进行暑期研究的机会。

二、国际学生办公室

国际学生办公室主要为麻省理工学院的 3000 余名留学生提供学生事务、移民政策、资源等方面的服务。此外,它还为麻省理工学院的工作人员和管理人员提供专门服务。

1. ISO 简介

国际学生办公室每年服务于 900 多名留学生新生和超过 500 多名的家属。ISO 为留学生及其家属提供的服务内容包括:

(1) 就移民法规相关问题,提供个人预约和团体预约服务;

(2) 组织一段时间的实践培训,并提供相应的法律文件,帮助留学生获得相关工作经验;

(3) 为留学生和他们的家属提供在美国境外旅行的各种形式的服务,或满足他们的一些要求;

(4) 为入学的所有留学生提供所需的法律文件,包括本科生、研究生、特殊教育的学生、交流和访问学生等;

(5) 为新入学的留学生举办迎新活动,包括本科生和研究生。

此外,ISO 还提供赞助活动和方案,帮助留学生适应在美国的生活,并为在麻省理工学院因突发事件和意外移民问题而困扰的留学生提供咨询。如果留学生有关于招生、学位课程、计费、财务援助或住房等方面的问题或需要,可以在麻省理工学院官方网站主页的相应版块找到介绍。比如需要研究生服务,就可以访问研究生教育办公室和研究生委员会的网页进行咨询。麻省理工学院的留学生在生活中有任何问题或意见均可致电咨询,ISO 的联系方式及工作时间也在网页上公布出来。

2. 学生事务服务

ISO 的学生事务服务主要是为留学生新生及老生提供各种学生事务的处理方案。如果遇到招生、学位课程以及经济援助等方面的问题,就可以在麻省理工学院的招生网站主页、学位课程网站主页及学生财政服务网站主页上找到相应的解答。

3. 移民服务

ISO 的移民服务主要是为那些遇到就业困难或因移民政策不能境内旅游的在读留学生提

供帮助。因为移民政策是美国法律政策里比较复杂的政策，所以 ISO 主页关于移民政策所提供的信息只能作为一般的信息来源，根据每个人具体情况的不同，遇到问题的留学生可以咨询专门的留学生顾问。

4. 资源服务

ISO 的资源服务主要是为非美国本土的学生、研究人员、访问学者、研究员以及以教育移民身份来麻省理工学院的教职员工提供关于他们工资收入的纳税计算系统。同时也为留学生提供与美国本土学生、本地文化相融合、相适应的服务项目，帮助他们与当地学生更好地相处。此外，它还提供了麻省理工学院各部门详细的办公室地址、联系电话，以及他们的工作时间，这为学生提供了极大的便利。

5. 关于麻省理工的工作人员

ISO 开设了专为麻省理工学院的工作人员及管理人员访问的网页，该网页提供了关于招生移民文件清单、参观学生校园的具体要求等相关信息，及一些办事流程信息。当然，工作人员和管理人员需要得到麻省理工学院内部专门机构的认证才能访问该网页。

三、研究生委员会

研究生委员会的官方网站主要介绍了各类研究生委员会、总理事会、课程和计划、GSC 资金、加入 GSC、资源和机会、新闻和大事件、联系方式等内容。

1. GSC 简介

GSC 旨在满足研究生在各领域的需求，其管理组织架构如图 1.3（英文）、图 1.4（中文）所示。GSC 由 13 名常设委员会主席组成执行委员会领导，并分管各委员会和理事会，研究生委员会主席统筹执行委员会的工作。委员会和理事会的主席由一名或两名研究生担任，原则上

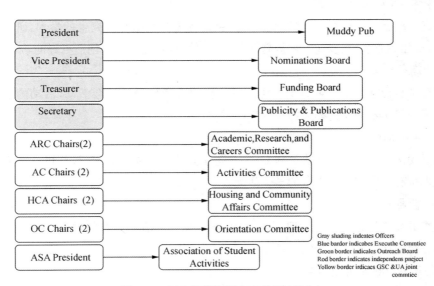

图 1.3　GSC 的管理组织架构图（英文）

来源：http://gsc.mit.edu/about-gsc/overview/

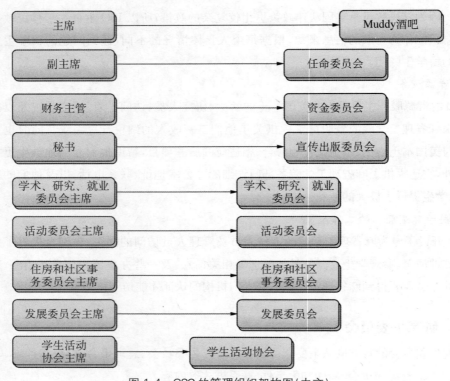

```
┌──────────┐                              ┌──────────────┐
│   主席    │ ───────────────────────────▶│  Muddy酒吧   │
└──────────┘                              └──────────────┘

┌──────────┐                              ┌──────────────┐
│  副主席   │ ───────────────────────────▶│  任命委员会   │
└──────────┘                              └──────────────┘

┌──────────┐                              ┌──────────────┐
│  财务主管 │ ───────────────────────────▶│  资金委员会   │
└──────────┘                              └──────────────┘

┌──────────┐                              ┌──────────────┐
│   秘书    │ ───────────────────────────▶│ 宣传出版委员会 │
└──────────┘                              └──────────────┘

┌──────────┐                          ┌──────────────┐
│学术、研究、│                          │学术、研究、就业│
│就业委员会 │ ────────────────────────▶│   委员会     │
│  主席    │                          └──────────────┘
└──────────┘

┌──────────┐                          ┌──────────────┐
│活动委员会 │ ────────────────────────▶│  活动委员会   │
│  主席    │                          └──────────────┘
└──────────┘

┌──────────┐                          ┌──────────────┐
│住房和社区事│                          │住房和社区    │
│务委员会主席│ ────────────────────────▶│ 事务委员会   │
└──────────┘                          └──────────────┘

┌──────────┐                          ┌──────────────┐
│发展委员会 │ ────────────────────────▶│  发展委员会   │
│  主席    │                          └──────────────┘
└──────────┘

┌──────────┐                    ┌──────────────┐
│ 学生活动  │ ──────────────────▶│  学生活动协会  │
│ 协会主席  │                    └──────────────┘
└──────────┘
```

图 1.4　GSC 的管理组织架构图（中文）

每月召开一次例会，以解决研究生的种种问题，为研究生提供服务，完成 GSC 的使命。

2. 9 类研究生委员会

GSC 下设 9 类研究生委员会，下面是各委员会的简介：

（1）学术、研究、就业委员会

学术、研究、就业委员会倡导学术多样性，负责制定和实施与研究生的学术、研究、就业相关的方案，比如职业公平、专业发展规划、师友计划等，旨在为研究生创造更好的学术环境。

（2）活动委员会

活动委员会旨在为研究生组织和协调一些校内或者校外的社会活动，活动的形式多样，以期满足不同层次不同研究领域的研究生的需求。

（3）学生活动协会

学生活动协会是由本科生协会和 GSC 共同建立的联合委员会，是被认可的官方机构，它统领并代表所有在麻省理工学院的学生活动。

（4）资金委员会

资金委员会的建立旨在召开理事会，讨论下学期学生活动经费的预算是否合理，为整个研究生委员会的活动经费安排统筹规划。

（5）住房和社区事务委员会

住房和社区事务委员会主要解决研究生的生活问题，包括住房和租金、奖助学金、医疗服务和保险、交通运输、安全、体育等相关事宜。

（6）Muddy 酒吧

Muddy 酒吧位于麻省理工学院沃克纪念大厦一楼的东南角，Muddy 酒吧为压力大的学生提供了一个非常好的放松、解压的场所。

（7）任命委员会

任命委员会主席由 GSC 副主席担任，主要负责 GSC 委员的任命工作。

（8）发展委员会

发展委员会负责为一年级研究生提供帮助，为他们策划一系列的活动，指明研究生期间的发展方向。

（9）宣传出版委员会

宣传出版委员会负责通过多样的方式为研究生进行信息的传播，包括每月研究生新闻的发布。

3. 总理事会

总理事会由执行委员会和各理事会的代表组成，在 GSC 的发展方向上具有关键决策权。总理事会的成员负责传达研究生关注的热点问题，分享他们搜集的想法和意见，并将这些问题汇报给他们的部门理事会。

4. 课程和计划

GSC 不断追求以多样化的方式来对课程、项目进行改革，从而能够更好地服务于研究生。课程和计划部分为研究生提供关于课程和计划的内部运营、生活、工作、休闲、就业、毕业等各方面的信息。

5. GSC 资金

对研究生及其社团组织来讲，拥有足够的资金是非常重要的。GSC 有超过 30 万美元的年度预算，主要用于各种项目，包括就业项目、学生社团的奖励等。在 GSC 资金的官方网站上，对研究生委员会预算、网上支付请求、体育及表演活动资助、委员会代表资金、学生社团资助、旅费资助、学生社团合作奖、学生社团启动资金以及资金董事会时间轴等方面情况做了简单介绍，其中资金董事会时间轴的网页设计独具匠心，如图 1.5 所示，通过点击下方的时间段，

图 1.5　资金董事会时间轴官方网站截图

来源：http://gsc.mit.edu/

这段时间内将要举办的活动会呈现出来，一目了然，有利于更好地合理规划资金的运转。

6. 加入 GSC

无论是否具有相关工作经验，GSC 都倡导有志于为他人提供服务的研究生志愿者加入，呼吁研究生积极加入委员会担任志愿者，GSC 志愿者有机会参与处理研究生委员会遇到的各种问题。

7. 资源和机会

GSC 为研究生参与研究生团体活动提供广泛的资源和机会，协助研究生个人与研究生团体更好地融合。在 GSC 网页上，可以查出关于财政资源的每笔费用的支出情况，对承诺提交、LOGO 识别、以往的活动以及之前的会议笔记、租赁设备等方面资源也做了简单介绍。

8. 新闻和大事件

研究生的新闻和大事件主要由 GSC 组织发布。为保证研究生能在第一时间了解到最新的消息和事件，GSC 每个月对与研究生相关的时事进行分析，并在网页上公布最新的消息、观点和即将发生的大事件等；此外，还设立了一个大事件及会议日历网页，以搜集和发布来自校园内的研究生大事件及会议，如图 1.6 所示，网页用日历形式展示了即将发生的大事件及会议安排，这样的设计让研究生很清晰地了解到即将开展的活动或会议安排。对于每周的研究生事件，GSC 会通过 E-mail 或者在线日历的形式传达给研究生。

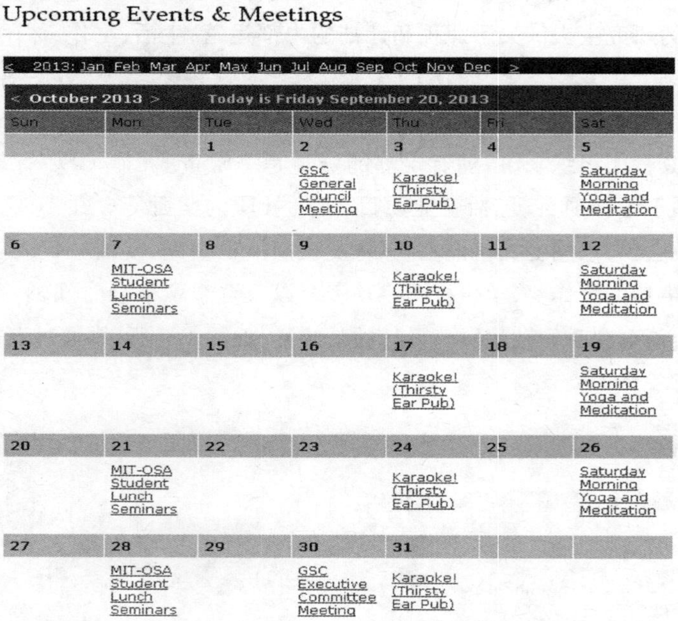

图 1.6　大事件及会议日历官方网页截图

来源：http://gsc.mit.edu/

作为最主要的研究生资助机构，GSC 的出版刊物主要有《The Graduate》和《The Anno》。这里仅对《The Graduate》做简单介绍。如图 1.7 所示，《The Graduate》每一期主题各异，或是

图 1.7　GSC 的出版物《The Graduate》封面截图

来源：http://gsc.mit.edu/news-events/pubs/

关于经济压力，或是讲述卫生与健康，或是迎新专版，或是以改革与创新为主题等。刊物的封面设计都是经过精心策划的，个性突出、主题鲜明。

9. 联系我们

GSC 官方网站主页提供了研究生委员会的地址及联系方式，同时，研究生可以在网页上留下自己的姓名、邮箱地址及问题，会有相应的工作人员及时做出回应。

第二节　斯坦福大学的 VPGE 简介[①]

斯坦福大学（Stanford University）全称为小利兰·斯坦福大学（Leland Stanford Junior University），于 1891 年由利兰·斯坦福建立，位于加利福尼亚州的斯坦福市，被公认为世界上最杰出的大学之一。截至 2013 年 10 月，斯坦福大学共有本科生 6800 名，研究生 8200 名。对于如此庞大的研究生群体，斯坦福大学设立了专门的研究生事务管理部门：研究生教育副教务长办公室（vice provost for graduate education，简称 VPGE），本节主要对 VPGE 的研究生事务管理职能做简单介绍。

斯坦福大学将研究生教育定位在创新前沿，为提高教育质量，VPGE 与斯坦福大学的各院系、部门协同工作，研究生教育的主要责任依赖于各院系，VPGE 提供的倡议和资源丰富了研究生在斯坦福大学的学术经验，推进研究生教育的多样性，培养研究生的领袖意识和领导能力。

VPGE 工作的重点是：

➢ 管理全校研究生奖学金项目

➢ 推进研究生教育的多样性

➢ 在跨学科学习和专业发展上促进跨校学习机会

➢ 在研究生学位课程中促进学术创新

➢ 推荐、颁布和解释研究生学术政策

---

① 本节内容主要参考斯坦福大学官方网站：www.stanford.edu。

➤ 促进校内问题协作解决

一、研究生教育的多样性

30多年以来,斯坦福大学在招聘教师、职员和学生的过程中一直秉承机会平等、行动积极的原则。斯坦福大学在推进研究生教育多样性的过程中认为:广泛接纳学生与教师的意见、观点和经验对于出色的研究生教育是必不可少的。研究生教育的多样性包括对学生在文化、社会经济背景、种族、性别、性取向、残疾、宗教信仰以及生活经验等方面差异的包容与接纳。一个多元化的师生群体提出意想不到的问题、表达发散的见解,能够推动知识的前沿"走"得更快、更远。VPGE与各院系合作,从不同方面促进研究生积极参与并努力帮助研究生取得学术上的成功。因此,斯坦福大学可以获得研究生教育利益的多样性,为全球化的社会培养后备领导人。

为推进研究生教育的多样性,VPGE设立了研究生多样性指导委员会,用以指导研究生多样性教育;此外,研究生教育的多样性还体现在学生社团的多样性、招生的多样性以及研究生奖学金项目的多样性等方面。

(一)研究生多样性指导委员会

研究生多样性指导委员会(Graduate Diversity Steering Committee,简称 GDSC)的委员主要由研究生代表及由副教务长邀请的教师、工作人员组成,委员们不仅学科背景多元化,而且他们在斯坦福大学担任的角色也是多元化的,他们当中有生物学的教授,有神经科学的研究生,也有VPGE课程教育的主管等。委员会建议:为提高研究生教育质量,VPGE应该优先解决研究生教育多样性的挑战。委员会每季度召开一次会议,主要讨论如何应对研究生教育多样性面临的问题与挑战。

研究生多样性指导委员会充分尊重来自不同背景的委员们的意见,共同商议为研究生提供财政支持的方案,并承诺采取有意义的方式为实现一个多元化的研究生团体而努力,帮助学生取得成功。委员会为研究生争取更多的奖学金计划,寻找更多的跨学科交流的机会,为研究生的专业发展提供最大限度的支持,从而扩大研究生的学术资源,支持研究生教育的创新与改革,同时也为研究生的个人技能、就业等方面提供各种支持与帮助。

(二)学生社团的多样性

学生社团的多样性主要表现在校园生活的多样性与学术生活的多样性两方面:

1. 校园生活的多样性

斯坦福大学是个多元化的社区,8200名研究生来自世界各地,他们代表了不同的种族、民族、宗教群体。众多不同的文化、种族、宗教信仰的学生组织在斯坦福大学校园内蓬勃发展,学生社团中心将本科生和研究生联合到了一起,组织机构很多,现就以下五个机构做简单介绍:

(1)美国亚裔活动中心

美国亚裔活动中心由 VPGE 副教务长办公室管辖,作为负责斯坦福大学亚裔美国学生事务与社区发展的主要机构,该中心工作人员与教师、学校各部门、学术项目合作,旨在实现斯坦福大学的学术交融。

（2）研究生生活办公室

研究生生活办公室是 VPGE 副教务长办公室的一个部门，服务于斯坦福大学的研究生及他们的家人。研究生生活办公室全面、公正地指导研究生生活的各个方面，为研究生及其家人提供十分充裕的相关生活信息和资源。

（3）美国原住民文化中心

美国原住民文化中心主要提供以下项目及服务：斯坦福母语洗礼项目、迎新项目、美洲原住民意识项目、演讲系列项目、电影系列项目、设备服务等。此外，该中心还为本科生和研究生提供学业指导、研究项目、就业咨询等学术资源。

（4）学生活动及领导力培养机构

学生活动及领导力培养机构提供各式各样的学生组织供研究生加入，在这里学生可以管理自己的组织，筹划一个项目，扮演一名领导者的角色。

（5）女性社区中心

众多学生社团组织共同促进了研究生校园生活的多元化与多样性。女性社区中心提供不同的赞助方案，旨在促进斯坦福大学女性的成功。加入女性社区中心，学生就可以参加该中心举办的各类活动，比如志愿服务、节目表演等活动。

2. 学术生活的多样性

学术生活是斯坦福大学研究生教育的核心部分，学术生活的多样性主要是指跨学科的研究。通过对 7 个学院的部门和学位课程、跨学科研究中心、种族和民族比较研究中心及残障学生事务办公室等四个方面的内容介绍，可以看出斯坦福大学是如何促进研究生学术生活多样性的。

（1）7 个学院的部门和学位课程

斯坦福大学在 7 个学院设置了 65 个部门和课程项目，为研究生的学习提供了广泛的研究领域。这 7 个学院包括：地理科学学院、商学院、教育学院、工程学院、人文和科学学院、法学院、医学院。

斯坦福大学鼓励跨学科的研究和学习，支持研究生获得多个不同专业的硕士学位、专业学位或博士学位。许多研究生通过参加一个课程项目或简单地增加一个第二专业课程项目，修读第二学位。在学院及学位课程官方网站上对 7 个学院所设置的课程及学位都有详细的说明。在整个研究生期间，每位研究生都期望能够获得不断探索课程学习和跨学科的研究机会。

（2）跨学科研究中心

跨学科研究中心（Interdisciplinary Research Centers）旨在扩大研究生跨学科交流与教育的机会，该中心为了促进研究生学术生活的多样化，鼓励研究生在全校范围内跨专业去选课，打破他们所在院系的束缚。跨学科研究中心还从不同领域培养研究生的人际交往能力，扩大他们专业与个人的社交网络圈子。该中心的具体介绍请见本节的跨学科交流部分。

（3）种族和民族比较研究中心

种族和民族比较研究中心（Center for Comparative Studies in Race and Ethnicity，简称 CCSRE）于 1996 年 11 月成立，包括两个跨学科的本科项目及一个研究机构，作为斯坦福大学的中央行政机构之一,该中心服务于 7 个学院。该中心的项目涉及犹太民族研究问题、国际移民问题,以及种族、语言之间的关系问题等领域。

（4）残障学生事务办公室

保证残障学生积极地参与大学生活的各个方面是斯坦福大学研究生教育多样性必不可少的一部分。斯坦福大学为在校残障研究生提供一个全面的发展计划,所有的残障学生享有平等的个人待遇及学术奖励机会。残障学生事务办公室（Office of Accessible Education,简称 OAE）旨在为残障学生提供各式各样的服务,比如住宿、服务支持、辅助方案等,以消除他们在大学生活中的全部障碍。OAE 网站设立的目的即为残障学生提供他们所需要的信息,以帮助他们得到一些额外的生活照顾和学术研究的机会。残障学生事务办公室的专业工作人员来自于不同的教育背景,他们在残障教育方面具备丰富的经验,可以回答残障学生的各类问题,为他们提供各种资源。

斯坦福大学力求保持研究生学术生活的多样化及促进研究生学术团队的多样化。跨学科交流与研究不仅在各学院和部门之间开展,在实验室、研究所和研究中心之间亦如此。斯坦福大学的学术多样性主要体现在学科之间的“零距离”,通过与各个院系、部门的合作,提供更多的跨学科机会给研究生,鼓励研究生们去创新,激发研究生的创造力。

（三）招生的多样性

1. 研究生招生和多样性日

研究生多样性日是针对已被斯坦福大学录取的外校学生,以及来自于斯坦福大学的人文科学学院、工程学院、教育学院和地理科学学院的申请继续攻读本校研究生的“后备军”,而设立的开放日活动。研究生多样性日这天,工作人员组织来自不同学院的学生参观校园,通过参与各种活动更全面地了解斯坦福大学的学习、生活等方面情况,让学生在这样的活动中思考斯坦福大学是否适合自己。

2. 多样性工作人员

斯坦福大学的 7 个学院都设有多样性工作人员,他们可以回答本院学生在攻读研究生期间所遇到的学习、研究等相关问题。每个学院设有一至两名多样性工作人员,他们的联络方式可供学生查询,研究生可以通过电话或邮件与他们联系,以解决自己的多样性问题。

（四）促进多样性的项目

斯坦福大学研究生教育的多样性,包括以有意义的方式提供资金支持,帮助研究生团队实现多元化发展,取得成功。个别学院也能为学生提供资金支持,促进多样性项目主要是指一些奖学金项目,其中包括:

1. 增强研究生教育多样化奖学金项目

该奖学金项目包括 DARE 博士奖学金项目、学生团体的资金项目、学术论文基金项目、招生支持项目等。DARE 博士奖学金项目旨在鼓励博士生学术研究的多样化成果,以及奖励研究生优秀生源。学生团体的资金项目用于资助学生团体举办各类活动。学术论文基金项目用于奖励研究生的优秀学术论文成果。招生支持项目用于与招生政策相关的各类奖励。

2. 学术论文多样性支持项目

学术论文多样性支持项目为进行学术论文多样性研究提供基金,鼓励学术论文的多样性。

国外高校研究生事务管理实务

3. 其他资金支持项目

围绕多样性开展的其他资金支持项目,主要是指增强多样性资金支持项目,分为学术论文研究资金支持项目、学生团体资金支持项目及招生支持项目。

二、研究生的专业发展

斯坦福大学的研究生专业发展主要是指在沟通交流、人际交往、个人职业发展等三个领域,培养学生的领袖意识与领导能力。为帮助学生在毕业后能够胜任教育、政府、企业、社区及社会组织等部门的领导者,斯坦福大学的研究生教育积极培养学生具备较强的沟通能力、人际交往能力和领导能力,这些能力对于他们在研究生期间的发展以及今后在职业生涯道路上的发展都是必不可少的。

如图1.8所示,通过浏览研究生专业发展官方网站主页,学生可以一目了然地去发现哪些研讨会和项目与自己的研究目标和学术生活相匹配,从而可以创建自己的"研究生专业发展计划",主要包括沟通交流计划、人际关系发展计划、个人职业发展计划等。研究生自己制定的每个计划都要经过初期、中期、末期等三个阶段,每个阶段还要制定更详细的计划。

	CORE COMPETENCIES		
	Communication	Interpersonal Development	Personal and Career Development
Multiple Stages and Competencies		› Quick Bytes › Seven Secrets for Sucess	
Early Stage	› Communication Matters › HWC Consultations and Workshops	› Emotional Intelligence	› Academic Chats › Emotional Intelligence › CDC PhD Career Foundations
Mid Stage	› Communication Matters › HWC Consultations and Workshops	› Academic Chats › Emotional Intelligence › Leadership Labs ›	› Academic Chats › CDC PhD Pathways › Creating a Research Agenda › Emotional Intelligence › Future Faculty Seminar › Leadership Dinners › Leadership Labs
Late Stage	› Communication Matters › Dissertation Bootcamp › HWC Consultations and Workshops	› Academic Chats › Emotional Intelligence › Leadership Labs › Management Matters	› Academic Chats › CDC Academic Job Search › Emotional Intelligence › Future Faculty Seminar › Leadership Dinners › Leadership Labs › Management Matters › CDC PhD Pathways

图 1.8 研究生专业发展的官方网站主页截图

来源:http://vpge. stanford. edu/gpd/at_a_glance2. html

(一)沟通交流

有效的书面和口头表达能力对所有的研究生、教师、科研人员及教授来讲都是至关重要的。为提高大家的写作和口语技能,斯坦福大学在沟通交流方面提供了丰富的技能培训资源。

在 VPGE 组织的研讨会或研究项目中都涉及到写作及口语技能的培养方案,例如休姆写作中心工作室组织的学术交流活动,让研究生与 2 至 3 位专家面对面地讨论学术问题,畅谈想法,以帮助研究生改进写作技能。在斯坦福大学的课程项目中也涉及写作及口语技能的培养,例如秋季学期的"未来教育研讨"这门课程,就对学生在追寻学术生涯过程中广泛感兴趣的写作交流话题进行研讨。此外,斯坦福大学的行政机构及服务部门也提供各种各样的培养写作与口语技能的培训资源。

(二)人际交往

人际交往的知识和技能对于一名有效的、鼓舞人心的未来领导者的发展是必不可少的。关于如何培养研究生的人际交往技能,在研讨会项目、课程项目、行政机构及服务部门的职责中都提供了丰富的机会和资源。除了工作条件,有效地与他人合作的能力是斯坦福大学研究生在团队合作中获得的最重要的技能。为帮助学生更好地了解自己的工作方式,并学会有效地与他人合作,斯坦福大学提供很多机会及资源培养研究生人际交往的多元化,比如开设关于有效地管理与领导技能的相关课程。

(三)个人职业发展

为了使自己能够在研究生阶段更好地发展,研究生可以充分利用斯坦福大学在研讨会项目、课程项目、行政机构及服务部门职责等方面提供的丰富资源来更清晰地认识自己,并制定与自身优势相结合、与自身价值观相匹配的职业生涯规划。

1. 培养生活技能

研究生的生活技能对其个人成功至关重要。VPGE 给研究生提供各种方式、策略用来管理压力和创造机会,引导研究生自主安排自己的时间,在竞争中了解自己的需求,同时告诉研究生,保持一个健康的生活状态必须要学会平衡工作和个人生活。

2. 提高自我意识

研究生的职业发展方向受自身价值观的影响很大,斯坦福大学鼓励研究生充分提高自我意识。在学校生活和专业学习中,保持一种清晰且强烈的自我感、自我意识,以及充分了解别人如何看待自己,对研究生的职业发展来说是至关重要的。

3. 规划职业发展路径

作为斯坦福大学的一名毕业班研究生,需要在认识自己的价值观、优势、特长的基础上明确自己的职业发展方向。这可能需要做出一些选择,寻找更多的信息。在这个过程中,除了学习行之有效的战略用来找工作或创造成功的机会,还可以借鉴许多资源。斯坦福大学为研究生提供各类与职业发展相关的资源,例如开展"人生规划"、"时间管理"、"如何提高情商"、"压力管理"等方面的主题研讨会;举办斯坦福大学暑期学院,为研究生提供跨学科的交流机会;通过职业发展中心提供的自我评估工具,让研究生更加全面地了解自己,找到适合自己的就业方向。

三、跨学科交流

斯坦福大学鼓励研究生选修本专业以外的其他课程。跨学科交流官方网站的内容中列出了斯坦福大学对外交流的项目课程,对外交流的各项目课程及项目介绍是由各学院分别来承担的,研究生可以根据自己的需要去选择课程及项目。

(一)VPGE 提供的跨学科交流机会

VPGE 为研究生提供交叉学科和跨学科的教育机会,从不同领域来扩大研究生的专业知

国外高校研究生事务管理实务

识和个人社交圈。研究生可以通过以下项目获得跨学科的学习交流机会：

1. 斯坦福大学暑期学院

在暑假快结束、新生即将入学的那两周时间里，VPGE 为研究生和博士后开设暑期学院课程。大多数课程都安排紧凑，仅需一个或两个星期的时间就授课结束，没有学分，不收取学杂费。通过在暑假开设的短期课程，VPGE 有目的地引导研究生的跨学科思维，同时促进各学院之间的跨学科教育合作。

2. 夏季创业学院

由斯坦福商学院提供赞助的夏季创业学院，主要帮助研究生获得建立分析和实际操作技能的机会，接触企业经营管理的关键。该学院会邀请来自全球领先企业的创新者、科学家、工程师、著名高管及投资者作为嘉宾和演讲嘉宾，指导研究生如何制定、发展、创新自己的研究计划，实现自己研究计划的商品化转变。

3. 12@12（一系列的心灵舒展、跨学科午餐讨论会）

12@12 是指一系列的心灵舒展、跨学科的午餐讨论会。在午餐谈话过程中，研究生们从不同的学科和观点进行学术交流及讨论。

（二）其他跨学科交流机会

除了 VPGE，斯坦福大学还有一些部门或组织机构为研究生提供跨学科交流的机会，鼓励研究生跨学科团队工作，提高他们的创造力和分析能力，以解决现实问题。下面简单介绍五类跨学科交流机会。

1. 科学与社会领域的新兴领导者项目

为解决世界上最具挑战的健康和环境问题，斯坦福大学设立了在科学与社会领域的新兴领导者项目，由 VPGE 为该项目提供金融支持。该项目在多个校区试行，有助于培养学生解决问题的能力和领导能力。

2. 斯坦福大学科技创业计划

工程学院的创业教育与研究中心提供科技创业计划课程，该课程旨在鼓励研究生创新、激发研究生的创造力和培养他们的企业家精神。

3. 哈索·普拉特纳设计学院的项目

为实现多学科交叉，激发研究生的创新设计思维，了解更多的设计和实践创新思想，斯坦福大学的哈索·普拉特纳设计学院的教授，围绕商业和设计的主题所倡议的项目，大多为基础的跨学科类项目。

4. 学生活动和领导力项目

该项目为培养研究生学术团体的领导力提供资源，开展领导力培养相关的课程、角色扮演等活动。

5. 对外课程项目

该项目为所有研究生提供去斯坦福大学任意一个学院听教师授课的机会，满足他们在其他领域了解知识的愿望。

四、资助项目

斯坦福大学的奖学金和捐款的资金来源主要有院系部门、学校、外部机构和政府等。基于学术价值、金融需求、研究课程和学位课程的类型,斯坦福大学为研究生提供多样的资助项目选择。同时,很多资助项目会因院系部门的不同而有所差异。目前,斯坦福大学的资助项目主要有斯坦福大学研究生金融援助项目、研究生助学贷款项目、VPGE 负责管理的研究生奖学金项目、紧急基金项目等。

(一)斯坦福大学研究生金融援助项目

大多数研究生需要外界援助自己支付教育费用。斯坦福大学的金融援助资金来源主要有政府机构、雇主、学术部门基金会和学校等。研究生金融援助可以分为三类:

1. 助学金和奖学金

助学金和奖学金被称为"免费的钱",在毕业后,研究生不需要偿还。

2. 助学贷款

研究生助学贷款由政府或私人银行提供的贷款,在毕业后,研究生需要偿还。

3. 兼职工资

兼职工资是指研究生在学期间,担任研究助理、教学助理或其他工作的工资。

(二)金融援助的申请流程

一般来说,斯坦福大学的研究生如需申请金融援助,则需经历以下两个步骤:

第一步,向研究生所在的院系部门提出申请。院系部门会提供奖学金、助学金、研究助理、教学助理和其他的资助资源,很多博士生和硕士生通过这些资源便足以承担所有教育费用。

第二步,向金融援助办公室提出申请。当一名研究生通过所在院系部门提供的资助仍不能支付所有教育费用时,他就需要贷款,便可以向金融援助办公室提出申请。如果院系设立了金融援助办公室,那么研究生的贷款申请仍然递交到所在院系的金融援助办公室。如果院系没有设立金融援助办公室,那么研究生的贷款申请需要递交到学校的金融援助办公室。

目前,商学院和法学院,都设立了金融援助办公室;人文学院、地理科学学院、教育学院、工程学院等四个学院的研究生,以及医学院的学术型博士与硕士研究生,他们如需申请贷款,则应将贷款申请递交到学校的金融援助办公室;医学院的医学博士研究生如需申请贷款,则应将贷款申请递交到医学院金融援助办公室。

(三)研究生助学贷款项目

斯坦福大学的研究生助学贷款项目,主要分为联邦学生贷款项目与私人贷款项目或替代贷款项目。联邦学生贷款项目仅适用于美国公民和永久居民。国外留学生如果需要申请贷款,首先需要一名美国居民作为担保人,才能具备申请资格,并且只能申请私人贷款项目或替代贷款项目。金融援助办公室为研究生提供的联邦学生贷款项目如下:

1. 联邦帕金斯贷款

研究生申请的联邦帕金斯贷款(Federal Perkins Loan),每学年最高可获 8000 美元。

2. 联邦直接贷款

研究生申请联邦直接贷款(Federal Direct Loans),每学年最高可获 20500 美元。

3. 联邦直接 PLUS 贷款

联邦直接 PLUS 贷款(Federal Direct PLUS Loans)没有明确的额度限制。

(四)紧急基金项目

斯坦福大学的紧急基金项目主要有研究生援助基金项目与紧急财政补贴基金项目。

1. 研究生援助基金项目

研究生援助基金项目(Graduate Student Aid Fund),仅用于帮助极少数无力支付校园卫生服务费用和红衣主教护理保险费用的研究生。

2. 紧急财政补贴基金项目

紧急财政补贴基金(Emergency Grant-In-Aid Funds),用于帮助通过奖学金或者贷款仍不能有效地解决经济困难的研究生。比如,财务紧急的研究生,或者是因医疗、牙科、法律等方面的意外费用而造成经济困难的研究生。

(五)VPGE 负责的斯坦福大学奖学金项目

由 VPGE 负责管理的斯坦福大学奖学金,主要是指博士生专题研究机会基金项目、学生组织的资助基金项目、博士后奖学金项目等三类。

1. 博士生专题研究机会基金项目

针对不同的博士攻读阶段,VPGE 提供了六项博士生专题研究基金项目,主要有:ARCES、CCSRE-GF、DARE、Liebeman、SGF、SIGF,并且给出了这些博士生专题研究基金项目的年度名额、申请资格、应付税费、金额、申请时间等方面的具体信息。这些博士生专题研究基金项目既可以由教师和院系部门推荐获得,也可以由学生自己申请获得。

2. 学生组织的资助基金项目

为了保持研究生的学习兴趣和提高研究生的教育质量,从而推进研究生教育的多样性,斯坦福大学设立了学生组织的资助基金项目,主要由 VPGE 负责管理。对于学生组织自发组织的众多项目和活动,都可以向 VPGE 递交资助申请报告,VPGE 负责申请报告的评审工作,仅有部分项目和活动可以得到经费支持,每个项目和活动最多可以获得 5000 美元的经费支持。

3. 博士后奖学金项目

斯坦福大学的博士后可以通过各种渠道来资助他们的培训和研究。大多数博士后通过研究资助项目得到专项的研究经费资助,还有许多博士后可以获得内部或外部(国内或国际)的极具竞争力的奖学金项目。此外,博士后也会得到其他外部资源的经费资助,比如在假期间,博士后可以继续得到雇主的资助,或者得到来自国外政府或机构的奖学金和助学金。目前,斯坦福大学的博士后奖学金项目是按照院系部门和研究中心进行设置的。

(1)医学院的博士后奖学金项目

➢ 院长博士后奖学金(Dean's Postdoctoral Fellowship)

➢ 沃尔特和伊顿贝瑞博士后奖学金(Walter V. and Idun Berry Postdoctoral Fellowship)

➢ 凯瑟琳·麦考密克博士后奖学金(Katherine McCormick Postdocrtoral Fellowship)

➢ Henzl-Gabor 博士后旅费资助(Henzl-Gabor Postdoctoral Travel Grant)

（2）生物设计中心的博士后奖学金项目

➢ 生物设计创新奖学金（Biodesign Innovation Fellowship）

（3）人文和科学学院的博士后奖学金项目

➢ 安德鲁·梅隆奖学金（The Andrew W. Mellon Fellowship）

（4）社会伦理研究中心的博士后奖学金项目

➢ 社会伦理中心的博士后奖学金（Center for Ethics in Society Postdoctoral Fellowships）

➢ 斯宾塞基金会的机会均等和教育公平的博士后奖学金（Spencer Foundation Postdoctoral Fellowships in Equality of Opportunity and Education）

➢ 教学奖学金（Teaching Fellowship）

（5）国际研究中心的博士后奖学金项目

➢ 肖伦斯特当代亚洲研究博士后奖学金（Shorenstein in Postdoctral Fellowship in Contemporary Asia）

➢ 医疗信息博士后奖学金（Medical Informatics）

➢ CISAC 博士后奖学金（CISAC Fellowships，The John and Jackie Lewis Fund to Support Research on Asia）

➢ CHP/PCOR 奖学金（CHP/PCOR Fellowships，VA Physician Post-residency Fellowships in Health Services Research and Development）

➢ CDDRL 预博士后和博士后奖学金（CDDRL Pre-doctoral and Postdoctral Fellowships）

➢ 老年化要求的先进决策研究中心奖学金（Center on Advanced Decision Making in Aging Request for Proposals）

➢ 亚洲发展中国家医疗政策奖学金（Developing Asia Health Policy Fellowship）

➢ 乔治·罗森克兰茨发展中国家医疗研究奖学金（Dr. George Rosencrantz Prize for Health Care Research in Developing Counties）

➢ 医疗卫生研究和卫生政策（Health Care Research and Health Policy）

➢ 国际网络安全与国际安全研究奖学金（International Cybersecurity and International Security Fellowship）

➢ 法律和国际安全研究奖学金（Law and International Security Fellowship）

➢ 麦克阿瑟核安全奖学金（MacArthur Nuclear Security Fellowship）

➢ 自然科学、工程学和专业国际安全奖学金（Natural Sciences，Engineering，and Professional International Security Fellowship）

➢ 亚洲医疗政策博士后奖学金（Postdoctral Fellowshio in Asia Health Policy）

➢ 科学、技术和国际安全奖学金（Scicence，Technology，and International Security Fellowship）

➢ 推进老年病科发展的特别奖学金项目（Special Fellowship Program in Advance Geriatrics）

➢ 斯坦顿核安全奖学金（Stanton Nuclear Security Fellowships）

➢ 威廉·杰瑞国际安全奖学金（The William J. Perry Fellowship in International Security ）

（6）组织研究中心的博士后奖学金项目

➢ SCANCOR 博士后奖学金（SCANCOR Postdoctoral Fellowships）

（7）医学院的博士后校外奖学金项目

➢ 美国科学促进会的科学与技术政策奖学金（AAAS Science & Technology Policy Fellowships）

➢ 凯克研究中心合作项目奖学金（Corporate Postdoctoral Residency Program at the Keck Graduate Institute）

➢ 尤文马里恩考夫曼基金博士后企业家奖学金（The Ewing Marion Kauffman Foundation Emerging Postdoctoral Entrepreneur Award）

➢ 尤文马里恩考夫曼基金杰出博士后企业家奖学金（The Ewing Marion Kauffman Foundation Outstanding Postdoctoral Entrepreneur Award）

➢ 圣三一学院初级研究奖学金（The Junior Research Fellowships at Trinity College）

➢ 生物医学研究中心国际博士后奖学金（International Postdoctoral Scholarships in Biomedical Research）

➢ 国家癌症中心预防奖学金（National Cancer Institute（NCI）Cancer Prevention Fellowship）

➢ 国家医疗中心奖学金（National Institutes of Health）

➢ 加州大学的博士后奖学金项目（Postdoctoral fellowship programs at the University of California system）

➢ UNCF/MERCK 博士后科学研究奖学金（UNCF/MERCK Postdoctoral Science Research Fellowships）

（8）工程学、地理科学、人文和社会科学的博士后校外奖学金项目

➢ 美国科学促进会的科学与技术政策奖学金（AAAS Science & Technology Policy Fellowships）

➢ ACLS 公开研究员项目（ACLS Public Fellows Program）

➢ 美国艺术与科学学院的访问学者项目（American Academy of Arts & Sciences Visiting Scholars Program）

➢ 欧盟委员会 EURAXESS（European Commission EURAXESS）

➢ 能源效率和可再生能源博士后研究奖学金（Energy Efficiency and Renewable Energy（EERE）Postdoctoral Research Award）

➢ 尤文马里恩考夫曼博士后企业家奖学金 The Ewing Marion Kauffman Foundation Emerging Postdoctoral Entrepreneur Award

➢ 尤文马里恩考夫曼杰出博士后企业家奖学金（The Ewing Marion Kauffman Foundation Outstanding Postdoctoral Entrepreneur Award）

➢ 国际应用系统分析研究所（IIASA）的博士后项目（IIASA-Funded Postdoctoral Program）

➢ 德国学术交流服务项目（The German Academic Exchange Service）

➢ 圣三一学院初级研究奖学金（The Junior Research Fellowships at Trinity College）

➢ 加州大学博士后奖学金项目（Postdoctoral fellowship programs at the University of California system）

> UNCF/MERCK 博士后科学研究奖学金（UNCF/MERCK Postdoctoral Science Research Fellowships）

(9) 汉字研究中心的博士后奖学金项目

> 东亚研究中心之汉字研究博士后奖学金（Center for East Asian Postdoctoral Fellowships In Chinese Studies）

五、政策、法规及问题解决方案

政策、法规和问题解决方案（Policy, Governance and Problem-Solving）主要包括研究生学位获得政策、问题解决和危机干预方案、教职员工与学生的咨询关系等三方面。

斯坦福大学的研究生学位获得政策是由学术参议院和研究生学习委员会（the Committee on Graduate Studies，简称C-GS）联合制定的。VPGE负责提供与研究生教育和研究生支持相关的学校政策的建议、说明和解释。院系部门会对学校层面的政策和程序进行相应的补充说明。

（一）研究生学位获得政策

斯坦福大学制定了详实的研究生学位获得政策和阶段学习规定。

1. 研究生学位获得政策和阶段学习规定手册

斯坦福大学编写了《研究生学位获得政策和阶段学习规定手册》（Graduate Academic Policies and Procedures handbook），内容涵盖了从研究生入学一直到获得学位毕业的所有政策、规定。这本手册内容详实，一共分为8个篇章：

第一章，引言和介绍。

第二章，招生和入学考试。主要包括录取入学、留学生申请要求、研究生教育的多样性等方面内容。

第三章，基本要求。主要包括注册、登记和学术进步、研究生的住宿、学术建议等方面内容。

第四章，学位要求。主要包括硕士学位、工程师学位、专业学位、博士学位、博士学位候选资格、博士学位的大学口语考试与委员会、博士学位的学位论文和论文审阅委员会、联合学位项目等方面内容。

第五章，招生动态。主要包括更改和添加学位项目、在职招生、病休、项目终止与恢复、授予学位、交流项目、分娩住宿、转换博士后身份、博士后学者的学位课程等方面内容。

第六章，学杂费。主要包括研究生学费类别、学费明细等方面内容。

第七章，研究生资助。主要包括一般资助的指导方针、奖学金和其他津贴、助研助教奖学金、博士后学者的资助等方面内容。

第八章，学生记录和文件。主要包括学生成绩登记原则、学生记录的隐私、保留学生记录等方面内容。

这本手册是实时更新的，通过查阅斯坦福大学的官方网站可以了解最新信息。

2. 研究生学位获得政策

斯坦福大学的《研究生学位获得政策和阶段学习规定手册》对于研究生学位获得的相关

政策如下：

（1）硕士研究生的学位获得政策

目前，斯坦福大学的硕士学位类别主要有艺术硕士、理学硕士、美术硕士、工商管理硕士、公共政策硕士、文学硕士、法律研究硕士、法律硕士、法学硕士、教学艺术硕士等。

（2）硕士学位培养计划

攻读艺术硕士、理学硕士、美术硕士、公共政策硕士等学位的研究生，要求在入学后的第一个季度内，提交一份符合学校和院系专业要求的硕士学位培养计划。

（3）硕士学位的最长攻读年限

斯坦福大学的硕士研究生必须在三年内攻读硕士学位，并完成硕士学位的相应要求。另外，荣誉制度的合作学生和攻读文学硕士的学生，时间最长不超过五年。

（4）不同类别的硕士学位获得要求

艺术硕士和理学硕士，除了达到学校对硕士学位的统一要求外，还必须提交一个可行的硕士课程的培养方案。

工商管理硕士，除了达到学校对硕士学位的统一要求外，还要完成工商管理研究生院开设的相关课程。

美术硕士，除了达到学校对硕士学位的统一要求外，还必须提交一个可行的硕士课程的培养方案，还需要完成斯坦福大学公告栏中"艺术和艺术史"部分的相关要求。

公共政策硕士，是两年的专业学位硕士，是提前入学和毕业的。除了达到学校对硕士学位的统一要求外，还必须提交一个可行的硕士课程的培养方案，同时需要完成斯坦福大学公告栏中"公共政策"部分的相关要求。

文学硕士，除了达到学校对硕士学位的统一要求外，必须在五年内获得硕士学位。

法律研究硕士，是非专业学位硕士，要求在一年内完成一定数量的法学院规定的课程，同时完成学校和法学院的相关要求。

法律硕士，要求在一年内完成一定数量的法学院规定的课程，同时完成学校和法学院的相关要求。此外，该学位提供给已经具备基础法学学位的国外研究生修读。

（5）博士研究生的学位获得政策

目前，斯坦福大学的博士学位类别主要有哲学博士、法学博士、艺术博士、教育博士等。

➤ 不同类别的博士学位获得要求

哲学博士，必须获得过奖学金，具有较强的专业知识，具备独立调查和研究的能力。同时必须完成学校和院系部门的相关要求。

法学博士，必须获得法律学位，完成一学年的研究，并发表一篇论文。

音乐艺术博士，具备一定的音乐基础，完成斯坦福大学公告栏中"音乐"部分的相关要求。

➤ 在校住宿要求

哲学博士和音乐博士的在校最低住宿要求为 135 天，法学博士的在校最低住宿要求为 35 天。

➤ 口腔体检要求

哲学博士和法学博士必须通过斯坦福大学的口腔体检。

➤ 论文要求

每一位博士都必须完成一篇毕业学位论文。

➤ 教学和研究要求

部分院系的博士需要完成院系规定的研究员助理和教学助理的工作。

➤ 外语要求

攻读部分博士学位，必须具备较高的外语水平。

（二）问题解决和危机干预方案

如果一名研究生遇到心理、健康、司法等方面的个人问题，或者遇到学术研究困难，斯坦福大学会给出及时有效的帮助。学校的理念是尽快、合法和尽可能地解决问题和困难。斯坦福大学为学生提供的问题解决和危机干预方案（Problem Solving and Crisis Intervention）如下：

1. 危机干预方案

当一名研究生面临紧急情况时，比如担心有人对自己或他人造成迫在眉睫的危险，他可以第一时间拨打911的校园电话。

当一名研究生需要进行个人机密咨询和建议，或者需要教职员工及其他学生帮助的时候，他可以求助于研究生生活办公室。

当一名研究生遇到医疗事故的时候，他可以呼叫学生健康中心。

此外，斯坦福大学还制定了一份供教职员工参考的关于如何解决研究生陷入危机的培训手册。

2. 问题解决方案

在斯坦福大学，如果一名研究生遇到的问题不属于上述危机情况，那么他可以求助于所在院系的相关部门。可以为研究生解决个人问题提供帮助的人员包括：研究生的事务管理者、建议人、研究生教学秘书或者办公室人员。很多院系都设立了专门解决学生问题或纠纷的办公室，并有相应的工作人员负责。

在斯坦福大学，研究生可以求助的办公室主要有：

➤ 研究生生活办公室

➤ 学院院长办公室

➤ 心理咨询与心理服务中心

➤ 贝克特尔国际中心（提供简单的个人、学术和人际关系问题咨询帮助）

➤ Ombuds办公室（负责协助解决争端和纠正错误，保持公正性和保密性）

➤ 可接触教育办公室（专为残障学生提供服务）

➤ 司法事务办公室（解决学生的司法问题，并建立斯坦福大学的标准和荣誉制度）

➤ 注册办公室（维护成绩、专业等学术记录，并提供研究生学术政策的相关解释）

（三）教职员工与学生的咨询关系

几乎每一位斯坦福大学的研究生都希望能够拥有一位教职员工作为自己的咨询员。咨询员根据学位培养计划辅助研究生制定自己的学习计划。尤其是对于博士生来说，咨询员在他们的知识进步中扮演着重要角色。

良好的交流是咨询工作取得成效的关键,为了帮助研究生和咨询员之间建立良好的咨询关系,斯坦福大学制定了为研究生和咨询员建立良好咨询关系的实践指南,提供了研究生与咨询员之间对咨询工作取得成效的适度的期望值,并且要求研究生应主动与自己的咨询员协商设置合理的期望值,及解决咨询纠纷的方案。

第三节　牛津大学墨顿学院研究生事务管理简介①

牛津大学共有 40 所独立管理的学院,星罗棋布般的散落在牛津小城四处。在 40 所学院中,除了 7 所学院仅招收研究生以外,还有 28 所学院和 5 所神学院招收本科生,兼收研究生。每所学院都享有自治传统和权利,由具有学术权威和某领域专家身份的人领衔担任学术带头人,学生人数平均为 500 人,师生自由交流,各个学院彼此之间形成独立的学术圈子或学术部落。多姿多彩的学院个性中有牛津大学的共性,而牛津大学的共性中又有各学院与众不同的特色。

牛津大学尊重每所学院的自治权利,学院资金由院长和院士们直接支配,最古老的自治学院的典型代表是墨顿学院。墨顿学院的创立可以追溯到 1264 年,时任英格兰大法官的 W·墨顿(Walter de Merton)决定创立一个独立的学术组织并设立基金会、制定相关条例,条例规定墨顿学院是自治的,这是墨顿学院的雏形。牛津大学与墨顿学院之间的关系就像美国中央政府与地方政府之间的关系那样,采用联邦制形式。牛津大学的职责主要是组织学科建设,确定各学院的教学内容,组织课堂教学、讲座和研讨会,提供图书馆、实验室、博物馆、计算机设备等教学资源,选拔、指导研究生,审查研究生论文,组织考试,评阅考卷,授予学位等。而墨顿学院是一个独立的法人单位,由院长和教授(称为院士)组成管理委员会,专门负责管理学院的教学、房舍、内务和财政,它的职责主要是选拔自己的本科生,为学生提供住宿、餐饮、休息室、图书馆、教堂、体育和娱乐设施,负责学生的导师制教学和福利。本节内容将对墨顿学院的研究生事务管理做简单介绍。

一、《墨顿学院学生手册(2013—2014 学年)》

墨顿学院同时招收本科生和研究生,它的官方网站上提供了《墨顿学院学生手册(2013—2014 学年)》(Merton College Handbook For Junior Members 2013—2014),这本手册内容详实,共分为学院与学生之间的合同、学生信息资料、规定条例、住宿协议等四章。

(一)手册内容简介

第一章,学院和学生之间的合同。主要介绍学生与墨顿学院之间、学生与牛津大学之间的关系。

第二章,学生信息。主要对墨顿学院的概况、组织和管理架构,以及墨顿学院为教师、学生

---

① 本节内容主要参考牛津大学官方网站:www.ox.ac.uk

提供的相关服务进行简单介绍,例如:学术、经济、福利、安全、保险等相关信息,并且提供这些服务的相关政策文件。

第三章,规定条例。对墨顿学院与学生之间有关法律、合同及相关权利义务关系等内容都有明确的介绍。

第四章,住宿协议。对宿舍管理的相关制度进行相应介绍。

这本手册的内容是不断更新的,每一学年都会进行修订,通过查阅牛津大学墨顿学院的官方网站可以了解最新信息。

(二)合同条例简介

墨顿学院和研究生之间制定合同的主要目的是,明确学生和墨顿学院之间有关提供课程的权利义务关系,同时,明确牛津大学和墨顿学院之间的关系。浏览《墨顿学院学生手册(2013—2014 学年)》,可以归纳出墨顿学院与研究生之间的主要合同条例包括:

➤ 一名被墨顿学院录取的研究生具有双重身份,他既是牛津大学的学生,也是墨顿学院或者所住私人公寓的一名成员。这种双重关系既是互相联系的,在合同上又是相互独立的。

➤ 研究生和墨顿学院之间的关系,是该生和牛津大学之间关系的一部分;研究生和墨顿学院的合同也是牛津大学相关规章制度的一部分。

➤ 研究生在墨顿学院的身份主要取决于该生在牛津大学的身份,只有被牛津大学录取,才会被墨顿学院承认。如果研究生被牛津大学终止学生身份或者受到其他制裁,墨顿学院也会给出同等的制裁。

➤ 并不是研究生和牛津大学之间的所有权利义务关系都会被写进研究生和墨顿学院之间制定的合同中,但大多数会被写进《墨顿学院学生手册》中。

➤ 墨顿学院为研究生提供合理的支持,以便使他们的课程和牛津大学的课程形成有效的衔接。

二、墨顿学院的行政管理简介

墨顿学院现有正式院士 69 人,候补院士 7 人。在院士中,除 4 人是学院专职管理人员外,其他 65 人都同时具有博士、教授和研究员头衔,学者的数量远远超过职员。墨顿学院的院长、副院长是由学院的全体院士推选的,现任院长杰西卡·罗森(Dame Jessica Rawson)是研究中国艺术和考古学的教授,学院的其他管理职位也都由院士兼职或轮流担任。浏览《墨顿学院学生手册(2013—2014 学年)》的第二章学生信息部分,可以了解墨顿学院的行政管理部门架构及各部门的工作职责。

墨顿学院由学院理事会及六个委员会进行日常管理。学院理事会下设墨顿导师委员会、研究生委员会、学院委员会、财务委员会、联合委员会、图书馆委员会等六个委员会,每个委员会都服从于学院理事会的领导,定期向其汇报工作。墨顿学院的行政管理架构如图 1.9 所示。

➤ 墨顿导师委员会(The Warden and Tutors' Committee)

墨顿导师委员会主要负责本科生的学术规则的制定与执行。

图 1.9　墨顿学院行政管理架构图

➤ 研究生委员会(The Graduate Committee)

研究生委员会主要负责研究生的学术规则的制定与执行。

➤ 学院委员会(The Domestic Committee)

学院委员会主要负责收集和处理学生提出的关于墨顿学院的建议、要求和投诉等。

➤ 财务委员会(The Finance Committee)

财务委员会主要负责墨顿学院的财务,包括学费的收取。

➤ 联合委员会(The Joint Committee)

联合委员会主要负责收集和处理学生提出的有关墨顿学院的任何问题。

➤ 图书馆委员会(The Library Committee)

图书馆委员会主要负责管理学院图书馆,为学院研究团体提供相关服务。

三、墨顿学院的研究生学术与生活

墨顿学院的研究生学术与生活由学院的教授、导师、研究员及行政人员共同参与管理。下面简单介绍墨顿学院的研究生学术与生活,以及研究生在墨顿学院能够享受到的福利情况。

(一)墨顿学院的研究生学术生活

1. 申请入学

如果一名学生想申请攻读墨顿学院的研究生,他必须首先得到牛津大学的认可,同时在申请材料上注明自己的意向学院是墨顿学院,在此基础上,墨顿学院才会对该生的入学申请进行考察。为吸引更多的学生申请入学,墨顿学院为研究生提供的奖学金机会比牛津大学的其他39所学院都要多一些。

2. 学术生活

墨顿学院的研究生学术生活采取研究生院长负责制,以增进研究生学术进步和收益。墨顿学院给每位研究生都分配了一名导师,导师给研究生提供学术研究方面的支持和指导。研究生与自己的导师会经常在一起吃午餐或晚餐,每学期有两次餐后学术交流,所有研究生都必须参加,学院教师和来墨顿学院参观的游客也可以参加。墨顿学院主要关注本院开设的课程,鼓励研究生积极参与到学院的研究团队中,包括历史课研究团队、生物医药研究团队、科学生活研究团队等,以促进研究生与本院教师之间的学术交流和成长。墨顿学院有各种基金支持并鼓励研究生开展各类研究。

(二)墨顿学院的研究生课余生活

1. 住宿条件

墨顿学院为研究生提供一流的住宿条件,可以为所有新生提供单间住宿。如果研究生有特殊的住宿需求,墨顿学院会在能力所及范围内提供最大的支持和帮助。

2. 生活设施

墨顿学院为研究生提供的生活设施很齐全。有两个图书馆,其中之一是世界上最古老的图书馆,为研究生提供 24 小时免费的网络服务和低廉的印刷、复印服务;有一个为学生提供高质量、低价位食物的漂亮餐厅;有优雅的公共休息场所,为学生提供可供放松的真皮沙发、报纸、杂志、电影节目、棋牌、电玩、充电等一系列服务;有学院酒吧,提供各类符合学生要求的饮品;有一个影视放映厅,供学生闲暇时放松自己;有四台钢琴和两间教室供学生练习使用;有一个游戏房间,提供免费的台球、桌上足球、飞镖、游戏机等;有供学生俱乐部、大型社会活动、学生表演等使用的场馆,可免费预订;学院内有漂亮的花园,可供学生阅读、工作、放松,提供免费WIFI 访问;有体育馆、草坪和网球场、棒球场等体育场地,还有供网球俱乐部使用的专门的网球场地。此外,墨顿学院还有专职工作人员为学生提供服务支持,有医护人员提供医疗、保健服务。

3. 研究生活动

墨顿学院研究生的社会活动地点主要安排在学院的中央二等公共休息室。墨顿学院的研究生可以参加牛津大学耶稣学院的研究生活动和本科生活动,研究生可以到牛津大学耶稣学院的 MCR 网站(Middle Common Room,简称 MCR,主要针对研究生)和 JCR 网站(Junior Common Room,简称 JCR,主要针对本科生)查看具体活动信息,活动主办方会提供报纸、杂志阅读及电视和视频观看,同时提供小吃和点心。墨顿学院的研究生还可以到学院的初级公共休息室,参与墨顿学院本科生的一些活动,比如展览、艺术节等活动。此外,墨顿学院的研究生也在学院的体育、戏剧和音乐生活中充分展示自己。

第四节　新加坡国立大学研究生院简介[①]

新加坡国立大学(National University of Singapore,简称 NUS)共设有 16 所学院,另有 7所分布于中国上海及北京、以色列、印度、瑞典斯德哥尔摩、美国硅谷及生物谷等全球多个主要创业中心的海外学院。目前,新加坡国立大学设立了三个独立的研究生院:旨在培养教育、培训决策人才、领袖接班人的李光耀公共政策学院;致力于在科学、工程及医学相关领域,引领世界级跨学科研究生教育科研走势的国大综合科学与工程研究生院;由国大与杜克大学合作开办,为生物医学科学领域培养新兴医师科学家专才的杜克—国大医学研究生院。本节简单介绍这三个研究生院的研究生事务管理。

一、李光耀公共政策学院

李光耀公共政策学院(Lee Kuan Yew School of Public Policy,简称 LKYSPP)以李光耀先生命名,是全世界一流的公共教育和研究资源中心,对新加坡政治产生重要影响。学院成立了理事会,理事会负责为学院提供发展和管理方面的战略指导和监督。理事会的成员主要包括

---

① 本节内容主要参考新加坡国立大学官方网站:www. nus. edu. sg。

公共政策领域的知名学者、高级公务员和私营部门的行业领袖。下面对李光耀公共政策学院的研究中心、研究生项目、高级行政人员教育做简单介绍。

（一）研究中心

李光耀公共政策学院致力于创新和严谨的学术研究，这既有利于学术探究，也有利于政策的制定。学院的研究领域可以分为以下几个领域：发展政策，国际/区域经济、社会政策、公共管理、能源、环境、水资源政策，国际关系等。学院设有四个研究中心，密切配合学院的研究，这四个研究中心分别是：亚洲竞争力研究所、亚洲与全球化中心、政策研究所、水资源研究所。

1. 亚洲竞争力研究所

亚洲竞争力研究所（The Asia Competitiveness Institute）成立于 2006 年 8 月，旨在建立知识产权的领导、网络的融合，并发展在东盟地区的竞争力。亚洲竞争力研究所力求通过对集群及区域竞争的研究来实现亚洲经济增长和生活标准的提高。

2. 亚洲与全球化中心

亚洲与全球化中心（The Centre for Asia and Globalisation）是一家专注于与公共政策相关的、学术研究质量领先的研究中心，该中心的座右铭是"客观研究与影响"，旨在引起亚洲或亚洲之外的领导者们关注他们的研究。亚洲与全球化中心的研究领域主要集中在以下四方面：亚太大国关系、亚太区域制度、公共物品问题（能源、食品、水和健康）、构建亚洲市场的新途径。

3. 政策研究所

政策研究所（The Institute for Policy Studies）成立于 1988 年，旨在提升较大政策问题的意识和良好的治理，是新加坡国立大学李光耀公共政策学院的智囊团。该研究所采用多学科的方法及长远的眼光对国内政策问题进行分析、战略讨论和研究，横跨多种领域，着眼于研究新加坡人对国内政策的态度及挑战。为了完成自己的使命，政策研究所为开展研究项目出版刊物，举办会议、讲座，内部交流讨论和制作简报。

4. 水资源研究所

水资源研究所（The Institute for Policy Studies）的研究人员努力改善发展中国家和发达国家的水资源质量，深入了解水资源匮乏的原因，研究有关水资源的投资、干预政策及支持，力求以更好的方式来激励消费者和生产者在农业、商业和工业等方面高效用水。该研究所的研究大多围绕三个主题：需求管理、影响评估和为穷人改善水与卫生设施。

（二）研究生项目

李光耀公共政策学院的研究生项目涵盖很多类型，如图 1.10 所示，其官方网站上介绍了公共政策硕士、公共行政管理硕士、公共管理硕士、高级公共行政与管理硕士、公共政策博士等。研究生可以在学院完成双学位修读计划，同时学院也提供出国交流的机会，交流的学校有亚洲的名校，也有欧美、非洲、中东等地区的高校。

1. 公共政策硕士

公共政策硕士（Master in Public Policy，简称 MPP）的培养专注于严格训练坚实的公共政策基础，包括经济学、政治学、政策分析等方面的内容。

2. 公共行政管理硕士

公共行政管理硕士（Master in Public Administration，简称 MPA）的培养专注于跨学科的

图 1.10　李光耀公共政策学院研究生项目官方网站主页截图

来源：http://lkyspp.nus.edu.sg/graduate-programmes/

培训,规划详细的政策,回应复杂的问题。

3. 公共管理硕士

公共管理硕士(Master in Public Management,简称 MPM)的培养专注于知识更新和技能提升,培养有效的领导者以应对亚洲的挑战和治理。

4. 高级公共行政与管理硕士

高级公共行政与管理硕士(Master in Public Administration and Management,简称 MPAM)的培养专注于中国和亚洲国家的案例研究。

5. 公共政策博士

公共政策博士(PhD in Public Policy)的培养专注于重大研究。

(三) 高级行政人员教育

高级行政人员教育部门的官方网站上简单介绍了定制课程、开放式招生课程、高级管理培训课程(中文)等教育方面的相关内容。

1. 定制课程

定制课程是李光耀公共政策学院为满足校外的高级行政管理客户的特定需求而设置的。客户主要来源于政府、国际组织、非营利部门和基金会、私营部门等。自 2004 年以来,已经为来自 80 个国家的公共部门及非营利性组织和私营部门的一万多人,提供了定制课程的学习。在定制课程的制定过程中,学院工作人员须与客户进行密切的沟通与交流,了解客户的特殊需求与目标,与客户紧密合作,为他们制定专门的课程计划,提供相关的课程材料。定制课程的内容丰富多彩,学院经验丰富的教师和资深人士与许多公共部门或组织共同协作,从领导、战略管理等角度制定课程主题,比如公共行政与管理、公共政策的成本—效益分析、危机中的领导和管理、城市规划和可持续发展等。定制课程在新加坡国立大学内授课,或者在世界各地的高级行政管理客户所组织的场所授课。

2. 高级管理培训课程（中文）

为适应中国经济快速增长对领导人才的需求,李光耀公共政策学院单独设立了高级管理培训课程项目(中文),旨在根据中国公共部门改革与发展的实际需要,以客户需求为导向,为培训中国中高级公共管理领导干部提供优质的服务。学员完成培训课程后将获得由李光耀公共政策学院颁发的结业证书。2011 年 11 月 4 日,李光耀公共政策学院获得了由中华人民共和国国家外专局副局长孙照华先生颁发的《国际人才交流境外机构资格证书》。

（1）课程特点

高级管理培训课程全部以中文为主进行教学与交流,强调案例和互动式沟通与讨论,重点借鉴新加坡的发展经验,同时介绍当代世界大国的前沿发展趋势,融合东西方先进的管理理念,将理论与实际相结合,教学与考察相结合,安排学员到新加坡公共部门和社会机构进行实地考察,着力探讨中国的解决方案。该培训课程的上课环境都比较舒适、人性化。

（2）师资构成

按照培训的主题和课程结构从李光耀公共政策学院、新加坡国立大学和社会三个方面选用师资。充分利用李光耀公共政策学院在公共政策与管理方面的世界一流师资队伍,并调用新加坡国立大学各个学院专家学者的力量,也邀请新加坡政府部门的高级公务员和著名公司的高管前来任教。例如,现任和前任的高级公务员、外交官和国际主题专家等,他们每个人都带来了宝贵的经验和独特的见解。

3. 开放式招生课程

李光耀公共政策学院的高级行政人员教育项目旨在培养和加强公共组织、私人或非营利部门的工作人员的领导能力和管理能力。除了高级管理培训课程和定制课程,李光耀公共政策学院还提供开放式招生课程,该课程主要包括:高级管理课程、21 世纪零利润管理课程、淡马锡基金会水资源领导课程、2013 新加坡当代政策辩论课程、高级管理培训课程等。

二、国大综合科学与工程研究生院

国大综合科学与工程研究生院(NUS Graduate School for Integrative Sciences and Engineering,简称 NGS)成立于 2003 年,旨在为新加坡、亚太地区乃至全球,培养从事交叉学科研究工作的高素质科研人才。该研究生院设有工程学、信息科学、生命科学、物理科学等专业,支持多学科和交叉学科的研究,包括基础科学、工程学、计算机科学、医学以及心理学等。如图 1.11 所示,该研究生院的研究生中,国际学生所占的比例最大,有60％的学生来自于世界各地,新加坡籍的学生比例为34％,新加坡永久居民中的学生比例最低,

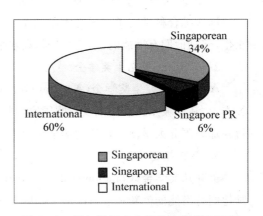

图 1.11　新加坡国立大学综合科学与工程
研究生院生源分布网页截图

来源:http://www.nus.edu.sg/ngs/facts_figures.html

仅为 6%。下面简单介绍该学院的研究生事务管理。

（一）硕士生培养

国大综合科学与工程研究生院意识到，想解决科学、工程和医学相关方面的最具挑战性的问题，需要综合性的研究方法，并对每个硕士生的需要进行个性化的课程设置。学生在入学后拥有实验室轮换的机会，可以根据个人兴趣选择自己喜欢的方向和导师。通过开展实验室之间的工作交流，硕士生有机会获得全新领域的知识和方法，比如：生命科学专业的硕士生可以获得计算能力，物理学专业的硕士生可以获得生物概念，医务专业的硕士生可以了解疾病的分子基础。在这种开放式的培养研究方案中，国大综合科学及工程研究生院培养的硕士生更具有多样性和创新精神。

（二）博士生培养

国大综合科学与工程研究生院提供非传统的思维训练和科学的方法训练，帮助那些相信科学研究无边界的有才华的博士生打下坚实的研究基础。该研究生院鼓励博士生在他们的博士研究项目中超越传统的学科界限，以推动项目研究进展到一个新的水平。例如，计算机科学家、数学家或物理学家的技能可以被用到复杂的生物系统建模中，工程师可以利用他们各自的专业知识制定新的方法或药物，生命科学家能够将细胞结构人工膜的研究学以致用。该研究生院的课程设置可以根据每位学生不同的需求和发展而量身定制，比如 MBA 课程与帝国学院联合设置的课程等。博士生必须完成课程学习，开展课题研究，并且在顶级学术期刊上以第一或第二作者的身份发表研究论文后，才能获得博士学位证书。作为国大综合科学及工程研究生院的博士生，还拥有到美国、英国、韩国、澳大利亚、台湾、中国大陆等全球顶尖的研究机构中开展博士课题研究的机会。

（三）奖学金

国大综合科学与工程研究生院的博士生学费全免，并且提供 4 年丰厚的奖学金，博士生的奖学金为每月 3200 新元，高于普通专业的博士生奖学金（1500—2000 新元/月）。

1. 国大综合科学与工程研究生院奖学金

国大综合科学与工程研究生院奖学金（NGS Scholarship，简称 NGSS）颁发给有才华的博士生，奖励他们有潜能的创新，及进行高水平的博士研究。

2. A﹡Star 研究生奖学金

A﹡Star 研究生奖学金（A﹡Star Graduate Scholarship，简称 AGS）颁发给那些来自于新加坡本土、新加坡永久居民以及东盟国家，同时在新加坡国立大学做了四年博士研究，并最终获得新加坡国立大学博士学位的学生。

3. 英联邦奖学金

英联邦奖学金（Commonwealth Scholarship）颁发给来自于英联邦国家的有才华的学生，鼓励他们有潜能的创新和进行高水平的博士研究。

（四）国际学生

目前，国大综合科学与工程研究生院招收了超过 15 个不同国家的学生，国际学生可以申请 NGSS 奖学金，加入俱乐部结交新朋友，在入学第一天会被安排一名导师，导师会在课程或

NGS 的一些事宜上提供帮助,鼓励学生不仅要参与不同领域的研究,更要学会与来自不同背景的同学交流,此外,新加坡国立大学学生事务办公室有专门的国际服务组织(International Service Section,简称 ISS),为国际学生提供各方面的帮助。

三、杜克—国大医学研究生院

杜克—国大医学研究生院(DUKE-NUS Graduate Medical School,简称 DUKE-NUS)由美国杜克大学和新加坡国立大学联合创办,是具有美式风格的医学研究生院,旨在向亚洲引进美国医学硕士生、博士生的教育模式,教育方向更加侧重于培养学生不仅成为临床医生,而且同时成为临床科学家或临床研究工作者,以有利于学生今后的学术生涯发展。该研究生院的使命是:转化医学,改善生活,倡导团队合作精神,追求创新与探索,尊重每个人,提倡职业价值观和终身学习的风气。

(一)管理组织架构

杜克—国大医学研究生院的高级管理人员和教职人员由杜克大学委派,杜克大学负责建立研究生院的管理组织架构和管理系统,负责课程建设等相关事务。杜克大学的医学院院长同时兼任杜克—国大医学研究生院的院长,总体协调杜克大学校区和新加坡国立大学校区的工作,另外,选派一名常务副院长全面负责新加坡国立大学校区的具体工作的管理与实施。

除此之外,为使杜克—国大医学研究生院的管理团队更完善,还聘任了多名副院长,他们分别是:负责临床协调工作与教师事务的副院长,由新加坡国家肿瘤中心主任兼任,以促进研究生院与当地医学界建立广泛联系,帮助院长和常务副院长尽快在新加坡医学与文化背景下顺利开展工作;主管医学教育的副院长,由一名来自加州大学的临床医学教育学家担任;主管学术研究的副院长,由杜克大学精神病与行为科学系主任担任;以及主管财政与行政事务的副院长。该研究生院的重大事项和决策须由院长直接提交给独立的研究生院管理委员会审核,该委员会的成员由来自杜克大学、新加坡国立大学、出资筹建的新加坡政府部委、卫生管理部门以及其他社会团体中的资深人士组成。杜克—国大医学研究生院的组织管理架构示意图如图 1.12。

(二)研究生招生

杜克—国大医学研究生院的招生人数不多,每年大约招收 50—60 名学生,学生来自超过 20 个不同的国家,主要招收攻读医学博士(MD)学位的学生,在四年的学习中,不仅注重培养学生的临床技能,同时也强调医学研究能力的训练。学生经过四年学习顺利毕业,由杜克大学和新加坡国立大学共同授予医学博士(MD)学位。此外,感兴趣的学生也可以选择攻读医学博士和研究型博士(MD/PhD)的双博士学位。

(三)研究生教育

1. 创新教学模式

杜克—国大医学研究生院的主要目标是,希望培养的学生既是临床医生又是临床研究工作者,而杜克大学独特的教学方式和课程设置是实现这一目标的保障。通过与杜克大学的合作,新加坡国立大学不仅学习了杜克大学先进的医学教育模式、管理团队和管理模式,而且引

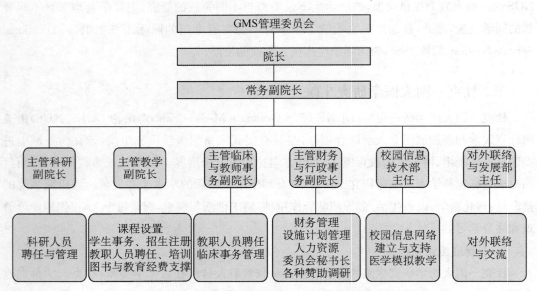

图 1.12　杜克—国大医学研究生院的组织管理架构示意图

来源：复旦教育论坛《美国杜克大学与新加坡国立大学在医学教育领域的国际合作》

进了一些新的远程教学系统和非传统的教学模式和独特的课程设置。比如，取消课堂教学，而代之以新的以学生自主学习为主、教师引导为辅的教学模式，即学院提供一系列学习资料如书籍、文献、杜克大学授课影像资料或 PPT 等，学生先独立完成这些内容的学习，然后以小组讨论或实验形式进行团队互动学习。在这种教学模式下，学生首先根据他们已经自学掌握的知识及基于团队合作，解决教师提出的问题，然后该团队再根据各自的需要与教师就知识的理解和应用展开讨论，提高学生主动学习、批判性思维以及交流表达的能力。

2. TeamLEAD 学习方法

通过双方合作，杜克—国大医学研究生院教育学生使用一种创新的学习方法：TeamLEAD。TeamLEAD 代表 Learn（了解），Engage（参与）和 Develop（发展）。TeamLEAD 学习方法的三大要素是团队学习的基础概念。所有一年级学生不会一整天坐在教室中听教师授课，他们将被分配到固定的小组里，每组有 6 或 7 名学生。教师和临床医生则扮演协调员，帮助学生提升学习体验。在每个 TeamLEAD 会议前，每个学生会得到所需的阅读材料，首先，他们先通过一个电子选择题进行自我测试并作初步评估，然后学生返回到其指定的小组，以团队形式为同样的测试再提交一份答案；其次，教职员和团队一起接着讨论测试问题和答案，并确保学生明白所有的核心概念；最后，学生将通过解决问题的活动深入了解阅读材料的实际应用。这一学习方法的目的是，帮助学生学会如何在医疗行业团队中工作，并成为拥有创造性和批判性思维的自我学习者。

3. 课程设置

杜克—国大医学研究生院参照杜克大学医学院的课程设置，在此基础上进行一定补充：第一年为临床前教育，由分子与细胞、正常人体结构与功能、大脑与行为、人体与疾病等 4 个模块组成，包括理论课和实践课；第二年为临床轮转实习，主要是内科、外科、妇科、儿科，其次还有神经精神病科和家庭医学,在每一科开始轮转之前,增加为期一周的"临床核心知识讨论",目的是巩固加深所有学生对某些重要知识的理解;第三年在导师的指导下进行科研训练,独立完成一篇研究论文;第四年根据个人意愿,学生自主选择某些专科进行实习,在此期间增设一些"高端课程",使学生做好进一步接受医学研究生教育的准备。

学生们也从两校合作中受益。学院设置了专门的奖学金,为学生选择到对方校区进行科研训练或临床实习提供资助,从而丰富其海外学习经历,学习与不同种族、文化背景的人进行沟通交流。

(四)研究事务部门

杜克—国大医学研究生院设有专门的研究事务部门,该部门给研究生院的医学研究提供帮助,主要工作职能包括:

1. 师资方面

研究生事务部门组织研究人员的招聘和任命;对研究人员的任命、晋升、终生委员会提供秘书处支持;教师研究奖提名。

2. 研究协议事宜

研究事务部门与新加坡国立大学工业联络处及新加坡国立大学法律事务办公室合作,以方便审查材料转让协议、研究合作协议、保密协议、发明披露、理解备忘录、服务协议及租赁协议等。

3. 科研管理事宜

研究生事务部门为科学顾问委员会提供秘书处支持;管理杜克—国大医学研究生院内部的研究资助计划;管理博士生奖学金;组织召开杜克—国大医学研究生院研讨会;负责安排国际访问者的行程。

第二章　学籍与课程管理

第一节　研究生学位和学分

一、美国高校的研究生学位类别

在美国,研究生学位一般分为学术类硕士、职业类硕士、博士等三种,每种学位又有不同的形式,取决于就读院校的学位设置和选读的课程。

(一)学术类硕士学位

一般来说,学术类硕士学位主要包括文学硕士学位和科学硕士学位。传统的艺术、科学和人文学科授予的学位通常是文学硕士学位和科学硕士学位,技术类学科如工程和农业所授予的也是科学硕士学位。学术类硕士学位的学习方法往往强调独创性的研究、研究方法论和实地调查,研究生如果全时学习的话,一般可以在一到两个学年内完成学业。学术类硕士学位的学习项目可以直接与博士学位的学习项目联系在一起。学术类硕士学位的获得方式有论文方式与非论文方式的两种选择,通过这两种方式所获得的学位是一样的,但是修课要求略微不同。选择以非论文方式获得硕士学位的研究生通常要修更多的课程,以替代研究和写论文,在所有课程完成后还需要参加一个书面综合考试。选择以论文方式获得硕士学位的研究生需要接受一个综合的口头考试,考试内容既包括课程也包括他们的论文。

(二)职业类硕士学位

职业类硕士学位的目的在于把获得学位的研究生引向一个具体职业。大多数情况下,职业类硕士学位是"终端"硕士学位,也就是说,这类硕士学位的学习项目并不与博士学位的学习项目相联系。职业类硕士学位常常有具体的、描述性的名称,比如商业管理硕士(MBA)、社会工作硕士(MSW)、教育硕士(MED)或者艺术硕士(MFA),其他职业类硕士学位还包括新闻、国际关系、建筑和城市规划等学科。职业类硕士学位更多地指向知识的直接运用,而不是指向独创性研究。与学术类硕士学位相比,职业类硕士学位的结构性更强,常常要求每个研究生修读类似的或者完全一样的学习项目,根据学校和学习领域的不同,学习时间从一年到三年不等,通常不要求以论文方式获得学位。在招生申请方面,职业类硕士学位并不一定要求研究生必须具备一个具体领域的本科学位,但是会要求研究生在所学的领域预先进行一定程度的学习或者修读一定数量的课程。

学术类硕士学位与职业类硕士学位二者之间的主要区别在于,其学习项目是否是为那些打算继续攻读博士学位的研究生而设计的。那些具体指明不与博士学位的学习项目相联系

国外高校研究生事务管理实务

的硕士学位叫做终端硕士学位,绝大多数职业类硕士学位属于终端硕士学位。如果研究生在学习一段时间后决定继续深造、攻读博士学位,那么他在终端硕士学位的学习项目中所修读的学分也许可以、也许不可以转到或者适用于博士学位的学习项目。一些学校的特定系科只录取希望攻读博士学位的研究生,不过这些系科也会给那些完成了一定数量的课程、但是不继续攻读博士学位的研究生颁发终端硕士学位证书。其他一些系科在录取博士研究生时的要求之一是申请者必须具备学术类硕士学位。

(三)博士学位

博士学位是美国高等院校授予的最高学位,大致分成三种类型:

1. 哲学博士学位

即研究博士。在自然科学、社会科学和人文学等众多领域,该学位的获得者不管专攻何种学科,均被称作哲学博士;哲学博士学位着重强调学术研究的能力,有别于侧重应用领域的专业博士学位。这种类型的博士生要获得硕士学位,修完课程和通过综合考试,并呈交独创性的论文和通过答辩后才能获得学位。

2. 专业博士学位

即实践性或专业性的学位,例如工业、医学、药物、建筑等方面的学位。专业博士反映的是高层次的职业水准而非学术水准,如医学博士是专业学位,授予那些符合当医生条件的研究生,而医学哲学博士学位则是一种研究学位,是对获得者全面科研能力的承认。

3. 文科博士学位

也称教学博士,其对象是培养大学本科教师。文科博士强调广博的学科知识,掌握教学技巧,研修心理学、高教史、社会学等教育学科,注重教学实习,参加教材的编写工作,论文要求结合主修学科的教学,阐发出一些有价值的教学理论。

美国的博士后职位,是对博士学位的一种补充,它是为取得博士学位者在一定的科研机构继续从事研究工作而设置的一种过渡性职位。博士后教育没有严格的教学结构和形式,博士后研究人员在某处完成一个阶段的研究后,即转到适合自己工作的地方就职或到另一处继续进行博士后研究,对他们不授予学位。

按照专业水平不同,博士后人员又分为 3 个等级:取得博士学位后最初两年为初级博士后人员;3—5 年为中级博士后人员;5 年以上为高级博士后人员。博士后教育有助于人才培养和学术研究工作的开展,也缓冲、减轻了博士毕业后寻找正式工作的压力,目前博士后教育已经成为美国高等教育的一个重要组成部分。

下面以耶鲁大学为例详细介绍美国的研究生学位制度。

二、耶鲁大学的研究生学位制度①

耶鲁大学(Yale University,简称 Yale)是美国"常青藤联盟"大学的三巨头之一,以自由教育和领导者教育闻名世界。学校学科设置广泛,规模庞大,包括耶鲁学院、文理研究生院及为

---

① 本部分内容主要参考耶鲁大学官方网站:http://www.yale.edu/。

数众多的专业学院。耶鲁大学部分保留了英国的学院制，每个学院包含所有本科专业，本科生不仅有机会选修文理研究生院的课程，杰出者甚至可能在毕业时同时拿到本科的学士学位和研究生的硕士学位。耶鲁大学的研究生教育主要分布在文理研究生院及各类专业学院。

（一）研究生学位授予及研究生课程

耶鲁大学的文理研究生院开设非裔美国人研究、美国研究、电影学、生物和生物医学、生物科学、化学、古典文学、比较文学、生态学等 50 多门研究生专业，同时与法学院、森林与环境研究学院、医学院等专业学院联合开设研究生学位课程，授予文学硕士、理科硕士、哲学硕士、哲学博士等研究生学位。

耶鲁大学的法学院、音乐学院、艺术学院等专业学院的研究生教育在美国也首屈一指，各个专业学院所授予的研究生学位情况也有很大的不同，其中：

医学院为耶鲁学院的毕业生以及在其他院校受过相应教育的研究生开设研究生课程，授予医学博士学位；

神学院为耶鲁学院的毕业生开设研究生课程，授予神学硕士、宗教文学硕士学位，优秀研究生还可以攻读神学博士学位；

艺术学院为耶鲁学院的毕业生开设课程，授予美术硕士学位；

音乐学院为耶鲁学院的毕业生开设研究生课程，授予音乐硕士、音乐艺术硕士以及音乐艺术博士学位；

森林与环境研究学院为耶鲁学院的毕业生开设研究生课程，授予森林学硕士、森林科学硕士、环境研究硕士以及森林学博士学位；

建筑学院为耶鲁学院的毕业生开设研究生课程，授予建筑硕士职业学位以及环境设计非职业学位；

护理学院为耶鲁学院的毕业生开设研究生课程，授予护理科学硕士学位；

戏剧学院为耶鲁学院的毕业生中攻读学位证书的研究生开设研究生课程，授予美术硕士及博士学位；

机构与管理学院为耶鲁学院的毕业生开设研究生课程，授予企业管理硕士职业学位，同时也开设机构行为和管理科学方面学位课程。

为更清楚地说明专业学院授予研究生学位的具体情况，下面以耶鲁大学的法学院为例进行简单介绍。

（二）法学院的研究生学位授予

耶鲁大学的本科专业没有法学专业，如图 2.1 所示，法学院开设研究生课程，授予法律硕士、法学研究硕士、法律博士、法律科学博士、法学博士等研究生学位。

1. **法律硕士**

法律硕士（The Degree of Master of Laws，简称 LL. M.）学位的学制为一年，是为拥有本科法学学位的研究生及将来会从事法律教学的研究生设置的一年制硕士学位课程，课程设置的一个特色就是所有课都是选修课，没有必修课。

2. **法学研究硕士**

法学研究硕士（The Degree of Master of Studies in Law，简称 M. S. L）学位的学制是一年，

图 2.1　耶鲁大学法学院关于研究生学位的介绍

来源：http://www.law.yale.edu/graduate/index.htm

主要是为那些其他领域的想要研究法律与该领域相对关系的学者或者专家开设的一年制研究生课程。

3. 法律博士

法律博士（Juris Doctor，简称 J.D.）学位的学制为三年，学分有 83 个。研究生想要顺利毕业并且拿到学位的话，除了取得令人满意的成绩之外，还需要通过法学院的各种考试，比如阶段性考试和写作考试等。

4. 法律科学博士

法律科学博士（The Doctor of the Science of Law，简称 J.S.D）学位被视为法学领域中的最高学位，只对耶鲁大学法学院的法律硕士研究生开放，学制至少为一年。

5. 法学博士

法学博士（Ph.D. in Law）学位要求申请者必须首先获得法律博士学位后，才能申请攻读法学博士学位。

三、密歇根大学的研究生学分制度[①]

密歇根大学（University of Michigan，简称 UM）是一所文理结合的综合性大学，是美国最早的公立大学之一，学校设立瑞克汉姆研究生院负责研究生教育。瑞克汉姆研究生院对密歇根大学的研究生学分做了详细规定。

（一）硕士研究生的学分规定

1. 一般硕士学位学分规定

密歇根大学规定硕士学位的学习年限最长为 6 年，通常艺术硕士（Master of Arts）课程学

---

① 本部分内容主要参考密歇根大学官方网站：http://www.umich.edu/。

习的学分为24—36个学分,科学硕士为24—54个学分,工程硕士为30—36个学分。其中至少一半的学分必须是本校所开设的课程,课程学习的平均成绩不得低于B。同时,至少有4个学分是来自非本专业的课程学习,并且成绩不得低于C。研究生所选修的非本专业课程必须得到研究生导师的认可,研究生亦可通过在本院系的非本专业领域内完成课程学习,或者通过在非本专业领域的工作来代替这4个学分的非本专业课程要求。

2. 专业硕士学位的学分规定

密歇根大学专业硕士学位的学习年限最长也是6年,教育专业硕士的课程学习必须完成54个学分,课程学习的平均成绩不得低于B,其中至少要有12个学分是本校开设的课程。研究生可以通过专业课程学习、非本专业课程学习、选修课程学习、专业实习和项目研究等来获取学分。工程硕士的课程学习必须完成30个学分,其中至少要有24个学分为专业课程学分,6个学分为项目研究与开发学分,除此以外,研究生院还要求工程硕士研究生必须选修3门非专业课程。

(二)博士研究生的学分规定

密歇根大学的博士研究生培养分为两个阶段,即课程学习阶段和候选博士资格阶段。进行博士生资格考试之前,研究生处于课程学习阶段。只有通过博士生资格考试后,研究生才能取得候选博士资格。密歇根大学规定,研究生只有在取得了候选博士资格之后,才可以提出博士学位的申请,并提交博士学位论文。事实上,博士研究生通常在3年内(最长是4年)必须通过博士资格考试,最长在7年之内申请博士学位。

博士研究生只有完成以下学习内容后,方可申请成为博士候选人:

➢ 课程学习的平均成绩不得低于B

➢ 至少在本校内完成18个学时的研究生课程设计

➢ 至少完成成绩不低于C的4个学分的跨学科课程

也可通过在本院系的非本专业领域的课程设计、在其他地方进行的课程设计以及攻读双学位的研究生所完成的双学位课程设计来取得这4个学分。

➢ 通过由本院系教授委员会统一组织的博士生资格考试

该资格考试一般要进行四个领域的知识笔试和口试。每位申请博士学位的研究生有2次资格考试机会,各专业一般每年举行2次资格考试。

➢ 完成68学分的课程及论文研究

一般来说,全日制博士生论文研究的学分是按学期计算的,即每学期为8个学分。

(三)基于学分制的选课计划

密歇根大学研究生选课采用由研究生院的粗线管理与各学院系的细线管理相结合的双层管理方式。密歇根大学研究生可以在学校学分管理制度下,采取多样性的选课计划。下面以罗斯商学院工商管理专业为例进行介绍。

罗斯商学院工商管理专业的博士研究生培养授予以下9个专业领域的哲学博士学位:

➢ 会计学(Accounting)

➢ 计算机信息系统(Computer & Information systems)

➤ 企业战略（Corporate Strategy）

➤ 金融学（Finance）

➤ 国际商务（International Business）

➤ 市场营销（Marketing）

➤ 运营管理（Operations Management）

➤ 组织行为学与人力资源管理（Organizational Behavior & Human Resource Management）

➤ 商业经济学、统计学和管理科学的个性化培养（Individualized Program：Business Economies，Statistics，and Management Science）

如图 2.2 所示，罗斯商学院的课程体系非常庞大，细分为会计学与信息分析、工商管理、商业经济学与公共政策、计算机与信息系统、企业战略、金融、国际商务、市场营销、运营管理、组织行为学与人力资源管理、统计学与管理科学及法律、历史和沟通等课程模块，每个课程模块又包含了若干门课程，比如会计学与信息分析课程模块包括 27 门课程，工商管理课程模块包括 28 门课程等。所有的课程模块中总共包含了 377 门课程。每门课程的学分分为两种，3 学分或 1.5 学分。根据每门课程的难易程度，罗斯商学院按照从易到难，用逐渐递增的数字编制了课程代码。

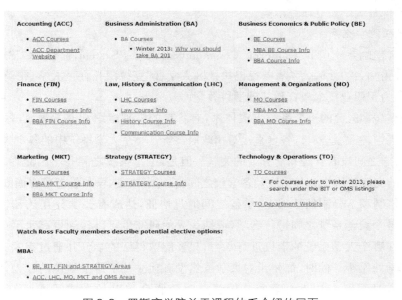

图 2.2　罗斯商学院关于课程体系介绍的网页

来源：http://www2.bus.umich.edu/MyiMpact/academics/departments

罗斯商学院的课程体系在各个课程模块之间并没有设置选修障碍，也就是说，研究生在不违反瑞克汉姆研究生院和罗斯商学院对研究生课程学习的种种规定的前提下，根据课程学分的要求，并结合自己的研究兴趣和个体需求，可以在这个庞大的课程体系中游刃有余地进行选择。通过对课程的分解和对知识体系的模块化，衍生出个性丰富、千变万化的研究生选课计划。

四、加州公立高等教育系统的研究生学分互认和转换制度①

研究生学分互认和转换制度是指,在所有认可范围内的研究生院之间可以自由转换和认可相应的学分。当一名研究生转专业或转学时,该研究生在原来研究生院里所得到的学分可以完整地转到互相认可的另一所研究生院。只要能在另一所研究生院修完其规定的学分,就同样可以获取相应的硕士或者博士学位。美国的研究生学分互认和转换制度以加州公立高等教育系统为典型代表。

(一)加州公立高等教育系统简介

目前,加州的公立高等教育形成三个大学系统:

1. 加州大学系统

加州大学系统(University of California System,简称 UC)包括 10 所大学,其中,伯克利分校、旧金山分校、圣地亚哥分校和洛杉矶分校都是世界一流的学府,主要致力于培养高端的科技和管理人才。

2. 加州州立大学系统

加州州立大学系统(The California State University,简称 CSU)包括 23 所大学,包括加州海事学校、加州理工州立大学波莫纳分校加州州立理工大学等,主要致力于本科生的教学工作,其中只有部分大学设立研究生院。

3. 加州社区学院系统

加州社区学院系统(The California Community Colleges System,简称 CCCS)包括 110 所学院,部分较为知名的社区大学有圣巴巴拉社区大学、萨克拉门托社区大学、帕萨迪纳城市学院等,主要致力于职业技术教育和基础学科教育。

加州公立高等教育的三个系统自成体系,有各自的管理组织和办学领域,每个系统都设立一个管理机构、一位总校长,各自直接对州政府负责。每个大学系统中的各个大学是完全独立的,各个大学之间没有管理和财务上的关联。但是,三个系统之间并不因此森严壁垒,而是存在着广泛的交流与协作。各系统及各学校之间,在专业规划、学科设置等方面既有竞争又有互补。在选修制和学分制的基础上,学校之间通过协商,达成有关学分互认和转换协议,研究生可以在各个大学系统之间进行转学,成绩优秀的研究生可以转到更高水平的大学学习。无论研究生在哪个大学系统的学校进行学习,只要能取得好的学分并通过有关大学的测试,就能实现转学的愿望。同时,加州州立大学虽然没有独立授予博士学位的权力,但可以在个别学科领域通过采取与加州大学或其他独立院校联合培养的方式开展博士学位的教学计划。

(二)学分互认和转换的标准

加州公立高等教育系统实施了校际学分互换协议,为研究生的学分互认、转换提供了方便。根据美国政府问责办公室(U. S. Government Accountability Office)2005 年度的报

---

① 本部分内容主要参考加州大学伯克利分校官方网站:http://www.berkeley.edu/

告规定[1],学分互认、转换的标准主要包括转出学校的认证类型、衔接协议的评估、学校间课程的对比等三个方面。

1. 转出学校的认证类型

"认证"指的是对学校和学习项目进行质量保证和质量提高程度的外部评价过程,进而向研究生、家长和公众表明,该机构在课程、师资、研究生服务和学校设施等方面都符合基本标准。认证的类型主要包括地区认证和国家认证。地区认证的对象大部分是公立、私立的非营利性大学和学校。营利性学校、职业教育和专业教育学校都是国家认证。美国许多学校在评价学分互认和转换制度时,将转出学校的认证类型视为重要标准。

2. 衔接协议的评估

衔接协议是为了方便研究生在学校之间进行学分转换的一种常见的政策工具。20世纪前、中期,美国在学分转换方面没有系统的统一政策,一般由各个学校和大学之间自行定义衔接框架。这样的自主权使得各个学校之间学分转换标准存在着显著差异,不便于研究生的流动。在20世纪70年代,在一系列联邦项目的推动下,随着高等教育入学率和社区学院数量的增加,衔接协议和学分转换引起了各个州政府的注意。州政府开始发起制定州层面的衔接协议、鼓励指定公共核心课程和制定全州统一的课程目录。虽然州政府已经尽力制定各项政策,但是各个州的学分转换体系仍然存在着差异。

3. 学校间课程的对比

如果转出院校和接受院校之间的学分衔接协议达不到统一,学分是否能够转换就主要取决于接受院校的选择了。一般来说,课程不同能够转换的学分也不同。接受院校会与转出院校的招生人员、学术顾问或者相关教师联系,并通过课程的大纲,将两校间的课程进行对比,最后测评出能够转换的学分值。

(三)学分互认和转换的措施

为方便学分互认和转换制度的便利运作,加州公立高等教育学分互认和转换系统还设置了一些有力的辅助措施,主要包括转学信息系统、转学咨询委员会、转学录取保障机构等。

1. 转学信息系统

转学信息系统设立了官方网站,主要负责向研究生公布有关学制衔接政策、学分互认和转换的相关规定;公共核心课程的要求和目录;转学指导手册和转学申请表格等信息。该网站能使研究生及时得到学分互认和转换的最前沿信息,有计划地确定转学目标和安排学习计划,使学分互认和转换制度的运作更加和谐和顺利。

2. 转学咨询委员会

转学咨询委员会主要负责指导研究生的转学申请并给予专业意见和建议,还监督和管理各个学校间学分互认和转换的实施现状,并根据各学校间互相的反馈,对相关规定和政策及时做出调整和改进。同时,还接受研究生在转学时提出的申诉。

---

① U. S. Government Accountability Office(2005). Transfer students: Postsecondary Institutions Could Promote More Consistent Consideration of Coursework by Not Deter-mining Accreditation[EB/OL]. 2011 - 5 - 24.

3. 转学录取保障机构

转学录取保障机构主要负责确保课程学分达到转专业或转学要求，且满足规定条件的研究生被录取，但不能保证研究生申请哪个专业或院校就被其录取。转学录取保障机构规范了课程衔接和学分互认互换的操作和运行准则，更好地尊重和维护了研究生的权益。学分可以互认和转换，加强了研究生的流动，可以保证研究生被某一所大学淘汰之后，还能够有其他的选择继续完成学业。

（四）加州大学伯克利分校的转学申请条件和流程

加州大学伯克利分校（（University of California—Berkeley，简称 UCB）是加州大学系统的典型代表，在全美公立大学中排名第一。每年有大量的公立社区大学的研究生通过学分互认和转换制度顺利地转入加州大学伯克利分校继续就读。学分互认和转换制度为研究生们提供了更多的选择机会，成为强有力的学习激励制度。如图 2.3 所示，加州大学伯克利分校的官方网站上详细介绍了转学申请的条件、注意事项及流程。

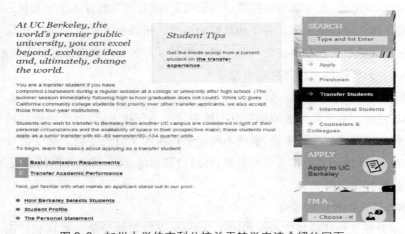

图 2.3　加州大学伯克利分校关于转学申请介绍的网页

来源：http://admissions.berkeley.edu/transferstudents

1. 加州大学伯克利分校的转学申请条件

（1）转学申请日期

UCB 每年的转学申请日期是 10 月 1 日—10 月 30 日。

（2）学分要求

UCB 要求研究生须修满 60 个学分，而且是符合 UCB 要求的 60 个学分才可以转学。

（3）绩点要求

UCB 对转学的绩点要求是 GPA 至少达到 3.3，也就是说，每门课程的绩点都必须在 B+以上。

（4）秋季转学

UCB 只接受秋季转学，因此研究生在 10 月份提交的美国大学转学申请是为了第二年 8 月份的转学。

国外高校研究生事务管理实务

（5）提交材料

研究生需要提供加州大学伯克利分校所要求的转学申请材料。

2. 加州大学伯克利分校的转学申请流程

（1）在线申请

UCB 会首先提供一个申请账号，研究生登录加州大学伯克利分校的官方网站进行在线申请。

（2）确认申请及缴费

提交转学申请后，研究生会收到学校的回复 Email；4—5 周以后，会再次收到学校的 Email 以确认提交申请，并要求缴纳申请费。

（3）实时更新成绩

在 10 月份提交申请后，UCB 要求研究生要随时更新成绩单，以了解研究生的学术情况。

（4）不接受推荐信

UCB 不接受转学研究生的推荐信，不允许研究生提交任何推荐信，除非申请的学院有特殊要求。

第二节　学业评估和学业淘汰

一、布朗大学的研究生学业评估制度[①]

布朗大学(Brown University)是一所世界著名的综合性私立高等研究型大学，也是世界闻名的美国"常青藤联盟"中的一员。布朗大学有一套明确、系统、严格执行的研究生学业评估制度，是其保持高水平研究型大学地位的一项重要举措。如图 2.4 所示，布朗大学《研究生手册》适用于研究生、教师和研究生导师，对研究生在项目研究、课程学习、教学工作等方面的学业评估进行具体规定，用于解决研究生学业评估过程中遇到的各类问题。

（一）学业评估等级

布朗大学《研究生手册》规定，布朗大学研究生的学业评估等级可分为四种：良好、合格、警告和终止。研究生导师需要保证在自己的研究生课程中，对每个研究生的学习状态进行全面普查和跟踪。布朗大学研究生院根据导师给予的研究生学习情况，定期更新研究生的学业评估等级。研究生学业评估等级的具体情况如下：

1. 良好

良好应是研究生有着良好的学业进展。

2. 合格

合格表示研究生在学习中遇到某种困难，比如学习动力不足，或在课程、研究、写作中进展缓慢，在这样的情况下，将对研究生分配一对一指导的专业训练，研究生在这些训练中的表现

---

① 本部分内容主要参考布朗大学《研究生手册》：http://www. brown. edu/academics/gradschool/graduate-school-handbook

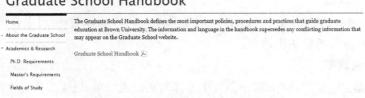

图 2.4　布朗大学的《研究生手册》网页

来源：http://www. brown. edu/academics/gradschool/graduate-school-handbook

也可以影响到其学术标准等级。如果研究生未完成两个或两个以上的专业学习任务,会导致其学术标准等级从良好降低到合格。如果学习问题一直没有得到解决,研究生将进入警告状态。

3. 警告

警告表示研究生在学习中遇到持续性或严重的问题。当研究生处于警告状态时,布朗大学必须在每学期结束时给予研究生书面通知来警告他们存在的问题,以及这些问题的后果。同时,研究生必须做出明确的关于恢复良好或合格等级将采取步骤的书面说明,以及最后期限(通常为一学期)。如果到了最后期限,研究生的学习问题还没有得到解决,一般会处于试读状态。警告可能会导致研究生科研资金的撤出,这取决于研究生学习问题的严重性,不过这种情况很少发生,并且还要得到研究生院院长的批准。

4. 终止

终止表示研究生在学习中遇到严重和不可撤销的问题。研究生处于终止状态时,将被立即开除学籍,并终止所有形式的资金支持。

(二)学业评估时间

关于研究生学业评估时间,布朗大学研究生院根据每个研究生的具体情况协调研究生的评估时间,在规定时间里评估研究生的学业进展情况,比如第一年的答辩、语言考试、资格考试等。春季学期的学业评估截止时间是 5 月 31 日;夏季学期的学业评估截止时间是 8 月 21 日前;秋季学期的学业评估截止时间是 1 月 31 日。

(三)学业评估程序

《研究生手册》规定,并不是所有的研究生每年都必须在项目研究、课程学习、教学工作等方面被评估,因为课程学习可能只与最初几年的博士研究项目相关,教学工作评估只在研究生担任助教工作时是必要的。如果研究生在自己的研究项目之外有助教或者助研的工作,作为评估程序的一部分,必须在每个学期结束前,由课程教师或研究项目主任对研究生的助教或者助研工作情况进行评估。评估报告的复印件必须提供给研究生本人和研究生自己的研究项目主任。研究项目主任必须和研究生一起阅读评估报告,并且将它应用到研究生每年的项目研究评估中。在征得研究生同意后,评估报告的复印件也可以给研究生的学术辅导员。

不同学习表现的研究生需要面对不同的评估程序。

1. "良好"或"合格"的研究生

对于那些处于"良好"或"合格"状态的研究生,必须每学年接受至少一次评估。在所有研究生圆满地完成每学年的学习计划时,都会立即收到研究生院的书面通知。对于那些在课程学习和项目研究方面进展迅速的研究生,书面通知中会有"我们对你的学业取得良好进展非常满意,我们赞赏你的勤奋"等简单的支持性语句,但对研究生会起到充分的鼓励作用。

2. 新生和"警告"状态的研究生

对于研究生新生和那些处于"警告"状态的研究生,必须每学期接受至少一次评估。对于处于"警告"状态的研究生,研究生院会提供一份书面"警告"通知,主要内容包括:对研究生学业进展的不良表现进行概括;为研究生设置具体的学业进展目标和截止日期;标注出具体的下一次学业评估日期;提醒研究生如果在规定时间内无法达到设置的学业进展目标,将会被终止学业。比如在书面通知中,研究生会被告知"教师在评估程序中感觉到你在你的学业方面没有足够的进展,原因如下:……,如果在一个学期的时间内,这些问题不能如期解决,你将终止在 XX 学期 20xx—20xx 学年结束的研究生课程"。研究生需要遵照书面警告通知中的安排进行学习。一般情况下,警告状态会持续一段时间,以使研究生有机会通过努力学习改变学业评估等级。

3. 评估结果

警告期结束时,研究生通常面临着两个结果:

(1)好的结果

研究生的学业评估等级提高为"良好"或"合格"。研究生会收到研究生院对于自己学业进展情况表示"满意"的书面通知,会被告知"一般来说,教师在评估程序中感觉到你正在满意地进展学业。然而,我们还觉得以下方面仍需要改进,我们鼓励你在下次评估前解决这些问题"。研究生需要按照书面通知的要求继续改进自己的学业状况。

(2)坏的结果

研究生被开除。在具体的截止日期结束前,研究生院会给研究生提供一份"学期结束前最后的警告"通知,告知研究生"教师在评估程序中感觉到你没有做足够的进步来保证持续的研究与学习。根据研究生院政策规定你将被视为开除学生,你将终止在 XX 学期 20xx—20xx 学年的研究生课程"。在学期结束时,研究生院会给研究生提供一份"学期结束的警告"通知,告知研究生"基于我们对应的日期,我们已经通知了你所在院系,你将在 XX 学期 20XX—20XX 学年结束时正式退出研究生课程"。

(四)开除和退学

一旦研究生收到"学期结束的警告"通知,就进入布朗大学退学程序。退学程序要求,研究生院必须在截止日期前交给研究生一份书面的退学通知,同时给研究生所在院系一份退学通知复印件,研究生应在截止日期前交给研究生院一份退学表格,研究生院则要寄给研究生一份官方的退学信。如果研究生不配合退学程序的要求,不提交退学表格,研究生院的退学主管部门可以提交给研究生院院长一封特殊的请愿书,请求在学期结束时终止该生的学业和研究项目。

(五)学业评估与金融援助

为了有资格获得研究生贷款,布朗大学的研究生必须注册通过,而且在项目研究中取得令人满意的学术进步。关于研究生"取得令人满意的学术进步",必须由研究生院与研究项目主任和金融援助办公室共同研究决定。此外,研究生必须注册,并且"取得令人满意的学术进步",来为任何他们现有的贷款保持还款延期资格。如果研究生的课程学习有一半以上的科目处于警告状态,研究生学业管理员将给全国研究生资料库发送报告。研究生必须收到研究生院的书面通知,特别是在金融援助可能被调整或终止的情况下。

对于研究项目基金的使用,研究生必须遵守研究生院的相关管理规定。布朗大学的研究生在接受警告处分的同时,也有可能会得到系主任的同意,继续得到研究项目基金的资助。如果研究生严重违背学术诚信或没有"取得令人满意的学术进步",在系主任特批的情况下,也可以立即撤走研究项目基金的资助。

二、哈佛大学的研究生学业淘汰制度①

随着高等教育的大众化,美国的一些研究型大学慢慢地由"宽进严出"向"严进严出"转变,这种转变在整个研究生教育过程中得到了很好地体现。"严进"体现了美国的研究生教育从最初的选拔就具备高标准和严要求的特点,入学不仅仅只看重成绩更看重申请者的发展潜力。"严出"指严格控制毕业生质量,在培养过程和评价体系中实行严格的、强制的淘汰制,研究生要通过一系列有高淘汰率的考试和考察才能够毕业并拿到相应学位。

(一)研究生入学制度中的淘汰制

哈佛大学(Harvard University)的入学制度要求十分严格,综合各种变量因素评估研究生的各方面素质与潜力。每年都会有很多的申请者,但真正能进入这个学术殿堂学习的人仅占申请者的十分之一。哈佛大学共设有 11 所研究生院,即文理学院、商业管理学院、肯尼迪管理学院、设计学院、教育学院、法学院、神学院、医学院、牙医学院、公共卫生学院及大学扩展部等。各研究生院的官方网站都介绍了研究生的申请入学要求,并要求在线提交申请材料。

1. 哈佛大学的研究生申请入学条件

(1)硕士研究生的申请入学条件

➢ GRE 考试成绩

哈佛大学大部分专业的硕士研究生申请都需要提交 GRE 考试成绩,有些特殊专业还需要提交其他专门的考试成绩,并且每个研究生院的不同专业都分别对成绩有最低限制。

---

① 本部分内容主要参考哈佛大学官方网站:http://www.harvard.edu/。

➢ 大学各科的成绩单

一般要求申请者的大学各科成绩合格，并且各科成绩均达到良好。

➢ 两封及以上的推荐信

推荐信由两、三位教授或有关单位提供，推荐人需要对申请者的各方面能力进行综合性的整体评价。

➢ 个人简历以及攻读学位计划书

哈佛大学认为个人简历和攻读学位计划书能更深入地体现申请者的学术水平、科研能力以及所擅长的领域。另外，有一技之长和领导才能的申请者非常受欢迎，如果在申请材料中注明自己的兴趣爱好、特长和组织过的重要活动等，都会极大地提高录取机率。

（2）博士研究生的入学申请条件

➢ GRE 考试成绩

博士研究生的申请者也需要提交 GRE 的考试成绩。

➢ 申请材料

申请者的申请材料主要包括本科和硕士期间各科的成绩单、个人课程学习概要、两名或以上教授的推荐信。

➢ 附件材料

申请者的附件材料主要是指申请者对专业领域的研究兴趣点、知识的掌握程度、已取得的科研成果等方面情况介绍的材料，以此来证明申请者有潜质和能力从事该专业的科学研究。

（3）哈佛商学院的博士生入学申请条件

哈佛商学院要求，博士生申请者已获得学士学位或者是高年级的研究生。如图 2.5 所示，2013 年哈佛商学院博士生的入学申请条件是：

➢ 完整的在线申请

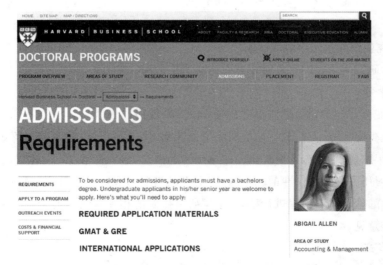

图 2.5　哈佛大学商学院 2013 年博士生入学申请介绍网页

来源：http://www.hbs.edu/doctoral/admissions/Pages/requirements.aspx

➢ 简历

➢ 陈述申请理由

➢ 成绩单

所有大学期间的课程的官方成绩单,要求在线上传。

➢ TOEFL、GMAT 成绩

成绩的有效期不超过 5 年(自 2008 年 12 月 1 日至 2013 年 12 月 1 日期间的考试成绩),TOEFL 成绩应不低于 100 分,GMAT 成绩应在 680—720 分之间。

➢ 推荐信

三封推荐信(至少一封来自学术方面),只接受在线提交,不接受纸质版。

➢ 申请费用

105 美金的申请费(只接受信用卡支付)。

上面介绍的入学申请条件只能称为哈佛大学研究生学位申请的"必要不充分条件",也就是说,如果想申请哈佛大学,必须达到以上条件;但即使达到以上条件,却未必会得到录取。哈佛大学对申请者入学资格的考察是一个综合考虑的过程,而绝不是仅仅看分数高低,比如:

➢ 申请者的学校背景

申请者具备好的本科学校背景可以增加申请时的砝码。

➢ 学术水平以及学术上的独到见解

哈佛大学非常看重研究类课程申请者的学术水平,以及在学术上有无独到见解。比如:从申请者发表的论文来看他的学术水平,申请者是在哪个级别的学术刊物上发表的论文,这些论文在他所从事的在行业内或专业内能够占多大的分量;申请者所从事的科研项目是否与所申请专业导师目前从事的项目接近,或者虽然不接近但是能让专业导师感觉有可取之处等。

➢ 申请者在各方面的综合素养

申请者的专业能力、个人素质和领导能力、组织能力、表达能力、社会责任感等都占有很大的比重等。

(二)研究生培养过程中的淘汰制

哈佛大学研究生学习的每一阶段都有非常严格的淘汰率。

1. 课程学习

比如,东亚语言与文明系的博士生在第一、二年,就根据课程的学习情况予以淘汰,博士生在前两年内至少要完成 16 门单学期的课或等量课程,每选一门课,就意味着每星期要读上百页文献,不断跟踪前沿研究,还要提出问题拿到课上讨论,如果有超过 2 门课程没有通过,就被要求退学,学习压力非常大。在前两年内,博士生还需要掌握好第二外语。每年春秋季节,教师会对博士生的学习进展情况进行检查,根据研究生院的相关政策对博士生提出学业进展通过或者警告等意见。

2. 综合考试

在第三年,博士生必须通过综合考试大关,可以是在平时多次考试中各科的累积成绩,也可以是连续的笔试及两三个小时的口试。无论是累积成绩,还是笔试成绩,学校都要求每门成绩的最低等级为 B,或者具备相当于 B 及 B 以上的水平。口试要回答 2 个或 3 个相当于我国二级学科专业领域的各类问题,还要回答一个跨一级学科问题。综合考试失败就意味着继续攻读博士学位的资格终止。一般情况下,对于第一次考试失败的博士生,考试委员会考虑给予再考一次的机会,但是,如果再失败就必须被淘汰。

3. 选题论证

在第四年,博士生要选择导师,师生共同商讨论文选题事宜,进行选题论证,选题报告只有在论文指导委员会成员全部同意后才可以进行下一阶段的研究工作。

哈佛大学的研究生教育是从硕士到博士的连续体,硕士是一种过渡性学位,如果研究生不能直接申请到博士资格,可以先读硕士。对于先攻读硕士学位的研究生,如果在前三年阶段的学习都顺利通过,并且对论文研究有一定的积累与思考,能够表明自身具备博士研究资质,才能被授予博士生资格,否则仅能以硕士学位结束学习。

(三)研究生评价体系中的淘汰制

哈佛大学研究生教育的评价体系包括很多指标,论文考核是其中最重要的一项。严格的论文资格准入、清晰的论文评价标准和健全的论文审查制度构成了规范化的论文评价体系。面对论文评价体系中的高淘汰率,研究生要想获得相应的学位,就必须认真对待论文创作过程中的每一个步骤。

1. 硕士生的论文评价体系

硕士生在论文写作过程中,论文指导委员会要定期召开会议来讨论和给予硕士生论文专业性的意见。如果在多次指导后,硕士生的论文仍不能达到专业要求,就会被终止论文写作并予以淘汰。

(1)论文答辩前

在论文答辩前,硕士生的论文要经过多次评阅和修改,经过多方专家的一致通过后才能参加答辩。

(2)论文答辩时

论文答辩时,硕士生要详细论述论文的结构和创新点,还要根据答辩委员会提出的尖锐问题进行现场答复。

(3)论文答辩后

论文答辩后,硕士生还要根据专家的建议对论文做进一步的修改,并经专家再次审阅、一致同意后,才能呈交所在院系的学位委员会。对于第一次论文答辩不通过的硕士生,会给予其一次宝贵的补答辩机会,但是,如果还是不能通过则不能被授予硕士学位,并面临着被淘汰的结局。

2. 博士生的论文评价体系

哈佛大学对博士生的论文研究有更高的严格要求,在尚未进入论文写作的课程学习阶段,博士生就需要开始考虑专业研究问题。在综合考试之后进行的专业研究考试中,其考试内容中很重要的一部分就是关于论文研究问题。

(1)论文选题阶段

论文选题阶段,只有学术委员会对选题报告认可后,博士生才可以进行下一步的研究写作工作,如果得不到认可,就需要对论文选题进行修改,直到得到认可为止。

（2）论文写作阶段

论文写作阶段,指导教师要不断检查博士生的论文写作情况,提出意见和建议。**指导教师**不限于一位,由本学院以及外学院、外校教师、导师合作担任,另外系学术委员**会也会经常对博**士生的论文写作情况进行检查,指导博士生进行修改。

（3）论文完成阶段

论文完成时,至少需要三位专家进行审阅,他们同时也是答辩委员会的成员。博士生要根据专家的意见不断修改、提高论文质量,之后才能申请论文答辩。如果想要参加论文答辩,博士生必须在最后一年的前一年春季提交两章节完成的文稿,否则下一年不能参加论文答辩。

按规定,博士生应该在六年内完成论文。对于长时间不完成论文的"老博士生",哈佛大学规定,十年未完成学业者,不再予以注册。博士论文的内容必须有原创性、前沿性,同时文献、格式等必须规范,在博士生学习、研究的过程中,所在院系每年组织一至二次教师对博士生论文进步程度的检查、讨论,发现问题,以建议信、口头提出等形式告知博士生并要求其改正。尽管从博士生入学即开始进行筛选、淘汰,但是,每年的博士生论文答辩中,哈佛大学仍有较高的淘汰率,每年仅论文答辩不通过者在 10％以上。

第三节　课程制度与管理信息化

一、布朗大学的研究生课程制度[①]

（一）硕士学位课程

布朗大学《研究生手册》规定,获得硕士学位的最低要求是完成注册并修读完八个研究生课程。个别院系和部门有额外要求,如增加课程的数目,要求某些外语能力,增加考试,以及要求论文数量等。硕士生最多有五年时间完成以上所有的课程学习,才有资格获得硕士学位。

1. 硕士研究方向和课程结构

布朗大学研究生院授予 24 个研究方向的硕士学位,有些硕士学位是其学科领域的最高学位,比如文学艺术硕士（MFA）;也有一些硕士学位旨在培养研究生将专业知识应用在实际工作中,比如教学硕士（MAT）、公共卫生硕士（MPH）等;其他硕士学位提供相关专业训练帮助硕士生有可能在布朗大学或其他大学中的一级学科博士点进行后续研究。

如表 2.1 所示,每个研究方向都规定了自己的课程结构。研究生如果改变了自己的课程结构,那么攻读学位的年限和学费成本也会改变,课程结构的改变还会影响国际研究生的签证时间。课程结构的改变包括增加额外的课程,去掉一门课程或者改变课程。任何一个研究生改变课程结构必须得到院系研究生学习理事会和研究生院的批准。

[①] 本部分内容主要参考布朗大学《研究生手册》:http://www.brown.edu/academics/gradschool/graduate-school-handbook

国外高校研究生事务管理实务

表 2.1　布朗大学硕士课程的标准课程结构

学位	研究方向	课程数	注册结构 （每个数字代表每学期的标准）
文科硕士（AM）	美国研究	8	4＋4
理科硕士（ScM）	生物医学工程	8	2＋2＋2＋2
文科硕士（AM）	生物统计学	8	3＋2＋2＋1
理科硕士（ScM）	生物统计学	8	3＋2＋2＋（1＋论文课程）
理科硕士（ScM）	生物技术	8	2＋2＋2＋2 *or* 3＋2＋2＋1（＋论文课程）
文科硕士（AM）	巴西研究	8	4＋4
文科硕士（AM）	BSSI	8	3＋2＋2＋1
理科硕士（ScM）	BSSI	9	3＋2＋2＋2
文科硕士（AM）	古典文学	8	4＋4
理科硕士（ScM）	临床与移植研究	9	2＋2＋2＋2＋（1 暑期）
理科硕士（ScM）	计算机科学	8	2＋2＋3＋1
文科硕士（AM）	发展研究	8	4＋4
理科硕士（ScM）	工程学	8	3＋3＋2
文科硕士（AM）	英语	8	4＋4
文科硕士（AM）	流行病学	12	3＋3＋3＋3 和论文
理科硕士（ScM）	流行病学	12	3＋3＋3＋3 和论文
EM	医疗保健引导	9	3＋3＋3（连续 18 个月）
文科硕士（AM）	历史	8	4＋4
文科硕士（AM）	中西医结合研究（人类学）	8	4＋4
文学艺术硕士（MFA）	文学艺术	8	2＋2/2＋2
文科硕士（AM）	MCM	8	4＋4
文科硕士（AM）	音乐	8	4＋4
文学艺术硕士（MFA）	编剧	16	2＋2/4＋4/2＋2
文科硕士（AM）	葡萄牙和巴西研究	8	4＋4
文科硕士（AM）	葡萄牙语双语或 ESL 教育和跨文化研究	8	这种学位的候选人可以是在职或全日制研究生。在职研究生每学期至少需要完成 2 个课程，从而使他们能够在两年内完成所有课程
ScMIME	PRIME	8	4＋4
公共事务硕士（MPA）	公共事务	16	4＋4＋4＋4

学位	研究方向	课程数	注册结构 （每个数字代表每学期的标准）
公共卫生硕士（MPH）	公共卫生	13	3＋3＋3＋3（额外的1个课程量将在研究生实习的学期内额外登记）每学期超过3个课程将额外收费
文科硕士（AM）	公共人文	14	3＋4＋4＋3
公共政策硕士（MPP）	公共政策	16	4＋4/4＋4
教学硕士（MAT）	教师教育（小学）	8	1夏季＋4秋季＋3春季
教学硕士（MAT）	教师教育（中学）	8	2（夏季）＋2＋4 或者2（夏季）＋4＋2
文学艺术硕士（MFA）	表演和导演	24	4＋4/4＋4/4＋4
文科硕士（AM）	城市教育政策	10	2（夏季）＋4＋4
文科硕士（AM）	美国城市教育政策	8	1（夏季＋)2＋2＋2＋1

来源：布朗大学《研究生手册》第15页

2. 第5年硕士学位课程

第5年硕士学位课程允许布朗大学的本科生在获得学士学位后，继续在布朗大学攻读硕士学位。针对一般的硕士学位，最多两门本科期间的课程可能被算作硕士学位课程，其余六门课程须在研究生阶段完成，研究生只需要支付六门课程的学费。本科生必须在获得他们的学士学位之前提出第5年硕士学位课程的申请。第5年硕士学位课程的申请必须通过招生院系和研究生院的批准，审批过程可能会长达两年。

（二）博士学位课程

布朗大学共有40多门博士课程，博士课程的完整清单可以在研究生院网站上查询。对于博士生，总体上有以下四点要求：

1. 入学

候选人必须取得正式的入学资格。

2. 注册

布朗大学对博士生的注册要求是，如果申请者具有学士学位，那么需要完成3年的全日制课程学习，如果有硕士学位，那么需要完成至少1年的全日制课程学习。博士生如果在其他研究机构完成研究工作，不能达到注册时间的要求，那么经过所在研究部门的推荐和学校注册部门的批准，可以计入注册时间。然而，以这种方式计算的注册时间总长不得超过一学年，而且博士生需要在第一学年向注册办公室提出申请。

3. 学位申请

博士生申请成为博士学位候选人时，须已经圆满完成所有的要求，包括一般要求和院系的特别要求，并且着手论文写作。候选人资格需要由博士生所在院系或者项目组批准，并有注册办公室确认。大多数院系在审批博士学位候选人资格时，都要求博士生完成指定课程并通过论文初步审查。

4. 论文

候选人必须提供一个专业范畴相关的论文主题，陈述博士研究的成果，并提供获得的优秀奖学金的材料。论文必须经由指导论文的教授或委员会和研究生理事会的核定，博士生必须在入学5年内提出博士学位候选人申请。

（三）综合性研究学位课程

布朗大学在创造、鼓励和促进跨学科和多学科研究方面有着悠久的传统和历史。研究生院支持不被现有研究束缚，能够提出跨学科学术研究的研究生，这样的研究生可以提交进行综合性研究学位课程的申请。

1. 综合性研究硕士学位课程

布朗大学规定，在特殊情况下，研究生可申请作为硕士生进行综合性研究。对于已经在布朗大学进行学习、研究的研究生，他们可以向研究生委员会提交自己的观点和申请。申请中必须包括，根据最接近其综合性研究方向的一般硕士研究课程而制定的课程结构。此外，任意一个学期中研究生的学籍根据上述课程结构被事先批准。已填妥及签名的申请材料将提交研究生委员会审议和批准。

对于还没有开始在布朗大学进行学习、研究的研究生，他们申请综合性研究硕士学位课程的时候，是以一个准研究生的身份提出课程学习计划。申请者需要联系一个布朗大学相关专业的教授，教授需要同意课程学习计划并提供意见，同时，应得到教授所在院系研究生学习理事会的正式批准。申请材料应包括研究生想攻读的学位类型（文科硕士或理科硕士），并且此学位类型应该符合与其将要进行的综合性研究方向最接近的一般硕士研究项目的要求，申请材料还必须包括，根据最接近其综合性研究方向的一般硕士研究课程而制定的课程结构。

此外，任意一个学期中研究生的学籍根据上述课程结构被事先批准。在取得教授和相关院系的研究生学习理事会的支持后，申请者将这些支持声明、拟定的研究课程计划，以及规定的其他申请材料提交给研究生院，研究生院将申请材料提交给研究生委员会。最终，将采取研究生委员会审议的结果。经布朗大学研究生委员会批准没有异议的申请者才能被成为综合性研究硕士学位课程在读研究生。

2. 综合性研究博士学位课程

为了获得一个综合性研究博士学位（Ph. D. in Integrative Studies），研究生必须参与到一个现有的博士项目中，在完成一个学期的全日制研究生学习后，研究生可申请注册为综合性研究生博士生。博士生需要先向研究生委员会提交申请，以便委员会审查和决策。申请材料包括自行设计的学习研究计划、现在所属院系的研究生学习理事会的支持声明、相关专业领域教授的支持声明以及会持续进行五年研究的保证声明。

二、"MOOCs"大规模网络开放研究生课程

（一）什么是 MOOCs

1. MOOCs 简介

MOOCs 是大规模网络开放课程（Massive Open Online Courses）的英文缩写，音译词为"慕

课"。MOOCs 的雏形最早出现于 2008 年,目前参与学习者已遍布全世界 220 多个国家,一些人将互联网技术引发的这场教育变革称为"慕课风暴"。MOOCs 的精义正是由它所代表的几个词所体现的:"M"代表大规模(Massive),指的是课程注册人数多;第二个字母"O"代表开放(Open),指的是凡是想学习的,都可以进来学;第三个字母"O"代表在线(Online),指的是时间空间灵活,全天候开放,使用自动化的线上学习评价系统,而且还能利用开放网络互动;"C"则代表课程(Course)[①]。MOOCs 不是单纯地教师讲课,而是由很多愿意分享和协作以增强知识的学习者组成,通过网络技术,将课堂教学、学习体验、师生互动等环节完整地在线实现,从而形成一种全新的学习模式。

2. MOOCs 的特点

如图 2.6 所示,MOOCs 的官方网站介绍了其具有三个方面的显著特点:

(1) 开放共享性

参与学习 MOOCs 课程是完全免费的,既不需要付费也不需要注册学籍,获得开放学习资源的途径便捷,门槛低。

(2) 可扩容性

在传统课堂中,师生人数比例往往较小,每一次课程碍于场地、教师等客观条件使得学习人数有一定的限制,而在 MOOCs 平台,参加学习活动的人数是没有限制的。

(3) 互动性强

基于极大的师生人数比例和网络支持架构,MOOCs 更需要具有极强互动性的课程设计。采取同学之间的互相评分的机制和小组合作等机制促进学习活动的开展。在学习评估方式上,采取客观、自动化的线上评价系统和习题集的方式。

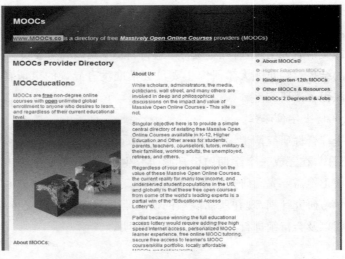

图 2.6 关于 MOOCs 及其特点介绍的网页

来源:http://www.moocs.co/

---

① "百度百科"中"慕课"词条:http://baike.baidu.com/link。

（二）MOOCs 的起源及发展

MOOCs 起源于发展多年的网络远程教育和视频课程，最早出现在美国。2001 年，麻省理工学院最早宣布将课程免费放到网上，掀起了第一次在线课程建设热潮。至 2011 年，10 年间，仅麻省理工学院就发布了约 2000 门课程，超过 1 亿人次访问。而 2009 年，哈佛大学推出高质高清课程《公正》等，引来新一轮视频公开课程建设热潮。

2011 年秋，来自 190 多个国家的 16 万人同时注册了美国斯坦福大学的一门《人工智能导论》课，并催生了 Udacity 在线课程；不久后，斯坦福大学两位教授创立 Coursera 在线免费课程，2012 年 4 月上线，4 个月后研究生报名数便突破 100 万，一年不到突破了 234 万。2013 年 11 月，MOOCs 课程报名研究生突破了 536 万，学习 535 门课程，这些课程来自普林斯顿大学、斯坦福大学等世界知名的 107 所大学。2012 年 5 月，麻省理工学院和哈佛大学宣布整合两校师资，联手实施 edX 网络在线教学计划，第一门课程《电子和电路》即有 12 万名研究生注册；2012 年秋，第一批课程的研究生人数已突破 37 万，已有全球上百家知名高校申请加入。图 2.7 简要介绍了 MOOCs 的发展历史。

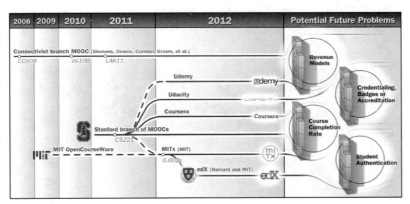

图 2.7　MOOCs 发展史简图

来源：http://www.baike.com/wiki/

（三）MOOCs 的三大平台

目前全球比较成规模的 MOOCs 三大平台是 Coursera、Udacity、edX，语言以英语为主，正在增加其他语种。在合作模式上，Udacity 不与高校结盟，而是与教师合作，与部分高校在学分认可和学位授予方面合作；Coursera 与高校结盟，由学校开发课程；edX 与顶尖高校结盟，协助学校开发课程。三大平台在学习模式、教学模式、课程评估、研究生诚信要求、微证书的发放等方面各有差异。从目前的商业模式来看，Udacity 以营利为目的，Coursera 是在营利或非营利之间徘徊，而 edX 的目的是探索如何用信息技术提高教育质量，更多的是科学实验，不以营利为目的。下面对三大平台分别进行介绍：

1. Coursera

Coursera 由美国斯坦福大学两名电脑科学教授安德鲁·恩格（Andrew Ng）和达芙妮·科勒（Daphne Koller）创办，旨在同世界顶尖大学合作，在线提供免费的网络公开课程。Coursera

的首批合作院校包括斯坦福大学、密歇根大学、普林斯顿大学、宾夕法尼亚大学等美国名校。新增的大学包括了佐治亚理工学院、杜克大学、华盛顿大学、加州理工学院、莱斯大学、爱丁堡大学、多伦多大学、洛桑联邦理工学院、约翰·霍普金斯大学公共卫生学院、加州大学旧金山分校、伊利诺伊大学厄巴纳—香槟分校以及弗吉尼亚大学等世界名校。Coursera 的中文网站主页如图 2.8 所示。下面从课程、评估、研究生诚信、互动模式、学习节奏、研究生收获等方面简单介绍 Coursera。

图 2.8　Coursera 的中文网站主页

来源:https://www.coursera.org/

（1）课程

Coursera 共有 20 个科目的 204 门课程,包括计算机科学、数学、商务、人文、社会科学、医学、工程学和教育等。

（2）评估

Coursera 对于参加研究生的评估方式包括基于软件的测验、作业、习题集等;安排另外的 5 名研究生给 1 名研究生的书面作业打分;有很多教授都允许研究生多次参加测验,然后取最高分。

（3）研究生诚信

研究生需要在 Coursera 网页上点击相关文本框,同意遵守荣誉守则。

（4）互动模式

Coursera 有在线论坛和学习小组,已经有研究生在 1400 个城市组织了线下见面会。

（5）学习节奏

Coursera 的大部分课程都有开始时间和结束时间,不过研究生还可以中途加入一门课程,只要在注册截止日期前进行注册就可以。

（6）研究生收获

有些教授会为研究生颁发自己签署的结业证书,不过并非来自校方,而安蒂奥克大学洛杉矶校区的研究生已可以通过 Coursera 获得学分。

2. Udacity

Udacity 的官方网站主页如图 2.9 所示。下面从课程、评估、学术完整性、互动模式、学习节奏、研究生收获等方面简单介绍 Udacity。

图 2.9　Udacity 官方网站主页

来源:https://www.udacity.com/

（1）课程

Udacity 的课程目前还不是很多,主要覆盖计算机科学、数学、物理、商务等领域。但Udacity 平台上的每一门课程都做得非常用心,包含多个单元,每个单元又包含多个知识块,每个知识块都有对应的练习,还有可以打印的、非常详细的课堂笔记。

（2）评估

Udacity 对于参加研究生的评估方式包括基于软件的测试、习题集、跟编程相关的作业等。另外,每个单元的每个知识块都有相应的习题和答案。而且,任意一个选择题都是教授自己手写的,每一个答案又单独做成了一个小视频。在习题集里面同样包含视频,研究生可以在线输入代码、测试代码等。

（3）学术测评

研究生需支付 89 美元参加在各大考试中心的期末测试,有监考。

（4）互动模式

Udacity 有在线论坛和学习小组,已经有研究生在超过 450 个城市中组织了线下见面会。

（5）学习节奏

Udacity 的学习节奏由研究生自己把握。

（6）研究生收获

Udacity平台将根据研究生的学习表现颁发不同层次的证书：结业，良，良好，优秀。另外，科罗拉多州立大学的环球学院已经认可Udacity平台上部分课程的学分。Udacity还发布了一个免费的就业匹配计划，可以将研究生的简历根据公司的招聘情况和研究生的成绩发给包括Google、Facebook、Twitter及美国银行在内的合作公司。

3. edX

2012年5月份，麻省理工学院和哈佛大学联合推出非营利性MOOCs网站，即edX。加盟学校还包括加州大学伯克利分校、德克萨斯大学系统（包括9所大学和6家医学院）等。除了为全世界的研究生提供免费课程以外，edX网站通过研究线上、线下混合教学的模式，提高线下传统校园的教学和学习。edX的在线免费课程网站如图2.10所示。下面从课程、评估、学术完整性、互动模式、学习节奏、研究生收获等方面简单介绍edX。

图2.10　edX在线免费课程网站

来源：http://class2go.stanford.edu/

（1）课程

edX的课程主要覆盖化学、计算机科学、电子、公共医疗等领域，目前已经逐步扩大至20—30门课程。

（2）评估

edX对参加研究生的评估方式包括基于软件的测试、作业等。未来还将包括在线论坛、基于wiki的协作式学习、在线实验室和其他交互式学习工具等。

（3）学术测评

edX有一些期末考试，有监考，研究生需支付不同的费用，在各大考试中心完成考试。为了防止作弊和抄袭，他们的习题集编号都是随机产生的。

（4）互动模式

目前，edX的互动模式还相当简陋。只有一门课程，即哈佛大学公共卫生院开设的一门关于定量方法的课程，会组织区域性聚会。

国外高校研究生事务管理实务

（5）学习节奏

edX 的每门课程都有开始和结束时间，课程开始的两周之后就停止报名。假如研究生不能在截止日期前提交作业，他们还可以在后一周补上，但是会被扣掉一定的分数。

（6）研究生收获

研究生在完成一门课程后可获得一个结业证书。目前，有两种证书，一种是指定一个荣誉代码，还有一种是经过监考之后授予的。这两种证书上面都会印上 edX 和学校的名字，比如 MITx, HarvardX, BerkeleyX, UTAustinX 等。截至 2012 年秋天的课程，授予证书都是免费的，但在未来可能会收取少量的费用。

（四）MOOCs 与网络公开课及传统课堂教学的差异

1. MOOCs 与网络公开课的差异

MOOCs 与以往的网络学院有着本质区别，与网络公开课的区别也很大。上网络学院是有条件的、封闭的，MOOCs 则无门槛要求，是开放的；网络公开课的本质是教育资源库，课程提供者并不组织教学，自然不会给学习者以评价，而 MOOCs 不仅提供免费教育资源，而且实现了教学过程的全程参与。学习者在 MOOCs 平台上学习、分享观点、做作业、评估学习进度、参加考试、得到分数、拿到证书，是一个学习的全过程。MOOCs 将引发教育领域的一场重大变革，这种变革不仅仅是教学工具的革新，更是教育全流程的再造，甚至是对国家教育主权的挑战。

2. MOOCs 与传统课堂教学的差异

MOOCs 是互联网与教育的融合，是经过多年摸索出来的一个模式。在 MOOCs 模式下，传统教室将成为学习的"会所"，集体做作业、答疑；教室在"云端"，学校在"云端"；教师成为这一"会所"的辅导员，与研究生直接交谈的时间增加；教师以研究为主，优秀教师可能成为自由职业者；学习内容以研究生自选为主，考试针对研究生自主选择；课程体量小，分知识点学习，讲课精，可反复学；大班授课转变为小组讨论；教师与研究生，研究生与研究生，互为师生；学习过程可在任何地方进行，学习方式灵活；采用数字教材作为辅助材料；推行在线作业、在线考试；学校发证书灵活；留学变得简单，甚至不再有留学的概念。

MOOCs 将带来教育模式上的变化。MOOCs 改变了传统学校传授知识的模式，在教育观念、教育体制、教学方式等方面都有着深刻影响。MOOCs 的大规模、开放和在线的特点，为自主学习者提供了方便灵活的学习机会和广阔的空间。MOOCs 不需要有学校的学籍，只要按要求注册后就可以使用大规模开放式网络课程，也没有课程人数限制。

（五）MOOCs 推出线上硕士教育

在授予研究生学分和学位时，美国有超过 2000 所的大学会参考美国教育委员会的推荐。2013 年 2 月，Coursera 在线课程平台的 5 门网络课程学分获得美国教育委员会的官方认可。2012 年，美国佐治亚理工大学和其他 11 所大学宣布与 Coursera 平台合作，提供线上课程。2013 年，佐治亚理工大学又与 Udacity 平台合作，推出计算机科学线上硕士，计划 2014 年开始招生。线上硕士历时 3 年，每个学分仅 134 美元，不到 7000 美元就能毕业，这仅相当于佐治亚州内研究生一年的学费，或是州外研究生学费的 12%。这些例子都说明，MOOCs 已经对当下的高等教育产生了实质性影响。学习者的直接受益就是费用减少了，学习时间灵活了，选课方便了，可以挑选教授了。

MOOCs 将对传统的实体大学带来冲击。"未来 50 年内，美国 4500 所大学，将会消失一半。"*American Interest* 杂志在 2013 年初发出预测：MOOCs 预示了颠覆现有教育的可能性。以提出"破坏式创新"概念而闻名的哈佛大学商学院教授 Clayton Christense 亦估计，在今后 15 年内，将有一半以上的美国大学破产，"取而代之的会是在线教育，或者是部分课程在校园教学、部分课程在线教育的混合模式。"[①]与上述"大学消失论"相比，更为温和的观点则认为，MOOCs 带来的震荡或将使传统学位制度退居二线，个体学习变成一个连续性、终身式的过程。

三、中田纳西州立大学的研究生管理信息化[②]

（一）MTSU 校园信息化发展简介

中田纳西州立大学（Middle Tennessee State University，以下简称 MTSU）是美国田纳西州规模最大的综合性州立大学。MTSU 的校园信息化建设，从上世纪 60 年代开始，经历了从平缓到飞速的发展历程。自 1993 年，时任美国副总统戈尔宣布实施"信息高速公路计划"后，MTSU 成立了信息技术办公室，信息化校园建设开始飞速发展。2002 年，中田纳西州立大学成立信息技术部（Information Technology Division，以下简称 ITD），信息技术工作人员队伍得到壮大。2004 年，教学管理套装软件 banner 在田纳西州教委的主导下被研发出来，作为下属院校，MTSU 开始推行该软件的使用，并且成立了隶属于教务长办公室的、以整合教学资源、在教学领域推广应用新技术为主要职责的教学创新技术中心，包括多媒体技术、计算机网络、远程通讯、虚拟技术在内的现代信息技术，被广泛应用于研究生教学，传统的课堂教学格局开始被打破，终身学习体系得到进一步发展。

MTSU 从学校决策层、执行层到师生，无论是在机构的设置，还是在管理规则的制定上，都充分地将信息技术融合到学校管理的各个层面。功能强大的校园网络平台支撑着研究生选课、学籍管理、费用缴纳、招生、录取、奖助学金审核分配、住宿管理、研究生活动等，各子系统实现了无缝对接，信息化程度高、功能强大，使学校的管理统一高效，并且极大地方便了师生的工作和学习。

如图 2.11 所示，中田纳西州立大学信息技术部网站详细介绍了信息技术部门的职责及提供的服务内容，具体有：

➢ 学术和教育技术服务：
为有需要的学术团体提供技术支持。

➢ 管理信息系统服务
为用户使用管理软件和数据提供程序服务和技术支持。

➢ 通信服务

---

① 赵妍. 北大清华部分课程上线 MOOCs，高校试水在线教育.
② 本部分内容主要参考中田纳西州立大学官方网站：http://www.mtsu.edu/。

图 2.11　MTSU 信息技术部机构职责介绍网页

来源：http://www.mtsu.edu/itd/departments_itd.php

帮助每个人利用校园的技术资源。

➤ 数据库管理服务

通过校园网络提供便捷和高效的核心数据和信息。

➤ 网络服务

负责校园信息网络的管理、升级及维护等。

➤ 服务器、教室和桌面支持服务

管理学校主要行政与学术计算机系统及设备，确保所有系统正常运行。

➤ 电信服务

为学院师生员工及访问者提供可靠、高效、及时的语音和数据通信技术和服务。

（二）校园信息化全面应用于研究生管理

MTSU 的校园信息化建设强调以信息技术服务于教学、服务于师生的宗旨，其突出特点是以研究生为本，校园信息化全面应用于研究生管理，具体表现在以下几方面。

1. 为研究生提供全方位的信息化管理与服务

信息技术几乎渗透到 MTSU 日常管理与服务的各个方面，其电子校务的几大信息平台分别是：

➤ 招生系统（研究生与本科生分开）

➤ 学籍与选课系统（研究生与本科生一体）

➤ 奖助系统（研究生与本科生分开）

➤ 教学服务系统（研究生与本科生一体）

➤ 迎新系统（研究生与本科生分开）

➤ 离校系统（研究生与本科生一体）

➤ 图书馆管理系统（研究生与本科生一体）

这些系统已发展到信息传递的双向化、交互化，大多数面向师生的管理与服务，都可以通过网上申请或者网上自助实现,研究生可以在校园网上选课、预订考试、缴费、参加交互式教学、打印非官方成绩单、虚拟校园访问、在线申请、在线测试、在线咨询、投票选举等。学校的网站功能强大、信息丰富,各部门、各办公室间的网络链接四通八达。

同时,学校各部门的官方网站主页上都有常见问题解答、教学资源查询、州级与校级管理规定、科研项目、全美就业信息资源库、全美研究生信息交换中心等超级链接,方便师生查询。并且,MTSU 的校园网上还建有应用门户,能够将每个师生的 ID(用户名)与学校的信息系统、管理与服务集成起来,使得校内邮件系统、注册选课系统、图书馆系统等均只需使用相同的用户名和密码,实现了"单点登录",极大地方便了研究生的学习。

2. 构建完备的信息化学习支持服务体系

MTSU 以多种管理机构为载体,利用各种资源和组织为研究生提供全方位的计算机网络服务,为研究生的学习活动信息化提供了大量便捷的服务和有效的保障。

(1) ITD 在校园里建设公共的信息化平台

ITD 为研究生提供多媒体课件和网络课程制作的技术服务,并与多方软件供应商协商,采用统一采购或者免费提供的方式,建有公共软件资源库,包括多种计算机操作系统类、办公类、统计类、图像处理类以及学习和科学研究需要的一些常用软件,同时提供多媒体电子教学工具和常用软件的使用培训与咨询。另外,校园网上还建设有良好的设备共享网络系统,促进各单位科研设备资源的开放和共享。

(2) 为研究生提供全方位的网络信息服务

MTSU 的无线网络覆盖到校园的任何角落,很多户外的树下、楼道的墙壁上就有公共电源,因此,校园里随处可见抱着笔记本上网的研究生;学校在图书馆、宿舍楼、教学楼等地统一建设和管理研究生机房,这些机房提供约 800 台装有常用软件和资源的计算机、扫描仪、打印机等联网设备,可以免费提供给研究生学习使用,还安排有计算机技术咨询和管理员,以便随时为研究生提供帮助;另外,ITD 还为研究生免费检修计算机,并设有每周全天 24 小时免费开放的机房,热线服务电话也是 24 小时开通。值得一提的是,图书馆设有专供残疾研究生使用的阅览区域,里面所有计算机都装有特殊系统,可以帮助盲人正常使用,还提供具有放大显示功能的计算机,以方便视力差的研究生阅读和使用,这些措施都为研究生的学习和研究提供了便利。

(3) 配备良好的信息化教学设施提高研究生的学习热情

MTSU 建有多种不同类型的教室,除了传统教室外,还有弧形设计的阶梯教室和有利于讨论课开展的圆桌教室,这些教室全部配备多媒体设备、实物投影等辅助教学工具。而且,荣誉学院(Honors College)还有专门为荣誉生配备的高科技集成的交互式多媒体网络教室,不但可以实现广播教学,还能够巧妙地将研究生演示与监控转播结合在一起,使教师与研究生的交互更加自然、灵活。上课时研究生三五人不等地分成小组环坐在教室周围,每一组面前都有公用笔记本电脑,对面的墙壁上都有大显示器,当进行学术讨论时,大家踊跃地在面前的笔记本上书写、上传资料,其他人员在自己面前的显示器上就可以看到并随时参与讨论、补充资料等,非常方便教师与研究生、研究生与研究生之间的即时交流,增加研究生对教学的参与度,提高了研究生的学习积极性。

第三章　奖助学金与贷款

为了使有才能的学生能够顺利地进入研究生院深造，让他们不被学费问题所困扰，国外政府和高校为研究生提供形式多种多样的资助，大多数研究生、尤其是博士生在学期间可以享受多种形式的资助。如图 3.1 所示，美国政府和高校为研究生提供的"一揽子资助"（Aid Package），包括奖学金、助学金、贷款、勤工助学等多种奖助项目。这些奖助学金与贷款的资金来源较为广泛，主要有国家、高等院校、地方政府、慈善基金会等，充裕的经济资助在很大程度上弥补了研究生个人财政上的困难，不仅能够抵付全部学杂费，而且还能满足研究生的大部分生活费用。

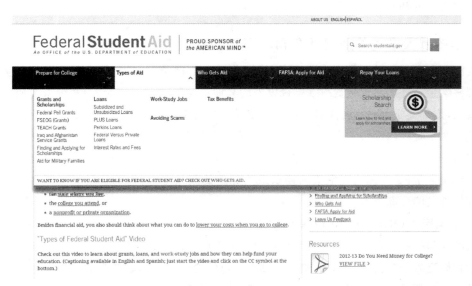

图 3.1　美国联邦政府提供的研究生资助

来源：http://studentaid.ed.gov/types

第一节　研究生奖学金

奖学金是国外高校比较普遍的一种研究生资助形式，主要是资助申请人在从事研究工作或者在进修高级课程时所需的各种费用，不仅包括学费、生活费，还可以包括一部分旅行开支。奖学金资助通常由一些基金会、科研机构、行业协会或其他部门设立，申请人的资助资格审查非常严格，对申请人的自身要求相对较高，并且对申请人的研究方向有一定的要求，有些奖学金还对申请人从事研究的地点做出明确的规定。

按照奖学金的授予要求来看,国外高校的研究生奖学金一般可以分为两种[①]:特殊奖学金和一般奖学金。

➤ 特殊奖学金

获得特殊奖学金的研究生,必须承担资助机构指定的研究课题或者研究任务。比如,美国布鲁金斯学会(Brookings Institution)每年提供 4—5 份"经济学科研究奖学金"(Research Fellowship in Economic Studies),资助对象是已经完成除博士论文以外全部学位课程的博士学位候选人,要求资助对象承担符合该学会研究计划要求的课题,如经济增长、国际关系、人类资源、货币经济等方面的课题,该项奖学金提供的酬金为每年度 8000 美元,以及 500 美元的打印费等杂费。

➤ 一般奖学金

此类奖学金通常根据成绩对学业优异者进行资助。奖学金的数额也有差异,可以分为全额奖学金和部分奖学金。除了缴纳学费以外,全额奖学金还包括其他方面的学习、生活费用;部分奖学金可以用于缴纳学费,但是无法完全解决研究生的学习与生活开支,仅作为解决研究生生活来源的补充。

一、哈佛大学的外部奖学金和内部奖学金[②]

美国研究生的奖学金类型有很多种,按照奖学金的授予部门来看,主要分为内部奖学金和外部奖学金。外部奖学金是指除学校以外的其他机构(基金会、政府等)及个人对研究生提供的资助;内部奖学金是指各高校的研究生院及学校各部门对研究生的资助。下面以哈佛大学的外部奖学金和内部奖学金为例,简单介绍美国研究生奖学金的种类。哈佛大学是美国最著名的高等院校之一,总部设在波士顿的剑桥城,是以培养研究生和从事科学研究为主的综合性研究型大学,是美国研究生资助体系最为完备的高校之一,它的资助类型基本囊括了美国研究生资助的全部类型。

(一)国家、地方政府提供的外部奖学金

美国联邦政府一直非常重视为高校和研究生提供科研资助,其资助主要是以研究生的优异成绩和研究能力为标准,设立的奖学金具有学科针对性。美国联邦政府为研究生设立了多种奖学金。以下做简单介绍:

1. 应用学科奖学金

美国历来重视数学、物理、工程等应用学科,所以联邦政府设立了多种应用学科奖学金来激励研究生的科研能力,典型的应用学科奖学金有:

(1)国家科学基金会研究生研究奖学金[③]

国家科学基金会研究生研究奖学金(National Science Foundation Graduate Research

---

① 温静. 美国联邦政府研究生资助政策研究[D]. 西南大学博士论文,2012.
② 本部分内容主要参考哈佛大学官方网站:http://www.harvard.edu/。
③ 本部分内容主要参考美国国家科学基金会:http://www.nsfgrfp.org/。

Fellowships，简称 GRFP)是美国历史悠久的研究生奖学金，该奖学金目前支持的研究领域包括工程、计算机和信息科学与工程、材料研究、数理科学、化学、物理学、天文学、社会科学、心理学、科学技术工程与数学(Science，Technology，Engineering and Mathematics，简称 STEM)教育和学习研究、生命科学、地球科学等。GRFP 奖励的对象为上述研究领域的美国国内高校硕士生和博士生，并且要求奖励对象是美国公民或拥有美国永久居住证的研究生，这些人致力于维护和推进国家科技基础设施、国家安全和经济发展，有助于确保和加强在科学和工程学基础上的人类资源的生命力和多样性。

获得该奖励的研究生受益三年，包括每年 32000 美元的津贴、12000 美元的教育成本津贴(用来支付学费等教育费)，以及 1000 美元的国际旅费津贴。

(2) 美国国防部国防科学与工程研究生奖学金项目[①]

美国国防部国防科学与工程研究生奖学金项目(The National Defense Science and Engineering Graduate Fellowship Program(简称 NDSEG)of the US Department of Defense)奖励那些在设有科学和工程等特定研究领域的美国高等教育机构攻读博士学位的研究生，包括航空和航天工程、生物科学、化学工程、化学、土木工程、认知，神经与行为科学、计算机与计算科学、电气工程、地质、材料科学与工程、数学、机械工业、船舶与海洋工程、海洋学、物理等研究领域。NDSEG 奖学金由美国空军科研办公室(AFOSR)、陆军研究办公室(ARO)、高性能计算现代化计划(HPCM)、海军研究办公室(ONR)和国防研究与工程办公室(DDR&E)等共同赞助。此奖学金设立的目的在于提高博士生在研究科学或工程科学领域的研究水平，进而增加和增强美国科学家和工程师的数量和质量。

NDSEG 奖学金为期三年，每年约有 200 个名额，为奖学金获得者支付全额学费和学校强制收费、每月津贴(第一年为 30500 美元，第二年为 31000 美元，第三年为 31500 美元)以及高达 1000 美元一年的医疗保险(不包括牙齿和视力保险)。NDSEG 奖学金成立的 22 年以来，已资助了约 3200 名博士生。

(3) 房利美和约翰赫兹基金会研究生奖学金项目[②]

房利美和约翰赫兹基金会研究生奖学金项目(The Fannie and John Hertz Foundation Graduate Fellowship Program)只面向美国公民和永久居民，而且申请者必须是房利美和约翰赫兹基金会指定的哈佛大学等 40 所美国高校的学生。该奖学金重点支持的对象是应用物理、生物和工程科学等学科的博士生，研究领域包括数学、统计、现代生物学和定量等方面。目前，房利美和约翰赫兹基金会对于应用物理方向最为重视，资助方向包括：航空/航天、应用数学与统计、应用物理学和天文学、化学与化学工程、计算机科学与工程、地球和地球科学、电气/机械工程/土木工程/核工程、材料科学、定量生物学及生物工程等。

自 1963 年以来，房利美和约翰赫兹基金会提供了超过 1100 个博士生奖学金名额。奖学金包括个人支持津贴和教育成本津贴，具体有三类：

---

① 本部分内容主要参考美国国防部国防科学与工程研究生奖学金计划官方网站：http://ndseg. asee. org/。

② 本部分内容主页参考房利美和约翰赫兹基金会研究生奖学金官方网站：http://www. hertzfndn. org/dx/fellowships/fellowshipaward. aspx。

➢ 五年赫兹选项奖学金

此类奖学金为期五年,每年提供 9 个月共 32000 美元的个人支持津贴,以及相当于全部学费的教育成本津贴,此外,博士生每年还可获得 5000 美元的供养子女的额外津贴。

➢ 五年协调选项奖学金

此类奖学金为期二年,每年提供 9 个月共 37000 美元的个人支持津贴,以及相当于全部学费的教育成本津贴。

➢ 其他奖学金项目

此类奖学金为期三年,每年提供 5000 美元赫兹补偿津贴和其他经济来源的 3 年奖学金。

除上述三类奖学金之外,获得赫兹博士论文奖的获奖者还将得到 5000 美元的酬金。

(4) 国立卫生研究院奖学金

国立卫生研究院(National Institutes of Health,简称 NIH),其前身是医学研究委员会(Committee on Medical Research),成立于 1946 年,是二战后最先成立起来的科研组织管理机构,隶属于联邦政府的卫生与人类服务部。国立卫生研究院的研究项目主要投放在高校,因此国立卫生研究院对高校的研究人员有很多的资助,其中很大一部分的资助对象是研究生。

如图 3.2 所示,国立卫生研究院提供了多种研究生奖学金。比如,鲁思·凯尔斯克斯坦国家研究服务奖学金(Ruth L. Kirschstein National Research Service Awards,简称 NRSA)是具有代表性的研究生资助项目。自 1974 年通过以来,NRSA 国家研究服务奖学金成为国立卫生研究院支持硕士生、博士生和博士后研究培训的主要方法。这个奖学金把培训资金和个人奖学金结合起来,确保能够使从事科学研究的科学家们受到良好的培养,以便其能够很好地从事和引领与人类健康相关的科学研究。

图 3.2 国立卫生研究院资助官方网站主页截图

来源:http://grants.nih.gov/grants/about_grants.htm

鲁思·凯尔斯克斯坦国家研究服务奖学金为研究生提供学杂费、医疗保险、与培训相关的其他花费。给硕士生和博士生提供的个人奖学金,包括所需学杂费的60%,最高每年可达16000美元,如果结合双学位(MD-PHD,DDS-PHD)来考虑,每个人每年最高可获得21000美元的学杂费津贴。每个博士生还可获得包括医疗保险在内的津贴,每年1450美元。它给博士后提供的奖学金和个人高级奖学金,包括所需学杂费的60%,每个人每年最高可获得4500美元,如果受资助者获得了另外的学位,那么他每年可获得的奖金数高达16000美元。此外,NRSA还提供一些相关的花费资助包括医疗保险,每位博士生为每年2000美元,每位博士后为每年4000美元。

(5)国家航空航天管理局研究生研究员项目

国家航空航天管理局(National Aeronautics and Space Administration)对初、中、高等教育领域都有相应的关注,参与很多高等教育的活动。例如,让国家航空航天管理局的科学家、工程师、管理人员进高校,给在校学生提供到航空航天管理局学习、参观的机会;资助学生从事科学、数学、工程、技术等方面的研究工作。

比较典型的资助项目是国家航空航天管理局研究生研究员项目(The National Research Council Graduate Student Researchers Program,简称GSRP)。GSRP给那些攻读与国家航空航天管理局的研究、发展相关的科学、数学、工程领域的硕士或博士研究生提供奖学金。这种奖学金为期一年,期满后如再要申请,则需要对以前的项目申请进行更新。比如,一个得到过一年资助的硕士生,还可以继续得到下一个为期一年的资助。对一个博士生来讲,如果他有显著的理论成绩与研究进展,并且具备资助资格,资助项目就可以继续资助他两年,但是,资助项目最多不超过三年。

GSRP是一种竞争性的奖学金,只针对在美国国内的大学攻读研究生学位的美国公民和永久居民。国家航空航天管理局的科学家和工程师们根据申请者的学术水平、科研能力、导师推荐等信息对申请者的资格进行评估,每年大约资助180名研究生。GSRP的目的在于培养有扎实理论基础的研究生群体,增加受过较高水平教育的航空学和空间技术相关学科的科学家和工程师的数量,拓宽研究生从事数学、科学、工程学等研究领域工作的基础。从GSRP项目获得资助以后,研究生不用因此而对美国政府承担什么正式的责任。GSRP项目的设立只是为那些毕业后有意从事空间科学、宇宙等方面工作,或者其他与国家航空航天管理局相关领域的研究、教学工作的研究生提供一些较好的服务和资助。

GSRP对每位研究生资助的总金额是30000美元,包括21000美元的学生生活津贴、4000美元的旅行津贴、1000美元的医疗保险和给研究生导师的4000美元补助。21000美元的学生生活津贴包括学费、房租、伙食费、书费以及在学校或实验室所需的其他杂费等花费。如果学生申请资助前已经有了医疗保险,那么1000美元的补贴医疗保险会调整到生活津贴上或者旅行津贴上。GSRP是一种纯粹针对学生的资助,不是对学校的资助,所以资助的内容不包括购买任何仪器甚至电脑的花费。

2. 基础与人文学科奖学金

美国联邦政府在重视应用学科的同时,也比较关注人文基础学科,使各学科较为协调地发展。典型的人文基础学科奖学金有：

（1）贾维茨奖学金项目

贾维茨奖学金项目（Jacob K. Javits Fellowship Program）由美国教育部发放，针对群体是在艺术、人文和社会科学等研究领域的硕士生和博士生。每年会有九百万到一千万美元的联邦财政拨款提供给贾维茨奖学金项目，获奖者每年可获得最高达四万多美元的奖励。

（2）美国教育部外语和地区研究奖学金

美国教育部外语和地区研究奖学金（United States Department of Education Foreign Language and Area Studies Fellowships，简称FLAS）为期一年，研究生必须为下一年继续获得FLAS奖学金而竞争。FLAS奖学金旨在资助研究国外语言和相关内容的研究生，申请者必须是美国公民和永久居民，主要资助的研究领域包括东亚、东欧、拉美和中东等方面。

（3）梅隆基金会奖学金

梅隆基金会奖学金（Andrew·Mellon Foundation）主要资助六个核心研究领域，即高等教育、博物馆和艺术保护、表演艺术、人口、环境保护和公共事务等。主要资助的对象是机构而不是个人，主要资助方向是博士生教育和博士后研究。

（4）亨利·路斯基金会奖学金

亨利·路斯基金会奖学金（Henry J. Luce Foundation）鼓励研究生深入探索高等教育学科研究，加强对亚洲和美国的了解，深入研究宗教和神学、美国艺术，增加女性在工程科学和公共政策项目中的研究机会。

（5）国际论文研究金

国际论文研究金（The International Dissertation Research Fellowship）支持进行非美国人文社会科学文化研究的研究生，从而丰富非美国文化和经验，促进学术知识进步。

3. 其他类型奖学金

一些奖学金没有应用学科、基础学科与人文学科之分，每种奖学金都有自己独特的奖励标准。比如：

（1）福特基金会多样性奖学金

福特基金会多样性奖学金（Ford Foundation Diversity Fellowships）为提高国家大学和大学学院的多样性而设立。奖学金要与研究生个人的学业成绩挂钩，提供博士生奖学金、论文奖学金和博士后奖学金。资助的学科领域广泛，主要有美国研究、人类学、考古学、艺术和戏剧历史、天文、化学、通信、计算机科学、地球科学、经济、教育、工程、音乐学、地理、历史、国际关系、语言、生命科学、语言学、文学、数学、哲学、物理学、政治学、心理学、宗教、社会学、城市规划和女性研究等，其中论文奖学金的奖励对象主要是哲学博士生和科学博士。2012年的论文奖学金奖励了25名博士生，评选的重要标准是博士生的成绩和科研能力，一年的奖学金金额是21000美元。

（2）保罗和黛茜索罗斯新移民奖学金

保罗和黛茜索罗斯新移民奖学金（The Paul&Daisy Soros Fellowships For New Americans）评选的标准是申请者必须要有创造性和主动性、具备持续努力获取成功的能力。申请者包括硕士生和博士生，研究领域包括人文科学、社会科学和自然科学，每年可获得20000美元的补助金,以及每学年最高可达 16000 美元的教育成本补助。

（3）美国大学女性联合会国际奖学金

美国大学女性联合会国际奖学金（American Association of University Women（简称 AAUW）International Fellowships）成立于 1881 年,旨在改善女性生活,促进教育和公平。AAUW 是世界上最大的女研究生资助资金来源之一,在 2012 学年,它提供了 500 多万美元,设立了 200 多个奖学金和助学金,以奖励不同学科研究领域的优秀女性和非营利性组织。AAUW 奖学金包括美国和国际女性奖学金、美国奖学金和国际奖学金等,支持女性博士生完成论文研究。

4. 地方政府设置的奖学金

除了联邦政府设立的各种奖学金以外,地方政府也设立了多种奖学金,以支持硕士生、博士生教育。美国每个州政府设立的奖学金形式都各具特色,例如亚利桑那州地方政府设立的奖学金有利地支持了亚利桑那大学研究生教育的发展,典型的奖学金有:

（1）马歇尔基金会论文奖学金

马歇尔基金会论文奖学金（Marshall Foundation Dissertation Fellowship,简称 MFDF）设立的目的是帮助亚利桑那大学的博士生顺利完成博士论文。

（2）研究生多样性奖学金

研究生多样性奖学金（Graduate Diversity Fellowship）为转入亚利桑那大学的其他国内研究生提供 10000 美元的奖学金,由亚利桑那州摄政委员会出资支持,目的是增强亚利桑那大学研究生的多样性。

（3）斯隆奖学金

斯隆奖学金（Alfred P. Sloan Fellowship）设立的目的是鼓励当地研究生为社区、企业和政府贡献力量,从而保证当地的经济发展。

（4）亚利桑那州科学基金会奖学金

亚利桑那州科学基金会奖学金（Science Foundation Arizona Fellowship）是亚利桑那州科学基金会提供的博士生奖学金,每年每个奖项包括 25000 美元的个人津贴和 5000 美元的补充津贴。

此外还有理查德阿哈维尔研究生奖学金（Richard A Harvil GraduateFellowship）、拉美裔奖学金和古巴工程师协会奖学金等,每个州政府都会根据本州的需要、高校的需要和研究生的学科特点来设立独具特色的奖学金。

5. 来自国家、社会的面向特殊专业的外部奖学金——以哈佛大学神学院（HDS）博士生外部奖学金为例[①]

（1）哈佛大学神学院的博士生外部奖学金

美国国家与社会为哈佛大学神学院的博士生和博士后设立了特殊专业的外部奖学金。

[①] 本部分内容主要参考哈佛大学神学院网站:http://www.hds.harvard.edu/admissions-aid/financial-aid/outside-funding-opportunities/doctoral-research

➢ 美国科学院宗教合作研究资助

美国科学院宗教合作研究资助（American Academy of Religion Collaborative Research Grants）是为鼓励不同机构的学者进行某个重点研究方向的合作研究而设立的。资助金也可以被用于宗教领域外的跨学科的工作，尤其是跨年度的工作。合作项目的研究成果以发表的文章为准。

➢ 美国科学院宗教个人研究资助

美国科学院宗教个人研究资助（American Academy of Religion Individual Research Grants）支持博士生研究过程中的档案馆和图书馆费用、研究援助、野外作业等。奖励金额从500—5000美元不等。

➢ 丹·大卫奖

丹·大卫奖（Dan David Prize）每年为20名优秀的博士生和博士后提供15000美元的奖学金，奖励他们在所选领域的特殊贡献。其中10位来自世界各地大学的博士生和博士后将获得该奖学金，此外，10名优秀的特拉维夫大学的博士生和博士后也会获得此项奖学金。

➢ 美国福音信义会教育助学项目

美国福音信义会教育助学项目（Evangelical Lutheran Church in America（简称 ELCA）Educational Grant Program）为在哈佛大学神学研究博士班就读的 ELCA 教会的成员提供资金支持，学生可通过美国福音信义会教育助学项目直接申请财政援助，在神学院进行神学研究的博士生及博士候选人可得到适当补助。

➢ 吉尔德理美国历史协会基金

吉尔德理美国历史协会基金（Gilder Lehrman Institute of American History）向专注美国历史研究的哈佛大学神学院博士生提供资助。吉尔德理美国历史学会提供几个类别的短期奖学金：担任教师的博士后学者的研究奖学金；已完成考试，并开始阅读论文和写作博士论文的博士生奖学金；记者和独立学者奖学金。

➢ 哈佛大学外国语言与区域研究奖学金

哈佛大学外国语言与区域研究奖学金（Harvard University Foreign Languages and Area Studies Fellowships，简称 FLAS）面向美国公民和永久居民，其学术方向涉及东亚、欧洲、非洲或中东研究，可以是跨学科或跨专业的研究，但必须始终包含指定区域专业化的语言学习或研究。

➢ 西班牙裔神学基金

西班牙裔神学基金（Hispanic Theological Initiative）每年颁发4个优秀的拉丁博士生奖金，均为15000美元。这个奖项针对全职的拉丁国家博士生，为学生提供学费奖学金。

➢ 马萨诸塞州历史学会短期研究奖学金

马萨诸塞州历史学会每年提供约20个短期研究奖学金（Massachusetts Historical Society Short-Term Research Fellowships）。除另有注明外，每次将提供1500美元的津贴帮助学生在学会进行四个星期的研究。短期奖项面向独立学者、优秀的硕士生、博士学位或相当学位持有人，候选人最好居住在波士顿方圆50英里内。奖金获得者必须是美国公民或持有绿卡的外国公民。

> 圣母大学宗教哲学中心

圣母大学的宗教哲学中心（University of Notre Dame Center for Philosophy of Religion）资助来自其他机构学习的研究生来巴黎圣母院大学宗教哲学中心学习一年，这些学生的研究方向主要是哲学、宗教或基督教哲学。

（2）美国历史学会为哈佛神学院的博士生提供的奖学金

美国历史学会为哈佛神学院的博士生提供了四类奖学金，只有历史学会的成员才能申请。

> 美国历史学会阿尔伯特·贝弗里奇资助

美国历史学会阿尔伯特·贝弗里奇资助（American Historical Association Albert J. Beveridge Grant）为博士生进行西半球历史研究提供小额资助，主要支持在西半球（美国、加拿大和拉丁美洲）的历史研究。这一资助的资金来自阿尔伯特·贝弗里奇纪念基金的营利。

> 美国历史学会贝纳多特·施密特资助

美国历史学会贝纳多特·施密特资助（American Historical Association Bernadotte E. Schmitt Grants for Research in European, African, or Asian History）支持关于欧洲、非洲、亚洲历史的研究。这一资助的资金来自 1960 年的美国历史学会会长贝纳多特·施密特遗赠财产的营利。这项资助支持研究生长期开展研究工作，并可被用于图书馆或档案室、缩微胶卷、照片复印的费用，还有孩子护理等其他开支。

> 美国历史学会利特尔顿-格里斯沃尔德研究资助

美国历史学会利特尔顿-格里斯沃尔德研究资助（American Historical Association Littleton-Griswold Research Grant for Research in U. S. Legal History）支持针对美国法律史方面的研究和一般的法律社会领域的研究。这一资助的资金来自利特尔顿-格里斯沃尔德基金的营利。

> 美国历史学会的迈克尔·克劳斯研究资助

美国历史学会的迈克尔·克劳斯研究资助（American Historical Association Michael Kraus Research Grant in American Colonial History）支持在美国殖民历史方面的研究，并特别资助美国和欧洲关系的跨文化方面的研究。

（二）哈佛大学各学院设置的内部奖学金

1. 哈佛大学提供的研究生限制奖学金

（1）为国际研究生提供的限制奖学金①

如图 3.3 所示，哈佛大学为在本校学习的国际研究生提供了大量的奖学金：

> 弗朗西斯和佩吉卡恩基金

弗朗西斯和佩吉卡恩基金（The Francis and Peggy Cahn Fund(Argentina)）只面向来自阿根廷的研究生，支持他们在哈佛大学艺术与科学研究院攻读工程、应用物理和生命科学方向的学位，以及攻读哈佛大学公共卫生学院、约翰肯尼迪政府学院、教育研究生院的研究生学位。奖学金评估基于申请者的优点和金融需求，申请者最好是有完成学业后返回阿根廷的计划，

① 本部分内容主要参考哈佛大学奖学金官方网站：http://www. scholarship. harvard. edu/international. html

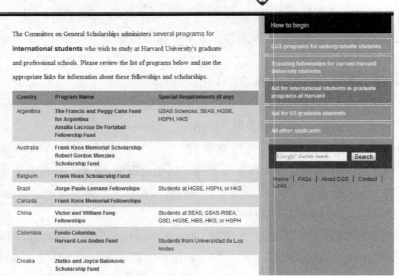

图 3.3　哈佛大学为国际研究生提供的限制奖学金官方网站主页截图

来源：http://www. scholarship. harvard. edu/international. html

并利用他们受到的教育为阿根廷的社会、经济和科学进步做出贡献，这样的学生将会被优先考虑获得奖学金。奖学金先提供一学年，然后申请延续到下一年。

➢ 弗兰克·诺克斯纪念奖学金

弗兰克·诺克斯奖学金（Frank Knox Memorial Fellowship（Australia，Canada，New Zealand and U. K.））颁发给在哈佛大学进行研究生学习或研究的澳大利亚、加拿大、新西兰、英国公民。奖学金每年有 15 个名额，帮助研究生支付学费和医疗保险费用，还提供大量的生活津贴，并且每年都可以申请。

➢ 澳洲哈佛俱乐部孟席斯奖学基金

孟席斯奖学金（Menzies Scholarship Fund-Harvard Club of Australia（Australia））每年颁发给获得哈佛大学研究生入学资格的一名澳大利亚公民。此类奖学金对新入学的学生只提供一年。

➢ 博阿斯奖学金

博阿斯奖学金（Boas Scholarship Fund（Belgium and Luxembourg））每年颁发给获得哈佛大学研究生入学资格的比利时或卢森堡的公民，学生在进入哈佛大学之前可以开始申请。

➢ 豪尔赫·保罗莱曼奖学金

豪尔赫·保罗莱曼奖学金（Jorge Paulo Lemann Fellowship（Brazil））面向巴西公民，并要求学生就读于哈佛大学的公共卫生学院、教育研究生院或肯尼迪政府学院。

➢ 维克多和冯国纶奖学金

维克多和冯国纶奖学金（Victor and William Fung Fellowships）面向来自中国大陆和香港的学生，并且要求学生攻读哈佛大学的肯尼迪政府学院、设计研究生院、哈佛商学院、哈佛法学院、公共健康学院等学院的硕士学位,研究方向面向东南亚区域、工程与应用科学。此类奖学金不能由学生自己申请,需要学生所在的学校提名。

  ➢ 哥伦比亚学生奖学金

哥伦比亚学生奖学金(Scholarships for Colombian Students)支持在哈佛大学攻读研究生学位的哥伦比亚公民。哥伦比亚奖学金来源于两个基金,一个是洋底哥伦比亚哈佛基金面向所有哥伦比亚公民,另一个哈佛洛杉矶安第斯山脉基金面向洛斯安第斯大学的学生和教职员工。奖学金获得者需要在完成学业后返回哥伦比亚,为国家做贡献。

  ➢ Balokovic 奖学金

Balokovic 奖学金(Balokovic Scholarship Fund(Croatia))每年颁发给被哈佛大学录取为研究生的克罗地亚公民。学生必须由萨格勒布克罗地亚科学和艺术学院提名才能入围奖学金的评选。

  ➢ 巴黎高等师范学校—哈佛交流计划

巴黎高等师范学校—哈佛交流计划(Ecole Normale Superieure-Harvard Exchange Program(France))是哈佛大学和巴黎高等师范学校的交流计划。来自法国巴黎高等师范学校的学生可申请在哈佛大学的艺术和科学研究生院担任一学年的客座研究员。

  ➢ 科学蒲汇交流奖学金

科学蒲汇交流奖学金(Sciences-Po Exchange Fellowship(France))是哈佛大学和巴黎政治学院之间的交流计划。巴黎政治学院的学生,可以申请在哈佛大学的艺术和科学研究生院担任一学年的客座研究员。

  ➢ 让盖拉德纪念奖学金基金

让盖拉德纪念奖学金(Jean Gaillard Memorial Fellowship Fund(France))每年颁发给在哈佛大学或麻省理工学院攻读研究生学位的法国公民。有兴趣的学生必须向巴黎中央理工学院艺术宫董事会提出申请,由董事会决定获得者。

  ➢ 亚瑟高盛奖学基金

亚瑟高盛奖学金(Arthur Sachs Scholarship Fund(France))颁发给在哈佛大学攻读研究生学位的法国公民。

  ➢ 霍尔茨奖学金

霍尔茨奖学金(Holtzer Fellowship Fund(Germany))每年颁发给哈佛大学任何一个研究生院的,并且在德国出生或接受过德国教育的研究生。有兴趣的学生必须进行申请资格审议,提供德国出生和教育证明文件。

  ➢ 希腊哈佛基金会奖学金

每一年,希腊哈佛基金会颁发奖学金(Hellenic Harvard Foundation Scholarship Fund(Greece))给获得哈佛大学研究生入学资格的希腊公民。奖学金获得者在哈佛大学完成课程后都需要重返希腊,当然可以申请在美国一年的实践培训。

  ➢ 墨西哥哈佛基金

墨西哥哈佛基金(Fundacion Mexico en Harvard Fund(Mexico))提供奖学金和贷款给在哈

佛大学攻读研究生学位的墨西哥公民。

➢ 皇家学院委员会奖学金

皇家学院委员会奖学金（Real Colegio Complutense Scholarship Fund（Spain））每年为在哈佛大学攻读研究生学位的西班牙公民颁发奖学金。优先考虑马德里康普顿斯大学（及其附属机构）的学生。这项奖学金的申请需要三个独立的步骤：申请者必须获得了哈佛大学研究生入学资格；申请者向皇家学院委员会提交网上申请；申请者提交奖学金信息表和奖学金委员会要求的所有文件。

➢ 乔特纪念奖学金

乔特纪念奖学金（Choate Memorial Fellowship（United Kingdom））每年颁发给来自剑桥大学的英国公民。获得者必须经过英国剑桥大学副校长的提名，并且在哈佛大学研究生院学习研究满一学年。

➢ 哈里克奖学金

哈里克奖学金（The Harlech Scholarship）来自哈里克学者信托金。哈里克学者信托金支持牛津大学的研究生在哈佛大学学习一学年，或者哈佛大学的一名研究生在牛津大学学习一学年，奖学金用以支付学生在交换期间的费用。

➢ 迈克尔·冯·克里曼奖学金

迈克尔·冯·克里曼奖学金（The Michael von Clemm Fellowship）是一个在哈佛大学和牛津大学之间的交流计划，由迈克尔和路易丝·冯·克里曼基金会资助。学生在牛津大学本科毕业后，若有兴趣在哈佛大学学习一学年，可申请迈克尔·冯·克里曼奖学金。

➢ 阿拉伯埃及共和国公共服务奖学金

阿拉伯埃及共和国公共服务奖学金（Arab Republic of Egypt Public Service Fellowships）支持在哈佛大学设计研究生院、哈佛大学约翰肯尼迪政府学院、哈佛大学公共卫生学院、哈佛商学院修读硕士学位的阿拉伯埃及共和国公民。

（2）为美国本土研究生提供的限制奖学金①

哈佛大学为美国本土研究生提供了一些限制奖学金，这些奖学金可能对研究生的出生地、居住地、就读学校、祖先、名称等方面设定了限制条件，只有符合限制条件的学生才能申请奖学金。

下面列举以学生的出生地、祖先、名称为限制条件的奖学金：

➢ 英国威尔特郡约瑟夫和罗伯特·唐纳（查尔斯·唐纳奖学基金，1927年）

该项奖学金（Joseph and Robert Downer of Wiltshire，England（Charles Downer Scholarship Fund，1927））对获奖者的限制条件为：学生姓唐纳，或英格兰威尔特郡约瑟夫和罗伯特·唐纳的后裔；姓唐纳的其他学生；1889年哈佛学生的后裔；佛蒙特州的居民；哈佛大学毕业生的后裔。

➢ 马萨诸塞州州长托马斯·达德利（阿尔伯特·林奇奖学金，1972年）

该项奖学金（Governor Thomas Dudley of Massachusetts（Albert J. Lynch Scholarship，

---

① 本部分内容主要参考哈佛大学奖学金官方网站：http://www.scholarship.harvard.edu/usstudents.html。

1972))的获得者要求是州长托马斯·达德利的后裔。

➢ 马萨诸塞州戴德海姆的大卫和比乌拉·埃利斯(卡尔文和露西埃利斯援助金,1899年)

该项奖学金(David and Beulah Ellis of Dedham, Massachusetts(Calvin and Lucy Ellis Aid, 1899))的获得者必须是马萨诸塞州戴德海姆的大卫·埃利斯和比乌拉的后裔,或者马萨诸塞州的约翰·埃利斯和汉娜·埃利斯的后裔。

➢ 马萨诸塞州水城亨利·布莱恩特(布莱恩特的遗产,1880年)

该项奖学金(Henry Bright, Jr., of Watertown, Massachusetts(Bright Legacy, 1880))的获得者必须是马萨诸塞州水城的亨利·布莱恩特和安妮·戈德斯通的继承了布莱恩特姓的后裔。

➢ 约翰·奥斯汀·艾默里(1907年约翰·奥斯丁·艾默里奖学基金,1954年)

该项奖学金(John Austin Amory, Class of 1907(John Austin Amory, Class of 1907, Scholarship Fund, 1954))的获得者必须是约翰·奥斯丁·艾默里的后裔。

➢ 艾伦·贝德福德·哈德森(巴克森德尔奖学金,1928年)

该项奖学金(Alan Bedford Hudson (Baxendale Scholarship, 1928))的获得者必须是艾伦·贝德福德·哈德森的后裔;学生的名字是巴克森德尔或哈德森;学生来自马萨诸塞州的布罗克或伯恩。

➢ 爱德华·弗雷德里克·斯莱特(欧内斯特·弗雷德里克·斯莱特奖学金,1955年)

该项奖学金(Edward Frederick Slater(Ernest Frederick Slater Scholarship, 1955))的获得者必须是爱德华·弗雷德里克·斯莱特的后裔;南卡罗来纳州奥兰治堡的居民;南卡罗来纳州的居民。

2. 哈佛大学各学院设置的研究生奖学金

(1) 哈佛大学商学院的研究生奖学金[1]

除了外部奖学金、学校限制奖学金,哈佛大学商学院还为本学院的学生设置了一些学院内部奖学金[2],65%的研究生都有机会获得哈佛大学商学院奖学金。

➢ 罗伯特·S·卡普兰生命科学奖学金

罗伯特·S·卡普兰生命科学奖学金(The Robert S. Kaplan (MBA 1983) Life Sciences Fellowship)创立于2008年,由哈佛商学院1983年的工商管理硕士罗伯特·S·卡普兰创立,鼓励有生命科学背景和职业兴趣的研究生加入哈佛商学院。罗伯特·S·卡普兰目前担任哈佛商学院管理实践教授和高盛集团公司高级董事。哈佛商学院每年为1—10名有生命科学学科背景的商学院研究生颁发20000美元的奖励。申请者需要提供的材料包括学术成果、校外组织认可和专业证书。该奖项仅发放一年,卡普兰奖学金不会影响申请者的哈佛商学院基本奖学金资格。

---

① 本部分内容主要参考哈佛大学商学院官方网站:http://www.hbs.edu/mba/financial-aid/Pages/hbs-fellowship-program.aspx。

② 本部分内容主要参考哈佛大学商学院官方网站:http://www.hbs.edu/mba/financial-aid/Pages/other-fellowships-at-hbs.aspx。

➤ 霍勒斯·W·戈德史密斯奖学金

霍勒斯·W·戈德史密斯奖学金（Horace W. Goldsmith Fellowship）创建于1988年,是由霍勒斯·W·戈德史密斯基金会和理查德·L·门斯切（1959年的工商管理硕士）共同创建的,旨在鼓励在非营利部门工作的学生到哈佛商学院攻读MBA。自成立以来,已有100多名研究生获此奖项。霍勒斯·W·戈德史密斯奖学金每年为7—10名一年级的MBA学生提供约10000美元的奖励,这些学生必须来自非营利部门并且具有非凡的领导力,此项奖学金仅在学生第一年提供,作为商学院基本奖学金的补充。获得这个奖项的申请者必须承诺在以后的职业生涯中继续在非营利部门工作。

➤ 约翰·H·麦克阿瑟加拿大奖学金

约翰·H·麦克阿瑟加拿大奖学金（John·H·McArthur Canadian Fellowship）只面向来自加拿大的哈佛商学院MBA学生。约翰·H·麦克阿瑟加拿大奖学金以哈佛商学院前院长的名字命名。此奖学金来源于几个加拿大校友的慷慨支持,以吸引加拿大所有地区具备潜力的学生来参加哈佛大学商学院的MBA课程。约翰·H·麦克阿瑟加拿大奖学金金额为每年10000美元。

➤ 国际青年成就奖学金

哈佛商学院青年成就奖学金（Junior Achievement Fellowship）面向有国际青年成就课程[①]经验的学生,源于已故的詹姆斯·E·罗宾逊的捐赠,詹姆斯·E·罗宾逊是皇家小德事隆公司的前任主席、印第安角的前负责人,1970年至1980年在哈佛商学院担任院长。青年成就奖学金近年来提供5000—6500美元不等的资金奖励。奖学金每年颁发一次,获奖者必须重新申请才能获得下一学年的奖学金。能获得青年成就奖学金的学生必须至少有两年国际青年成就课程的经验。

（2）哈佛大学科学与艺术研究院的研究生奖学金[②]

哈佛大学科学与艺术研究院为本院的研究生提供了外国语言和地区研究奖学金（Foreign Languages and Area Studies Fellowship,简称FLAS）。

FLAS要求受助者在读书期间几乎不能参加兼职工作,每个学期兼职的时间不能超过五分之一的工作时间。FLAS对学生的语言研究方向也有严格的规定,包括:非洲的阿姆哈拉语、伊博语、基尼亚卢旺达语、祖鲁语等;东亚的中国普通话、日语、韩语、越南语等;东欧的亚美尼亚语、保加利亚语、克罗地亚语、捷克语、波兰语、俄语、乌克兰语、乌兹别克语;中东的阿拉伯语、亚美尼亚语、希伯来语、库尔德语、波斯语、土耳其语、乌兹别克语等。FLAS奖学金每学年提供给研究生的学费补助最高达18000美元;外加15000美元的助学金,按月发放,共发放10个月。

---

① 国家青年成就课程（JA, Junior Achievement）是全世界最大、发展最快的非营利教育组织。它成立于1919年,总部设在美国科罗拉多州。目前,JA在全世界100多个国家进行经济和商业教育,每年有700多万青少年接受JA的课程。

② 本部分内容主要参考哈佛大学科学与艺术研究院官方网站:http://www.gsas.harvard.edu/prospective_students/flas.php.

FLAS对申请人的要求如下：是美国公民或具有美国永久居民资格，或即将成为美国公民或永久居民（在后一种情况下，移民证件是必需的）；就读于哈佛大学的某个研究院，所有非本学院的申请人必须通知他们自己院系的财政援助办公室，他们打算申请FLAS奖学金，以确保他所在的院系知情；同意每学期完成FLAS指定的语言和区域研究课程学习；或者从事国际方面的专业（或其他）研究领域的海外论文研究；在海外使用奖学金，必须同意参加由教育部批准的海外高级语言项目或完成海外博士论文研究，并提供材料证明所在国家有更高的教育或相应隶属关系组织的境外机构；学生必须提交他进行研究的机构的名称、在该机构的联系人的名字、旅行日期等方面的信息或者证明材料。

（3）哈佛大学教育研究院的硕士奖学金[①]

哈佛大学教育研究院为研究生提供了多种硕士奖学金。

➢ "詹姆斯·布莱恩特·科南特"奖学金

"詹姆斯·布莱恩特·科南特"奖学金（James Bryant Conant Fellowships）支持被HGSE录取的波士顿剑桥大学的优秀教师和管理人员的博士生研究，他们在HGSE完成学习后，需要返回到他们的学校，科南特奖学金为期一年。

➢ 城市学者奖励计划

城市学者奖励计划（Urban Scholars Program）资助研究生支付所有的HGSE学费和医疗保险费用，奖学金期限为一年。完成硕士课程后，城市学者被邀请参与一个动态的跨学科计划，该计划旨在促进改善城市发展。约10%的申请者能获得奖学金，他们需要在城市学校或志愿服务工作方面具备三年或三年以上的直接工作经验，必须具备卓越的学术基础，并明确承诺以后会在城市学校系统工作。

➢ 教育领导奖学金

研究生教育领导力奖学金（Leadership in Education Awards）颁发给具有很强的领导潜能的研究生。该奖项一年的奖励金额接近一半的学费，特别支持志愿教师、和平使者等方面的申请者。

➢ 福兹海默奖学金

哈佛拉德克利夫学院的一年级博士生有资格申请福兹海默奖学金（Pforzheimer Fellowships），该奖学金旨在奖励在公共服务方面表现出不同寻常天赋的研究生。

（4）哈佛大学肯尼迪学院的研究生奖学金[②]

哈佛大学肯尼迪学院为研究生提供了多种奖学金。

➢ 肯尼迪院长奖学金

肯尼迪院长奖学金由哈佛大学肯尼迪学院招生委员会和财政援助委员会确定奖学金授予名单，申请者需要具有出色的学术能力和专业成就。奖励金额至少包括一半的学费，基于研

[①] 本部分内容主要参考哈佛大学教育研究院官方网站：http://www.gse.harvard.edu/admissions/financial_aid/fellowships/meritbased.html。

[②] 本部分内容主要参考哈佛大学肯尼迪学院研究生奖学金官方网站：http://www.hks.harvard.edu/degrees/sfs/prospective-students/fellowships-scholarships/intl/hks-affiliated。

究生个人的金融需要和实际需求可以适当增加奖励金额。

> 总统奖学金和公共服务奖学金

总统奖学金和公共服务奖学金是肯尼迪学院最负盛名的学生奖项,由肯尼迪学院的校友、前校长劳伦斯·萨默斯设立。奖学金支持那些致力于公共服务工作的研究生,除了帮助研究生支付全部的学费外,还会提供一些助学金。成功的申请者必须承诺毕业后在与本专业相关的公共部门工作三年,如果不能兑现承诺,受助人需要偿还其中的学费。

> 国际学生奖学金

肯尼迪学院为国际学生提供了大量的研究生奖学金,这些奖学金一般针对学生的国籍设立,比如阿布扎比领导力研究生公共服务奖学金、非洲学生奖学金、安克拉基金会研究生奖学金、大卫·鲁宾斯坦奖学金、德尔文佩雷拉研究生奖学金、DS基金会公共服务奖学金等。这些国际学生奖学金对受助者提出了严格的限制要求,例如 DS 基金会公共服务奖学金(DS Foundation Public Service Fellowship)对学生的限制条件如下:目前从事印度行政服务或印度外事服务工作;已被录取到哈佛大学商学院和肯尼迪学院;有记录证明以往在公共服务工作方面有卓越的表现,并明确毕业后返回印度。

> 国内学生奖学金

肯尼迪学院的国内学生奖学金种类多达 35 种,下面仅以和平队公共服务奖学金为例进行简单介绍。和平队公共服务奖学金计划成立于 1996 年,旨在鼓励研究生追求在政府或非营利组织的事业,奖学金提供全额学费给和平队校友,获得者需要作出公开服务承诺,须在毕业后到公共部门工作三年。如果不能兑现承诺,获得者必须偿还奖学金。此外,肯尼迪学院的国内学生奖学金中有 7 种只针对攻读 MC/MPA 学位的学生,分别是少数民族健康联邦—哈佛大学奖学金、格特鲁德孟约翰奖学金、罗伯特·F·布拉德福德福德州长卓越公共行政力奖学金、纽约哈佛俱乐部基金会奖学金、杰罗姆·L·拉帕波特/波士顿奖学金、纽约市消防员警察和急救人员公共服务奖学金、罗伯特·C·西曼斯科学技术与公共政策奖学金等。

(5) 哈佛大学牙科医学院的博士奖学金

哈佛大学牙科医学院为博士生提供了博士奖学金。

> 麻省理工学院三角洲牙科口腔公共卫生及流行病学院长奖学金(2005 年)

该奖学金为牙科医学院的博士后提供一年的经费,支持他们的学术研究。获得者必须在哈佛大学牙科医学院牙科公共卫生方向进行博士后研究工作。该奖学金优先考虑马萨诸塞州少数民族学生。

> 詹姆斯·M·邓宁教学与研究基金(1977 年)

该奖学金由哈佛大学牙科医学院 1947 年至 1952 年的院长詹姆斯·M·邓宁设立,为了支持牙科公共卫生研究,重点支持那些致力于牙科公共卫生职业生涯的博士生。

> 哈佛高级口腔医学奖学金(2011 年)

该奖学金面向有牙科博士学位的美国公民,他们将来会在牙科学校、牙科研究组织或公共服务场所工作。该奖学金为致力于牙科医学学术生涯的临床学者提供了一个进行口腔健康相关转化研究的机会。

二、新加坡国立大学的研究生奖学金①

新加坡国立大学为研究生提供了很多奖学金,帮助他们在课程或研究生项目中获得更好的成绩和更多的成果。但是如果一些研究生没有获得政府资助的资格,那么他们可能也没有资格申请这些学校奖学金。例如,李光前研究生奖学金,总统研究生奖学金,SMA 研究生奖学金,新加坡国立大学研究奖学金,新加坡国际研究生奖,新加坡国立大学研究助学金,学费津贴,新加坡国立大学研究生院中西医结合科学与工程奖学金等。新加坡国立大学的研究生奖学金分为面向研究型学位奖学金和面向授课型学位奖学金两类。

(一) 面向攻读研究型学位研究生的奖学金②

1. 新加坡国立大学研究奖学金

新加坡国立大学研究奖学金(NUS Research Scholarship)为成绩优秀的研究生提供资金支持,鼓励他们在科研学习中取得更好的成绩。该奖学金包括每月津贴和学费补贴。

(1)申请资格

申请者的申请资格如下:获得了本科学位;申请奖学金时,必须有新加坡国立大学入学资格;必须符合教育部补助的资格。

(2)奖励详情

该奖学金为新加坡公民、新加坡永久居民和国际学生提供所有学费补贴。硕士研究生每月津贴为 1500 新元。对于博士生,新加坡公民每月生活津贴为 2500 新元,新加坡永久居民的每月生活津贴为 2200 新元,国际学生为 2000 新元。博士生通过博士学位资格考试后,将有资格申请每月 500 新元的额外津贴,不同院系的博士生额外津贴的持续时间可能各不相同。

(3)奖学金持续时间

该奖学金为期 1 年。如果研究生的学业有很成功的进展,硕士生的奖学金可以持续两年半,博士生的奖学金可以持续三年或四年。

2. 总统研究生奖学金

总统研究生奖学金(President's Graduate Fellowship,简称 PGF)面向新加坡国立大学所有院系的有卓越研究成就的博士生,由学校确定获得奖学金的学生名单。

(1)申请资格

总统研究生奖学金提供给即将入学的博士研究生,以及通过了博士资格考试(QE)的新加坡国立大学硕士研究生。新加坡—麻省理工学院联盟研究生奖学金和 NGS 奖学金获得者不能申请总统研究生奖学金。申请者必须获得本科学位,必须具备新加坡国立大学研究生入学候选人资格,还必须符合新加坡教育部补助的资格。

(2)奖学金金额

该奖学金的奖励金额包括在学期间的学费,以每月津贴的形式发放,国际学生的每月津

---

① 本部分内容主要参考新加坡国立大学官方网站:http://www.nus.edu.sg/。

② 本部分内容主要参考新加坡国立大学研究生奖学金官方网站:http://www.nus.edu.sg/admissions/graduate-studies/scholarships-nrs2.php。

贴为 3000 新元,新加坡永久居民的每月津贴为 3200 新元,新加坡公民的每月津贴为 3300 新元。对于新注册的海外学生还包括从本国到新加坡的单程经济舱机票费和 20 公斤行李托运费的一次性航空旅行津贴,最高可获得 750 新元。对于外国留学生还包括 1000 新元的一次性津贴。

（3）奖励期限

该奖学金给新入学的博士生先提供 1 年的资助,若该生在学习科研中有令人满意的进展,可继续申请,最多可以申请 4 年。对于从新加坡国立大学研究奖学金转移到总统研究生奖学金的候选人,获得该奖学金的总期限不得超过 4 年。

（4）申请程序

学生在博士生入学申请材料里,写明是否申请总统研究生奖学金。通过了博士资格考试的新加坡国立大学硕士研究生如果希望获得该奖学金,需要到各自的院系提出申请。

3. 新加坡—麻省理工学院联盟研究生奖学金

如图 3.4 所示,新加坡—麻省理工学院联盟研究生奖学金（Singapore-MIT Alliance（简称 SMA）Graduate Fellowship at SMART)由新加坡教育部于 2009 年 1 月设立,用于吸引新加坡国内外最优秀和最有才华的博士生,将他们培养成在科学和技术领域的未来领导者。SMA 研究生奖学金只提供给新加坡国立大学理学院、工程学院、杨潞龄医学院的博士生。

Eligibility	i. Have graduated with an undergraduate degree with first class or second-upper (or equivalent); ii. Be an incoming new PhD student not currently matriculated; iii. Students must be eligible for MOE Subsidy*. * Please click here for Eligibility Guidelines for MOE Subsidy
Award Amount	i. A monthly stipend of S$3,200; ii. Tuition fees at NUS; and iii. Scholarship allowance of up to $12,000 to help cover the expenses associated with a six-month research residency at MIT.
Award Period	The award is tenable for 1 year in the first instance; but subject to the scholar's satisfactory progress, it may be renewed annually. The maximum period of award is four years.
Bond	No bond is required.
Application Procedure	Applicants will have to submit their application for the Fellowship cum Ph.D. candidature via this website. Application period for August 2014 Intake: 21st Oct 2013 to 16th Dec 2013 Short-listed candidates may be invited to a face-to-face interview either in Singapore or their home country, or may go through a phone interview.
Notification of Award	Candidates will be informed of the outcome of their applications about 2 months after the application is closed.
Terms and Conditions	Successful applicants will be required to observe the terms and conditions for the award of the Fellowship. A copy of the current terms and conditions can be accessed here.
Change in Policy	The above information is subject to change at any time.

图 3.4　SMA 研究生奖学金详情官方网站主页截图

来源:http://www.nus.edu.sg/admissions/graduate-studies/scholarships-sma.php

（1）申请资格

申请者至少本科毕业；被新加坡国立大学生录取但不是在读的博士生；必须具备教育部补助资格。

（2）奖励金额

该奖学金的金额包括在新加坡国立大学的学费，每月3200新元的津贴；最高达12000新元的奖学金津贴，用以帮助学生支付其在麻省理工学院访学六个月内的相关费用。

（3）奖学金持续时间

该奖学金是在入学第一年内提供的，若博士生的研究工作有令人满意的进展，可以继续申请，但是最长期限为四年。

（4）申请程序

申请者必须通过网站提交奖学金申请书和博士入学资格证明。入围的候选人可能会进行面试或者电话面试。

4. 李光前研究生奖学金

李光前研究生奖学金（Lee Kong Chian Graduate Scholarships）由李氏基金捐款设立，是新加坡国立大学最负盛名的研究生奖学金，每年最多给予5个奖学金名额。

（1）申请资格

申请者必须本科毕业；具有新加坡国立大学博士生入学资格；必须具备教育部补助资格。

（2）奖励金额

该奖学金的金额包括在新加坡国立大学的学费及其他学生费用，以及3300新元的每月津贴，500新元的年度图书津贴，1500新元的一次性的笔记本电脑津贴；对于海外学生，还有最高达4000新元的一次性航空往返旅行津贴。

（3）奖学金持续时间

该奖学金是在入学第1年内提供的，若博士生的研究工作有令人满意的进展，可以继续申请，但是最长期限为四年。

（4）申请程序

申请者必须通过网站提交奖学金申请书和博士入学资格证明；必须提交课外活动的个人随笔或社区服务的记录；入围的候选人将需要通过在新加坡或在本国的面试。

5. A＊STAR研究生奖学金

A＊STAR研究生奖学金（A＊Star Graduate Scholarship，简称AGS）只面向就读于新加坡国立大学综合科学与工程研究生院的新加坡公民、永久居住公民、东盟①国民。它资助博士生在新加坡国立大学为期四年的博士研究和获得新加坡国立大学博士学位。

（1）申请资格

申请者必须为新加坡人和其他有意成为新加坡公民的国民；必须获得新加坡国立大学博

---

① 东盟：1999年5月1日，东盟包括东南亚的10个国家：文莱，柬埔寨，印度尼西亚，老挝，马来西亚，缅甸，菲律宾，新加坡，泰国和越南。

士入学资格；必须获得本科以上的学位或同等的学位；必须具备良好的"O"和"A"分数；理工课成绩优异的学生也将予以考虑；必须对从事一份研究事业有浓厚兴趣。

（2）申请限制条件

申请者不能同时申请任何其他奖学金或奖金；鼓励所有申请者提交自己的GRE考试分数；没有GRE考试成绩的申请者仍然会予以考虑，但成功的申请者必须满足GRE的基本要求，才能着手开始博士研究工作。

（3）奖励详情

该奖学金的金额包括支付全部学费直至毕业（以较早者为准），此外还有3300新元的每月津贴；其他津贴包括计算机津贴、论文津贴、书本津贴和会议津贴等。

（4）服务承诺

对于新加坡公民的获得者，没有服务承诺。对于非新加坡公民的获得者，不指定任何特定公司，只要求在总部设在新加坡的公司工作2年，最好是关于生物医学科学、物理科学或工程等方面的工作。被批准进行海外博士后培训的奖学金获得者被要求承诺进行1年的A＊STAR服务。

6. DSO博士研究奖学金[①]

DSO博士研究奖学金（DSO PhD Research Award）由新加坡国防科技研究院（简称DSO）与新加坡国立大学、南洋理工大学合作提供，旨在鼓励新加坡杰出的博士生进行国防研发工作，仅提供给新加坡国立大学理学院、工程学院、计算机学院的新加坡公民博士生，要求学生有较高的学术造诣，并且对前沿的科学和技术有浓厚的兴趣。奖学金申请者的博士研究领域必须涉及到国防科学技术，研究工作将由DSO研究员和来自新加坡国立大学或南洋理工大学的一名教师共同监督，以确保奖学金获得者会在DSO进行大量的研究工作。成功完成研究后，学生将被授予由新加坡国立大学或南洋理工大学颁发的博士学位。

（1）申请资格

申请者必须为已经获得学士学位的新加坡公民；必须有新加坡国立大学或南洋理工大学的博士入学资格；其研究领域与工程科学有关。

（2）奖励详情

该奖学金为期4年，奖励金额包括每年度上限为4000新元的学费和年度会议津贴，以及其他强制性费用，还有3100—3300新元的每月津贴。

7. 新加坡国立大学研究助学金

新加坡国立大学研究助学金（NUS Research Studentship）是由新加坡国立大学设立的，针对于新加坡国立大学的所有优秀的研究生，支持他们获得学位。

（1）申请资格

申请者必须有大学毕业文凭或者获得大学同等学历；授予奖学金的时候，必须已被录取为新加坡国立大学的研究生；必须具备教育部资助资格。申请研究奖学金没有成功的研究生，

---

① 本部分内容主要参考新加坡国防科技研究院官方网站：http://www.dso.org.sg/awardschemes.aspx。

可以申请研究助学金。

（2）奖励详情

该奖学金为新加坡公民、新加坡永久居民和国际学生提供所有的学费补贴，以及1200新元的每月津贴。

（3）奖学金持续时间

该奖学金为期1年。如果研究生的学业有很成功的进展，硕士生的奖学金可以持续申请2.5年，博士生的奖学金可以持续申请4年。

8. 新加坡国立大学国大综合科学与工程研究生院奖学金

新加坡国立大学国大综合科学与工程研究生院奖学金（简称NGSS），只面向新加坡国立大学的综合科学与工程研究生院的博士生，要求申请者具备良好的素质和才华，并有创新的潜能。

（1）申请资格

申请者必须对科学、工程、计算、医学跨学科等相关方面的科研有很高的热情；至少具备本科或者本科同等学历以上；海外申请者必须要有GRE分数；强烈建议申请者是从本地院校，如新加坡国立大学或南洋理工大学的毕业的本科生；如果申请者的母语或本科教学的媒介不是英语，则必须有托福考试成绩。

（2）申请限制

已获总统研究生奖学金（PGF）的学生没有资格申请NGSS。奖学金可以每年持续申请，要求获得者每个学期的成绩绩点在3.8以上。获得者必须获得博士学位，不能中途退学。

（3）奖励详情

该奖学金的金额包括3200新元的每月津贴，直至4年博士毕业，截止日期为毕业日期（以较早者为准）；其他津贴包括计算机津贴、书本津贴、会议津贴等。

9. 新加坡国际研究生奖学金

新加坡国际研究生奖学金（Singapore International Graduate Award，简称SINGA）由科学研究局、A＊STAR研究院和南洋理工大学（NTU）以及新加坡国立大学（NUS）合作设立，只面向新加坡国立大学理学院、工程学院、计算机学院、杨潞龄医学院的国际博士生。申请者的研究方向必须与科学与工程研究相关，需要有优秀的学历、良好的学术报告水平，以及流利的英语口语。不同于一般的博士教育，接受SINGA的博士生不会在学校里接受博士课程，而是需要在A＊STAR研究院、南洋理工大学或新加坡国立大学的实验室里参加一些博士研究项目，在通过资格考试之后，博士生可以开始博士学习研究和完成工作研究论文，在博士教育完成后，将被授予由南洋理工大学或新加坡国立大学颁发的博士学位。作为全日制的博士教育，获得SINGA的国际博士生在就读期间不允许参加兼职工作，在博士毕业后不要求在新加坡国内工作。

（1）申请条件

申请者至少需要2名教授的推荐信；可以选择提交托福、雅思和GRE成绩分数，或者不需提交；参加奖学金面试时，遴选小组将评估学生的英语口语和写作能力。遴选标准包括申请者的学术记录、出版物、推荐信、个人成就、激情和卓越能力，另外还有面试成绩。

（2）奖学金详情

该奖学金支持学生的全部学费；每月 2000 新元的助学金，通过博士资格考试后，将增至每月 2500 新元；还有一次性的 1000 新元安家费、一次性的 1500 新元机票补助。

10. 国际研究基金会环境与水业技术博士生奖学金[①]

随着全球环境和水问题不断升级，新加坡环境及水行业越来越充满活力，新加坡拥有这个行业的研发基地，因此有天然的优势成为环境和水务解决方案的提供商。新加坡国立大学环境与水业计划办公室（Environment & Water Industry Programme Office，简称 EWI）促进了环境及水的研发和行业发展，为新加坡提供了越来越多的就业机会，使得行业的研发和新技术上有长足的发展。为支持这个快速崛起的产业和培养人才，国家研究基金会（National Research Foundation，简称 NRF）通过 EWI 提供博士奖学金（National Research Foundation Environment and Water Technologies PhD Scholarships，简称 NRF（EWT）PhD Scholarships）。奖学金由环境与水业计划办公室负责管理，只面向新加坡国立大学理学院、工程学院的博士生。

（1）申请资格

申请者必须获得学士学位或同等学历；需要有良好的托福成绩，其本科教育的教学语言是英语。对于新加坡国立大学理学院、工程学院的博士生不限制国籍；属于非新加坡公民、非新加坡永久居民的博士生如果于 2 年内完成研究，有望成为新加坡永久居民。

（2）奖励详情

该奖学金的金额（以 2013 年为例）包括全部学费；每月 3300 新元的生活津贴；其他津贴包括每年书本津贴、计算机津贴、会议津贴、论文津贴、旅行津贴、御寒衣物津贴、安家费等；参加本地大学与海外大学联合项目的博士生，在海外期间将被给予驻外津贴。

（3）申请限制

完成学业后，获得本地博士学位的新加坡公民需要在新加坡从事为期 2 年的环境与水业技术领域的工作；国际学生需要在 3 年内获得新加坡博士学位；参加本地大学及海外大学联合项目的博士生，在新加坡的必要工作年限根据在新加坡和海外大学的学习时间另算。

11. 补充计划

补充计划（Top-Up Schemes）主要有行业补充计划及研究项目扩大计划。

（1）行业补充计划

行业补充计划为研究领域与本行业相关的学生提供每月津贴。津贴金额范围从 500—1000 美元不等。

（2）研究项目扩大计划

研究项目扩大计划是指，如果申请者参加的研究项目经费完全来源于外部资金，或者研究项目经费总额的 50% 及以上来自外部资金，那么会提供给申请者一些津贴。奖励金额为每

---

① 本部分内容主要参考新加坡国立大学环境与水业计划办公室官方网站（http://www.ewi.sg/scholarship）。

月 500 美元；当项目完成或者研究奖学金到账时，研究项目扩大计划将停止提供津贴。

12. 新加坡国立大学学费津贴

新加坡国立大学的学费津贴是新加坡国立大学颁发给优秀研究生的，帮助他们完成学业，学费津贴面向新加坡公民、永久居民、国际学生。经费额度按照新加坡国内的学费标准设置。

（1）申请资格

申请者必须获得本科学位；获得奖学金的时候，必须有新加坡国立大学的研究生入学资格；必须具备教育部补助资格。

（2）奖学金持续时间

该奖学金为期 1 年。如果研究生的学业有很好的进展，硕士生的奖学金可以持续申请2.5 年，博士生的奖学金可以持续申请 3 年或 4 年。

（二）面向攻读授课型学位研究生的奖学金[①]

1. 新加坡国立大学东盟国民研究生奖学金

新加坡国立大学东盟国民研究生奖学金（NUS Graduate Scholarships for ASEAN Nationals)面向在新加坡国立大学攻读研究生学位的东盟国家公民，而且只面向在新加坡国立大学的人文社会科学学院、工程学院、法律系、理学院、计算机学院、设计与环境学院、牙科学院、苏瑞福公共卫生学院、李光耀公共政策学院攻读单学位的全日制课程研究生学位的学生，新加坡公民和永久居民都不能申请此类奖学金。奖学金的资金由新加坡政府和新加坡国立大学提供。奖学金的获得者对新加坡国立大学或新加坡国家没有义务或承诺，可以在获得研究生学位后直接返回本国。

（1）申请资格

每学年的奖学金名额都非常有限，因此竞争相当激烈。只有特别优秀的申请者将被予以考虑。除了国籍要求，候选人必须拥有优秀的学习成绩应该是在班级前 10% 以内；在新加坡国立大学指定的学院就读或者有入学资格；良好的英语语言能力，比如托福成绩笔试得分为580 分、或计算机测试得分为 237 分、或基于互联网考试的考试得分为 85 分，雅思成绩至少 6.0；如果新加坡国立大学指定学院的研究生入学的最低要求，要求更高的托福成绩或雅思成绩，将采取更高的分数；在申请期间之前，候选人至少需要 2 年的与指定研究生学位的学科相关的工作经验。

（2）奖励详情

该奖学金的金额包括学费及在新加坡国立大学期间的其他费用；1350 新元的每月津贴；500 新元的一次性津贴；签证和学生护照费；学生护照申请的医疗检查费，上限为 60 新元；直接从本国到新加坡的经济旅行费，上限为 500 新元和每趟 20 公斤的行李托运费；完成学业后，直接从新加坡回本国的经济旅行费，上限为 500 新元和每趟 20 公斤的行李托运费。

---

① 本部分内容主要参考新加坡国立大学研究生奖学金官方网站（http//www. nus. edu. sg/admissions/graduate-studies/scholarships-ngs. php）。

2. 新加坡国立大学为商学院的研究生提供的奖学金①

如图 3.5 所示,新加坡国立大学为商学院的研究生提供的奖学金如下:

图 3.5　新加坡国立大学为商学院研究生设立的奖学金官方网站主页截图

来源：http://bschool. nus. edu. sg/TheNUSMBA/ProspectiveStudents/TheNUSMBA/Admission/
FinancingyourMBA/Scholarships/tabid/2279/default. aspx

（1）亚洲开发银行—日本奖学金

亚洲开发银行—日本奖学金（Asian Development Bank-Japan Scholarship）计划是由日本政府于 1988 年 4 月设立的,面向在新加坡国立大学商学院就读并且是亚洲开发银行借款成员国的全日制的优秀研究生。旨在支持亚洲开发银行成员国家的合格公民在亚洲和太平洋地区的学术机构里,继续在经济学、管理学、科学和技术以及其他与发展相关的领域攻读研究生课程。奖学金获得者在完成学业之后,预计会为本国的经济和社会发展做出贡献。该奖学金每年遴选约 300 名学生到所属区域内的 10 个国家的学术机构就读,提供一到两年的全额奖学金。

➢ 申请资格

申请者必须来自于亚洲开发银行的借款成员国家;获得学术机构的硕士或博士入学资格;具备大学本科学位或同等学历,并具有优秀的学术记录;在申请时必须至少有 2 年专业类的全职工作经验,有熟练的口头、书面的英语沟通能力;在申请时不超过 35 岁。在特殊情况下,对高级官员和管理人员的年龄限制是 45 岁;必须有良好的健康状况;必须在完成学业后,返回到自己的家乡。

---

① 本部分内容主要参考新加坡国立大学商学院官方网站（http://bschool. nus. edu. sg/TheNUSMBA/
ProspectiveStudents/TheNUSMBA/Admission/FinancingyourMBA/Scholarships/tabid/2279/default. aspx）。

国外高校研究生事务管理实务

> 申请限制

亚行的执行董事、替任董事、管理和工作人员、顾问以及他们的亲戚不能申请该奖学金；亚洲开发银行指定机构的工作人员没有资格申请奖学金；不在自己的国家生活或工作的申请者不能获得奖学金；不支持已经参加了研究生学位课程的申请者；不赞助本科学习、远程学习课程、短期培训、会议、研讨会、论文写作和研究项目等。

（2）新加坡国立大学亚太经合组织奖学金

新加坡国立大学亚太经合组织奖学金（NUS-APEC SCHOLARSHIP）是由新加坡教育部资助的奖学金，面向来自 APEC 成员经济体国家的，被新加坡国立大学全日制 MBA 课程录取的优秀学生。

> 申请资格

申请者必须来自于除了新加坡之外的亚太经合组织的 20 个经济体；被录取为新加坡国立大学 MBA 全日制研究生；没有出国留学经验的学生、政府官员将予以优先考虑。

> 奖励详情

该奖学金的金额包括学费、健康保险及其他经批准的费用、津贴；1300 新元的每月津贴；500 新元的一次性津贴；500 新元的从本国到新加坡的一次性旅行津贴；最多 6000 新元的参与学生交流的费用；毕业后从新加坡到本国的出行费用。

（3）新加坡国立大学 MBA 研究奖

新加坡国立大学 MBA 研究奖（THE NUS MBA STUDY AWARDS）的总价值超过 100 万新元，面向全日制国际学生和半工半读的新加坡公民。学校将基于学生各自背景，以及其在申请过程中的表现和整体潜力给予学生奖学金。已被录取的所有 MBA 全日制学生将被自动认为申请该奖项。奖金额可以抵消两个学期的学费。其中，院长奖为 58000 新元，导演奖为 38000 新元，优秀奖为 18000 新元，成就奖为 8000 新元。

第二节　研究生助学金

一、国外高校研究生助学金的概况

国外高校研究生助学金的名目众多，如助研金、助教金、补助金、实习津贴、旅差补助金等。一般而言，国外高校研究生助学金的形式主要有：

1. 助研金和助教金

（1）助研金

助研金（Research Assistantships，简称 RA）即通过担任一定的助理研究工作而获得的奖学金。获得助研金的学生，其助理实验工作的内容包括从洗试管到写实验报告，而助理研究工作的主要任务则是为教授的研究项目收集、整理资料等。助研岗位由基金会、企业设定岗位数来决定，同时，导师的课题经费也会提供一定的助研岗位。自 20 世纪 80 年代以来，助研金已成为美国联邦政府资助研究生的主要方式。助研工作有助于导师的研究，同时也不断提高研究生的学术水平和独立工作能力，使研究生尽早接触科研课题，并在学习和使用新的仪器设备、撰写研究报告中获得宝贵的科研经验,帮助研究生得到经济资助,解决学费和生活费用。

（2）助教金

助教金(Teaching Assistantships,简称 TA)即研究生通过担任一定教学工作而获得的奖学金。助教工作是帮助教授开设讲座、批改作业、解答问题、考试判卷、实验指导等,有些还需要担任独立的课堂教学工作。每周的工作时间不等,最多不超过 20 小时。资助经费一般每年超过 10000 美元,另外还可以免除学费。助教工作一般由学校和院系分配固定的岗位。助教工作锻炼了研究生的教学本领,但是助教制度的主要目的还是为了减轻教授的负担。由于学生缺乏全面系统的训练,因此,目前美国成立了一些教学中心,提供研究生教学技能培训的教师、最新的教育技术与方法、录制或分析教学课堂的机会等。

2. 勤工俭学津贴

（1）宿舍助理

宿舍助理(Resident Assistant)帮忙管理宿舍的秩序和负责宿舍的活动,可以得到免费住宿。

（2）研究生助理

研究生助理(Graduate Assistant)从事零碎的辅助工作和文书工作,如判卷人,帮助教授审阅考卷及评分,在校内图书馆、电脑中心、校内餐厅的小时工等。

3. 实习津贴

实习津贴(Internships or Traineeships)是为研究生实习而提供的一种资助,可以看成是研究生在实习机构专业人员具体指导下工作所得到的劳动报酬。这种津贴有时采取计时工资制,有时则按一个固定数发放。

4. 学费减免

学费全免或部分减免(Full&Partial Tuition Waiver),一般依据学生的学习成绩决定全部或部分减免学费,生活费仍然需要学生自理。

5. 其他补助金

（1）补助金

补助金(Grants)是为研究生完成学位论文所必须进行的研究工作提供的小额补贴,如资助其购置材料、计算机上机费用、研究调研的车旅费等。

（2）旅差补助金

旅差补助金(Travel Awards)对那些因学习和研究到外地考察、调研、查阅资料或者参加学术会议但又无力承担费用的研究生给予相应的补贴。

（3）外籍学生意外事件或医疗补助

比如哈佛大学有威廉·艾伦基金(Vivian Allen Fund),哥伦比亚大学有紧急财政资助金(Emergency Financial Aid)等。

二、广泛设置的研究生助研金、助教金

国外高校设置了大量的研究生助研和助教经费,比如 2013—2014 学年普林斯顿大学计划

支出助研金 25170 美元、助教金 27950 美元，主要支持在自然科学和工程方面的研究，由各院系负责分配助研金、助教金给在校学生。在斯坦福大学①，每一个博士生都被要求作为研究助理或助教，在一个正在进行的研究项目或者督导教学中得到集中的强化训练。斯坦福大学的助研工作一般是在导师的研究项目中进行，经费一般由导师的项目经费提供。斯坦福大学的助教工作内容包括：承担部分初级课程、导论性课程或基础性课程的教学；为学生讲解实验过程，组织学生做实验，规范学生的实验操作，指导学生做好实验总结和完成实验报告；组织学生开展讨论，引导学生发言，补充讨论材料，帮助学生澄清模糊讨论引向问题；帮助教师批改作业，评定学生考试成绩，监考等；与学生座谈，定期与学生会面和辅导学生，助教的工作量通常为每周 20 小时左右。

（一）哥伦比亚大学和宾夕法尼亚大学的助教制度

1899 年，哈佛大学接受了一笔数量可观的捐赠，并利用这笔资金为研究生创立了 30 个研究基金，其中就有涉及助教的内容，要求研究生将部分时间用于助教工作，规定研究生除了努力学习专业知识外，还应协助教师做好教学工作②。哈佛大学实施此项举措之后，很多美国大学效仿这种做法，由此研究生助教制度得以在美国开创。让研究生担任助教，不仅使他们能得到经济上的资助，帮助他们顺利完成学业，而且可以提高他们的实际教学能力和人际交往能力，从而提高他们的就业水平；同时，还可以缓解高等教育大众化过程中的师资力量不足的压力，保障本科教学质量。因此，研究生助教制度被很多世界一流大学公认为是培养研究生教学能力的有效举措之一，部分大学建立了专门的组织机构来统一规划、集中组织管理助教工作。这类机构在助教管理工作上能发挥自身优势，充分实现助教的价值，提高研究生培养质量③。

下面以哥伦比亚大学为例介绍美国研究生助教的管理体系，以宾夕法尼亚大学为例介绍美国研究生助教的培养和考核制度。

1. 研究生助教的管理体系——以哥伦比亚大学为例④

（1）助教管理的组织机构

哥伦比亚大学助教管理的专职机构是哥伦比亚大学文理学院教学中心（Graduate School of Arts&Sciences Teaching Center，以下简称教学中心）。教学中心成立于 1999 年，行政上隶属于哥伦比亚文理学院院长办公室，成员包括 1 名主任和 13 名咨议委员会成员。现任的教学中心主任于 2008 年加入哥伦比亚大学，在这之前，他曾在休斯敦大学工作 8 年，主要负责研究生学习和研究。咨议委员会 13 名成员分别来自哥伦比亚大学的不同院系，他们借助于自己的学术背景，在不同领域探寻提高助教教学能力的方法。从成立初，教学中心就致力于成为哥伦比亚大学追求创新的强大推动力，始终坚持不断完善自身、追求卓越。在实际工作中，教学中心努力提高助教的实际教学水平，帮助他们在教学的科学和艺术道路上更加明智、自信，更具创新能力，成为全面发展的人才。

① 包水梅. 中美高等教育学博士研究生培养制度的比较研究[J]. 高校教育管理，2012(4).
② 卢丽琼. 浅析美国高校研究生助教制度及启示[J]. 复旦教育论坛，2005(1).
③ 彭敏. 美国大学教学助理管理制度研究——基于哥伦比亚大学的个案分析[J]. 大学：学术版，2012(9).
④ 彭敏. 美国大学教学助理管理制度研究——基于哥伦比亚大学的个案分析[J]. 大学：学术版，2012(9).

（2）助教管理的工作形式

➤ 开设周工作坊

教学中心在调查分析助教教学需求的基础上，为助教每周安排一次教学问题专题工作坊，每周的专题工作坊专注于一个主题，具有形式灵活、针对性强等特点。每学期伊始，该中心将整个学期周工作坊的安排发布在中心网页上①，方便学生根据自身需要有选择性地参加。例如，2011年秋季学期，周工作坊安排的研讨主题有：怎样开始第一节课，怎样进行期中考核，怎样上好最后一节课，怎样提高讨论课效率，怎样设计以学习者为中心的课程等。在周工作坊，助教不仅能就自身存在的教学问题从教师或教学顾问那里寻求帮助，解决教学问题，还可以根据自己感兴趣的教学话题与他们进行交流，提高自身的教育素养；此外，助教彼此间的交流可以使他们相互学习到不同的教学理念、教学策略和教学观点，共同提高教学能力。

➤ 开展教学研讨和咨询

教学中心通过在线交流、研讨会等形式与助教保持亲密联系与充分交流，及时了解他们在教学中遇到的各类困惑，并帮助解决。此外，教学中心将助教日常教学活动中遇到的困惑或难点分成若干领域，整理成文集发布在教学中心网站上，并持续更新。教学中心网站上不仅提供了这些问题的一般解决方案，还提供了相关领域的一些专家的联系方式，助教可以随时求助相关人员，比如，教学中心网站上留有教学中心主任的具体联系方式，助教碰到棘手的问题时，随时都可以通过电邮或电话的方式联系教学中心主任，甚至可以到其办公室进行面对面的沟通与交流。

➤ 举办基础教学研讨班

为培养助教的教育素养和提高他们的教学技能，哥伦比亚大学每年暑假开办两期基础教学研讨班，所有在校博士生都可以申请参加。基础教学研讨班的开设旨在帮助学员通过五天的研习掌握最佳教学方法，改进教学技能，提高教学能力。研讨班课程内容不仅涵盖教学的所有层面，包括课程设计、课堂管理、有效教学、主持课堂讨论、现代教育技术应用等，还涉及当前高等教育面临的困境与挑战，以及高校教师面对的一些道德和法律问题，如学术诚信、知识产权、学术自由等。研讨班对学员的要求也相当高，他们在其中需要展开以下活动：积极参与讨论；编写一份以学习者为中心的课程纲要；引导一次有效讨论；管理"模拟课堂"；对讨论任务的分配提供反馈意见；进行"微格教学"；在模拟面试中回答有关教学的问题；制定一份教案。此外，研讨班课程结束时，学校会给优秀学员颁发证书，证明其圆满通过培训，具备一定的教学能力。

➤ 推行现代教育技术

先进的教育技术不仅可以改变传统的教学方式，方便学生获取学习资料，还可以加强教师与学生之间的沟通与协作，促进学生合作学习、主动学习的积极性，大大提高教学效果。教学中心积极关注现代教育技术的最新发展动态，持续及时地向助教推广，并鼓励他们在日常

---

① 本部分内容主要参考哥伦比亚大学教学中心官方网站（Graduate School of Arts and Sciences Columbia University. Workshops）。

教学活动中充分利用这些技术手段，创造最佳教学效果。教学中心还通过在线交流、网络研讨会等形式鼓励助教之间或助教与导师之间相互交流技术运用心得或困惑，这样不仅能够及时解决助教实际教学中碰到的技术问题，提高教学能力，还能提高整体的教学效果。此外，教学中心还提供了一些资源，可以帮助助教快速熟练运用学校开发的各项教学技术，如教导助教如何快速掌握网络教学，提高在线教学能力。

> 提供教学资源支持

哥伦比亚大学为助教提供专门的图书资料库，其中收藏了大量的教育教学书籍与影像资料，内容包括教学实践、学术工作、研究生成长和学生学习、写作和出版研究等方面。此外，提供在线教学资源是哥伦比亚大学促进助教教学发展的重要方式之一。教学中心提供的网络资源不仅包括优秀的课程资源、培训讲座、研讨会、教育书籍和文献、影像资料和教育技术软件等，还提供了应对教学中各种突发事件的建议便签，并持续更新，此外还有专家在线咨询，针对教师教学中出现的问题及时反馈，提供解决之道。

（3）助教管理中的特色项目

> 发行《教学指南》

哥伦比亚大学每位研究生在担任助教之前，都会得到一本《教学指南》（Teaching Guideline）。这本教学指南由教学中心主任亲自撰写。教学是研究生担任助教过程中重要的组成部分，在这个过程中助教与学生一起分享知识和见解，一起成长。对每位助教而言，日常教学活动会经常碰到很多棘手的事情，需要承受巨大的压力。成功的教学不是一蹴而就的，大多数人是通过反复的尝试来提高自己的教学能力。在正式开始教学工作前，《教学指南》可以指导助教了解、熟悉角色，明确专业目标，顺利踏上岗位。这本指南涉及面广，不仅对助教在课前准备、时间管理、实验课与复习课指导、多媒体使用、批改作业等方面做出详尽指导，还围绕着助教所扮演的不同教学角色，为他们在从学生到教师的身份转换中出现的一些问题提供了切实可行的建议，帮助助教避免常见错误，圆满地完成教学任务。

> 开展暑期课程与教学设计比赛

该比赛由哥伦比亚大学文理学院与继续教育学院夏季学期部（The Summer Term Office of the School of Continuing Education）合办，所有文理学院在读的博士生都有参赛资格，参赛者需要提交课程设计方案，在比赛中胜出的学生可以获得该课程独立教学的机会。在比赛前，教学中心安排有技术会议，会议上将讨论选择标准、技术要求，并为设计、开发和撰写具有竞争力的课程设计方案等方面提供宝贵意见。参赛者提交的课程设计方案包括：课程名称，标题要简单明了，一目了然；简短的课程介绍，包括一些选修条件；课程的价值；简短的教学经验论述；简要的说明如何合理利用纽约市的独特地理优势；一份"以学习者为中心"的教学大纲，包括课程主题、课程的教学目标、吸引学生的教学方法、评估方法和标准、讲座安排和阅读书目以及其他亮点。

比赛的评判标准有几个要素：一是在教学内容、教学方法或学生参与等方面具有创新性；二是课程设计中能够充分运用地处纽约市的独特地理优势，例如使用博物馆、档案馆等；三是课程内容涵括学科热点问题，能够反映学术趋势；四是适合课程部门的要求；五是卓越的助教经验;六是设计方案中有研究项目的支持;七是课程设计方案的总体质量。

➤ 运用教学成绩单

教学中心可以为准备在大学求职的学生提供一份得到全美各大院校承认的教学成绩单,这份成绩单是学生在大学里求职的"敲门砖"。学生只要参加了 12 个小时或更长时间的由教学中心提供的教学专业发展活动,包括研讨会、未来师资培训系列课程等,就可以申请一份教学成绩单。在确认该生的注册记录后,教学中心给学生颁发教学成绩单。教学成绩单的内容包括:独立承担过的课程、担任助教的课程、参加的由教学中心提供的研讨会、参与的未来教师培训课程等。

2. 宾夕法尼亚大学研究生助教的培养和考核制度[①]

(1) 研究生助教的岗前培训及考核

宾夕法尼亚大学规定硕士生和博士生在读期间必须分别完成至少 1 个学期或 2 个学期的助教工作。为保证研究生助教的质量和水平,宾夕法尼亚大学又规定研究生助教上岗前必须经过至少 1 个学期的助教培训和实践。助教岗前培训目的是让研究生在成为正式助教前掌握教学方法、教学技巧、教学工具,并熟悉教学材料,这个时期的研究生助教称之为教学学徒,学徒由助教或课程主讲教师或研究生导师指导,最终由课程主讲教师对学徒负责,并组织对其岗前培训成效进行考评。宾夕法尼亚大学对教学学徒的考核主要包括 13 个方面的指标如表 3.1 所示。

表 3.1　宾夕法尼亚大学教学学徒考核指标及分值[②]

序号	考　察　内　容	分值
1	考查课程"怎样上好大学课程"的学习情况以及学徒对《新教师手册》和《宾夕法尼亚大学教师》这本书中的"学会教,寓教于学"这个章节内容的熟练程度	10
2	学徒协助主讲教师更新所讲授课程的教学大纲的情况(开学、期中和期末各 5 分)	15
3	学徒对每节课程的授课内容的更新改进,包括学期初写出的对主讲教师授课内容的评论,学期中与主讲教师一起对每节课的授课计划的改进,期末独立写出的新授课计划	5
4	学徒是否参加了每一节课的讲授并提出了反馈意见	5
5	是否帮助更新了课程网站并学会了制作课程网页	5
6	学徒提出的课程考试内容的改进意见	5
7	帮助设计了实验安排	5
8	帮助带实验课程	5
9	帮助教师制订课程考试评分标准	5

---

① 石旺鹏,彭万志,刘庆昌. 美国研究生助教的培养和考核体系——以宾夕法尼亚州立大学为例[J]. 学位与研究生教育,2012(5).

② 石旺鹏,彭万志,刘庆昌. 美国研究生助教的培养和考核体系——以宾夕法尼亚州立大学为例[J]. 学位与研究生教育,2012(5).

序号	考　察　内　容	分值
10	大学生对学徒所教授的知识材料水平和传授知识能力的评价	5
11	学徒自我评价	10
12	研究生助教对学徒的总体评价,包括学徒责任心、努力程度和预期目标达到的情况等	15
13	课程主讲教师对学徒的总体评价等	10
总计		100

　　考核标准和结果最终由被考核的学徒、研究生助教、指导教师和课程主讲教师共同签字生效。学徒通过一个学期的培训,考核合格才能获得正式助教的资格。美国大学对研究生助教培训效果的考核内容多而全,既有对研究生相关教学方法与理论掌握程度的考核,又有对研究生全程参与课程准备情况及讲授实际效果的评价,可对研究生是否具备助教的能力作出比较全面的判断。

　　(2)研究生助教教学效果评价体系

　　宾夕法尼亚大学新的助教管理政策提出研究生助教需要两个方面的教学经历,一是作为传统助教,协助主讲教师上好大学生的课程;二是要作为教学学徒的指导教师,参与培训助教的工作,每个学期分别可获得1个学分。由于助教所教授课程的性质不同,最终的考核标准也不尽相同。在学期初,助教与课程主讲教师协商制订出详细的考核内容,由双方签字后生效,并报到设课的系所办公室备案。宾夕法尼亚大学对助教的考核内容比较全面,如表3.2所示。

表3.2　宾夕法尼亚大学研究生助教考核指标及分值①

序号	考　察　内　容	分值
1	教学素材的积累,课程大纲的制订和更新	5
2	每一节课的讲授内容安排及更新	5
3	课堂幻灯片的制作水平和质量	10
4	课程网站建设参与程度,可以在原先课程网页的基础上补充新的内容,一般应该在上课前7天向课程网站管理员提交下一次课程的安排计划,如果上课内容或计划需要调整,也应该在上课前5天之内完成网页内容更新	5
5	补充课程考试题库,提出新的考试问题	5
6	同行对研究生助教表现的评价,包括助教的责任心、努力程度和预期目标达到的情况等,评价人员主要包括课程主讲教师和由助教指导的教学学徒等	10

① 石旺鹏,彩万志,刘庆昌.美国研究生助教的培养和考核体系——以宾夕法尼亚州立大学为例[J].学位与研究生教育,2012(5).

序号	考 察 内 容	分值
7	被授课大学生对助教的评价,包括助教课前准备充分与否以及教学材料是否丰富、幻灯片的制作质量和内容是否达到学生的期望、教学热情以及激发学生提问和讨论课程作业的能力、课堂内外与学生的沟通和交流、对学生作业的批改和考试成绩的评分是否公平等	20
8	公平地对自己进行评价,并列举必要的证据	10
9	课程主讲教师对助教在改进对学徒培训的计划以及执行方面进行评价,还包括被指导的学徒对助教的评价等	30
总计		100

由考核指标可以看出,对正式助教的考核比较严格。这主要出于两方面考虑:一方面确保对研究生的培养质量,另一方面又确保教学质量。对助教教学质量的评价特别注重研究生对其教授课程的内容、方法、问题和计划等方面更新的考查,也注重主讲教师和教学学徒对助教的评价。助教考核合格才可以获得相应的学分。

(二)助研制度

助研与助教的不同之处在于不用上课教学或指导本科学生,而只是协助教授进行研究工作,或是在研究计划(通常是外界资助的研究计划)内负责某一环节,但仍是由责任教授负责统筹工作。助研工作一般是每一学年签订一次,如果研究生的表现良好,一般不会中途被解雇,助研工作的薪酬比较合理,很多大学有统一的标准。

在国外,助研工作非常受研究生的青睐,主要是因为助研工作有以下几个优点:研究项目基本上同本专业关系密切,担任研究助理的工作对研究生自己的学术水平有提高;很多研究生把参与的研究项目确定为自己的论文方向,不仅帮助完成自己的论文,也赚取一定收入;助研的薪水总体上比助教要高一些,研究助理每周的工作时间取决于研究生自身的自由时间和科研款项的多少。

国外的助研工作一般基于高校的研究项目,另外国家实验室也会提供一些研究助理的岗位。

1. 肯尼索州立大学设置的助研岗位

肯尼索州立大学研究生研究助理由研究生院统一管理,旨在支持大学的研究责任,为研究生在攻读学位期间提供专业的发展机遇。肯尼索州立大学要求研究助理的工作应该与学生的研究领域相关,能够促进研究生专业进步,研究助理必须有一个"令人满意"的学习成绩,绩点必须最低维持在3.0,同时能够出色地完成助研工作。助研工作一般是持续一个学期或一学年,也可根据项目的需求和研究助理在工作中的表现延长聘期,研究生院院长有决定权。

肯尼索州立大学的研究生研究助理需要根据合同的规定,为被分配的教师每星期工作10—19.5小时,每学期工作17周(秋季/春季),合同中同时会规定助研津贴,津贴按月支付。研究生担任研究助理的同时不能受聘于学校内的另一个岗位。

肯尼索州立大学的助研岗位由研究生院通过学校工作网站统一发布,研究生登录网站后可以自主查询和申请助研岗位。2013年11月4日,肯尼索州立大学工作网站发布了19个研究生研究助理岗位，面向化学、物理、护理、计算机、教育、法律、生物等专业的研究生。

2. 夏威夷大学各院系设立的助理研究岗位

如图 3.6 所示，夏威夷大学的各院系及研究中心通过学校的工作网站发布多个研究生助理岗位，夏威夷大学的研究生助理由各院系自主招聘、负责管理，研究生助理的工作量一般相当于全职工作量的 50%，薪资由各院系自主决定。

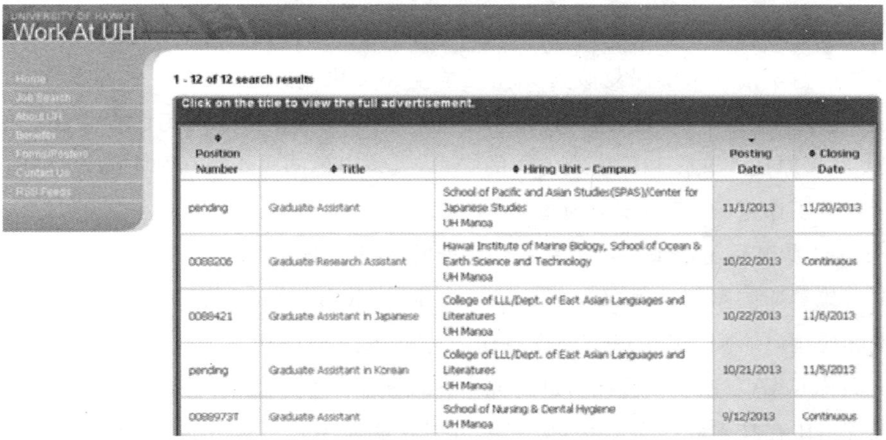

Position Number	Title	Hiring Unit - Campus	Posting Date	Closing Date
pending	Graduate Assistant	School of Pacific and Asian Studies(SPAS)/Center for Japanese Studies UH Manoa	11/1/2013	11/20/2013
0088206	Graduate Research Assistant	Hawaii Institute of Marine Biology, School of Ocean & Earth Science and Technology UH Manoa	10/22/2013	Continuous
0088421	Graduate Assistant in Japanese	College of LLL/Dept. of East Asian Languages and Literatures UH Manoa	10/22/2013	11/6/2013
pending	Graduate Assistant in Korean	College of LLL/Dept. of East Asian Languages and Literatures UH Manoa	10/21/2013	11/5/2013
0088973T	Graduate Assistant	School of Nursing & Dental Hygiene UH Manoa	9/12/2013	Continuous

图 3.6 2013 年 11 月 10 日夏威夷大学工作官方网站主页上发布的助研岗位信息截图

来源：http://www.pers.hawaii.edu/wuh/Jobs/SrchResults/2365613/1/postdate/desc

（1）海洋与地球科学与技术学院的夏威夷海洋生物研究所的研究生助理

夏威夷海洋生物研究所位于椰岛，研究生助理需要担任 IT 助理工作 11 个月，可以根据研究生的优秀表现和项目实际的人手需求延长一定时间，工作量相当于全职工作的 50%，薪资为每月 1706 美元。IT 助理工作需要有计算机科学、管理信息系统或相关专业的学士学位和 2 年的相关工作经验，主要任务和职责是协助教师和工作人员解决计算机和网络问题，帮助更新员工的电脑系统，并建立一个备份计划，更新学院或研究所的网页，并进行网络或硬件部署和故障排除。

（2）Kamakakuokalani 夏威夷研究中心的研究生助理

Kamakakuokalani 夏威夷研究中心的研究生助理的工作职责，是在研究中心教授的监督和指导下开展以下工作：将土地和资源记录转成电子版档案；提取和格式化土地数据；将提取的信息抄写到一个 Word 文档里；将夏威夷语的记录翻译成英文记录；将数据输入到电子表格中，以便查询；验证目前记录的准确性和格式；通过参观国家档案局和国家调查局了解目前档案记录形成过程；参与土地集约和资源实践培训；参加一些培训课程。此岗位的研究生助理的工作期限是 11 个月，工作量相当于全职工作量的 50%，薪资为每月 1706 美元。要求申请者的硕士论文方向是关于夏威夷的土地或水资源研究，在夏威夷土地、水资源方面具备一定的研究经验；课程绩点最好是在 3.5 及以上，最低不能低于 3.0。

（3）UH 癌症中心癌症预防与控制项目的研究生助理

此项目的研究生助理的工作职责包括：为论文进行文献检索和信息整理；建立文献数据

库的论文参考书目;在讨论会或者其他会议期间做会议记录;将数据输入到数据库中并进行数据分析;帮助数据管理员完成相关系统工作;协助研究者的工作;达到保密要求;协调和开展相关研究的广告计划;参与编制相关的研究报告。该项目岗位要求申请者的课程绩点为3.0及以上;研究方向为健康相关领域,比如公共健康、全球健康,健康心理学等;熟悉 Excel、PowerPoint 等计算机办公软件。

（4）教育学院残疾研究中心的研究生助理

该研究生助理的工作职责主要包括:支持学校—社区团队的开发、现场测试工作,通过实施数学策略和数学活动来确保夏威夷原住民学生的文化敏感性;支持工作组的工作,进行课堂观察,收集评估数据等。该助理岗位要求申请者有残疾青年方面的工作经验和数学教学的经验,有夏威夷原住民文化和价值观方面的知识,具备出色的写作技巧和平面设计技巧。工作量相当于全职工作量的一半,薪资为每月1458美元。

3. 美国洛斯阿拉莫斯国家实验室提供的研究生研究助理项目

洛斯阿拉莫斯国家实验室(Los Alamos National Laboratory,简称 LANL)负责国家的核能源开发和应用,LANL 实验室长期支持研究生研究助理项目(Graduate Research Assistant Program,简称 GRA),该项目旨在帮助研究生在攻读研究生学位的同时获得相关研究经验,研究方向大都集中在技术和科学学科,研究生可以在实验室进行硕士或博士论文研究,也可以将自己的研究成果形成论文发表或者参加会议。LANL 实验室的研究助理项目分为一年制和暑期制,一年制的研究助理需要保证每年至少90天的工作量,暑期研究助理可以在暑期全职参加助研工作,实验室会根据研究项目的需求决定是否续期。实验室会基于申请者的专业成绩、平均绩点和研究兴趣来决定是否给予申请者助研岗位,研究生在获得博士学位后仍可以在该研究助理项目中进行三个月的研究。

（1）申请资格

申请者必须在研究生就读期间提出申请;必须已经完成每学期至少6个学分的学校课程;绩点不低于3.2或4.0;实验室要求申请人参加就业前的药物测试。

（2）工作年限

如果学生有 BS/BA(文科/理科)学士学位,那么在修读理学硕士学位期间可以参加4年的助研工作;在修读博士学位期间可以参加7年的助研工作。如果学生有理学硕士学位,那么在修读第二个硕士学位期间,可以参加2年的助研工作;在修读理学博士期间,可以参加4年的助研工作。

（3）助研薪资

LANL 实验室研究助理的薪资根据研究生助理的学历和年级有所不同,如图3.7列举了LANL 实验室从事科学理论研究助理的薪资:获得了学士学位的一年级在读研究生的助研薪资是22.73美元/小时,一年最多获得47280美元的助研工资;二年级在读研究生的助研薪资是24.03美元/小时,一年最多获得49995美元的助研工资,同时研究助理需要在研究生第一学年完成至少12小时的研究生课程;三年级在读研究生的助研薪资是24.56美元/小时,一年最多获得53160美元的助研工资,同时研究助理需要在研究生前两学年完成至少24小时的研

Science/research salary structure

Graduate Program – Student pursuing Masters and/or PhD Degrees

Years	Description	Yearly	Hourly
BS+0	Bachelor's Degree awarded, accepted/enrolled in graduate program	$47,280/yr	$22.73/hr
BS+1	Completion of a miniumum of one academic year and at least 12 credit hours of graduate course work	$49,995/yr	$24.03/hr
BS+2	Completion of a miniumum of two academic years and at least 24 credit hours of graduate course work (salary cap for students pursuing a Master's Degree)	$53,160/yr	$25.56/hr
Post Master's	Master's Degree awarded (Limited to a 1-year appointment)	$56,100/yr	$26.97/hr
BS+3 or MS+0	Master's Degree awarded & accepted and enrolled in a doctorate program	$56,100/yr	$26.97/hr
BS+4 or MS+1	Satisfactory progress toward Doctoral Degree (e.g., dissertation/thesis work – 1 hr. minimum credit per semester)	$59,030/yr	$28.38/hr
BS+5 or MS+2	Satisfactory progress toward Doctoral Degree (e.g., dissertation/thesis work – 1 hr. minimum credit per semester) (Salary cap for PhD students)	$61,990/yr	$29.80/hr

图 3.7　在 LANL 实验室从事科学研究的助研薪资官方网站主页截图

来源：http://lanl. gov/careers/career-options/student-internships/graduate/graduate-salary-structure. php

究生课程；获得硕士学位的研究生的助研薪资是 26. 97 美元/小时，一年最多获得 56100 美元的助研工资，一年级在读博士生的助研薪资水平也是一样的；二年级在读博士的助研薪资是 28. 38 美元/小时，一年最多获得 59030 美元的助研工资；三年级在读博士的助研薪资是 29. 8 美元/小时，一年最多获得 61990 美元的助研工资。

三、美国联邦政府提供的助学金和勤工助学计划

（一）美国联邦政府提供的助学金①

1. 联邦补助教育机会助学金

联邦补助教育机会助学金（Federal Supplemental Educational Opportunity Grants,简称 FSEOG）由教育部每年拨给参加该计划的大学，再由大学的助学金办公室管理。大学用完了每学年的拨款，教育部不会在同一年度再增拨。因此越早申请的大学，获得联邦补助教育机会助学金的机会就越大。该助学金的数额取决于学生申请入学的迟早、上学费用的多少、学校所获拨款的多少和大学助学金办公室的政策。发给学生的数额从 100 美元到 4000 美元不等。

2. 教师补助金

如果学生打算成为低收入地区高需求领域的一名教师，即成为低收入地区的双语教育和

---

① 本部分内容主要参考美国联邦学生资助官方网站（http://studentaid. ed. gov/types/grants-scholarships/teach）。

英语语言、外语、数学、科学和特殊教育以及其他联邦规定的领域的教师，那么教师补助金（Teacher Education Assistance for College and Higher Education Grant，简称 TEACH Grant）可以帮助学生支付研究生学费。受助者需要在某个地区任教一段时间，以确保完成自己的义务。教师补助计划每年提供给个人的赠款高达 4000 美元，以帮助学生完成计划或完成课程以及工作需要。学生的补助申请被批准后，需要签署同意从事教育服务的协议：在高需求领域，在一所小学、中学或为来自低收入家庭的学生提供服务的教育服务机构工作，八年内完成四学年的研究学习。如果学生没有完成服务义务，那么收到的资助资金将被转换为联邦直接补贴的贷款，学生必须向美国教育部偿还这笔贷款，利息从补助金收到之日起收取。

3. 伊拉克和阿富汗服务补助金

伊拉克和阿富汗服务补助金（Iraq and Afghanistan Service Grant）与其他联邦拨款一样，为大学或职业学校的学生提供资金资助，以支付他们的教育费用，如果学生的父母或监护人在伊拉克或阿富汗的军事服务中死亡，那么学生可能会获得伊拉克和阿富汗补助金，补助金要求学生在 24 周岁以下并超过一半的时间在学校读书。该补助与同一年度的联邦佩尔助学金所授予的最高金额相等，但不能超过学生的上学成本。2013—2014 年度联邦佩尔助学金最多为 5645 美元。2013 年 3 月 1 日之后，任何伊拉克和阿富汗服务津贴首次发放补助金额时，必须减少受助人本来已享有奖励金额的 10%。例如 2013—2014 年度的补助金额最高为 5645 美元，必须减少 564.50 美元，补助金额最终为 5080.50 美元。

（二）美国联邦工读计划

联邦工读计划[①]（Federal Work-study Program）是一种服务性资助，由政府出资、学校管理，联邦政府每年拨给学校一笔经费，专门用于对半工半读学生的资助。联邦工读计划是为美国公民和永久居民开放的，为符合资格的在校学生提供就业机会。联邦工读计划的工作收入不得低于联邦最低工资，由政府支付 70% 的工资，用人机构支付 30% 的工资。从事公共服务的雇主可从联邦政府工读计划中获得 75% 的补贴。在夏季，校园内的雇主或所有校园外的雇主需为学生提供 5%—10% 的附加福利[②]。不同于本科生，研究生的勤工助学不会只按照时间获得津贴，还可以根据工作的内容获得工作回报。每个高校的研究生都可以申请联邦工读计划，通过登录联邦勤工助学网站找到适合自己的勤工俭学方式。

联邦工读计划为符合条件的学生和雇主制定了严格的规则，美国联邦规章允许学生在私人部门从事与职业生涯有关的工作。如果研究生在校园里勤工助学，通常会为学校工作，如果工作在校外，那么雇主通常会是一个私人非营利组织或公共机构，从事的工作必须是关乎公众利益。也有一些学校与私人营利性雇主协议，提供一些勤工助学工作，这些工作必须与研究生的研究课程相关。如果研究生参加的勤工助学工作是在一个营利性机构，那么工作的类型可能会有进一步的限制。在工作时间的分配上，学生雇主将以学生已获得的奖励数量、课程安排和学术成就为标准。

---

① 本部分内容主要参考美国联邦学生资助官方网站（http://studentaid. ed. gov/types/work-study）。
② 王竞辛. 美国高等教育学生资助制度研究——以加州大学为例[D]. 东北师范大学硕士论文，2007.

研究生可以利用课余时间在校内的图书馆、咖啡厅、餐厅、维修部门打工,也有的在校外的民间非赢利组织打工。另外研究生可以做的工作包括:学龄前儿童或者小学生的阅读辅导教师、贯穿基础教育九个年级的数学老师、读写家庭教师[①]。

（三）地方机构助学金

各个高校都有自己的外部助学金,每所高校所在州和市的企业、非营利性机构等都会需要一些博士生来做兼职,哈佛大学的校外工作有非营利性、非政治性和非宗派性的公共或私人组织,比如医院、公立学校、青年中心、日间护理中心、社区发展中心、消费者事务机构、城市和国家机构等。此外,在校外的商业界和工业界也可以安排一些职位,这些职位的雇主支付65％的工资。在2010—2011年,博士生和硕士生每小时可赚取9—7.15美元不等,工资支付的变化根据工作类型而定,在每学期中平均每周工作20个小时,在夏天和假期期间平均每周工作40个小时。总之,政府机构、社会和企业界都为各高校设立校外助学金,越是著名的高校,获得的助学金岗位就越多。

（四）雇主资助

雇主资助存在着几种情况:一是雇主为本单位员工接受高等教育（包括研究生教育）支付学习费用,员工毕业之后仍回原单位工作;二是学生自己筹集和支付学习费用,尤其是借助于贷款,等到毕业参加工作以后,雇主和学生一起偿还学生接受高等教育所借的贷款;三是在校的学生与雇主提前签订协议,将来毕业以后到雇主的企业工作,雇主则支付其未来员工的学习费用。

美国研究生获得雇主资助的人数很多。据资料显示,在2003—2004学年,有29％的研究生和第一专业学位学生获得了来自雇主的资助以支付教育开销,平均金额为2800美元。非全日制学生获得雇主资助的尤其多,其中最多的是MBA专业的学生,约有一半人获得了雇主资助,平均金额为4400美元。其他专业的学生得到的雇主资助相对少一些,比如教育领域的研究生有27％的人获得了雇主资助,其中硕士生平均金额为1700美元,博士生平均金额为2900美元;哲学博士获得雇主资助的人数仅占17％,平均金额为3100美元;其他专业领域的硕士生获得雇主资助的占26％,平均金额为3100美元,博士生为23％,平均金额为3800美元。

第三节　研究生贷款

一、美国联邦政府设置的贷款[②]

虽然,贷款在整个美国联邦研究生资助中所占的比例比较小,比如2007年,仅有约0.1％的全日制科学与工程类研究生获得了联邦助学贷款,但研究生贷款项目的种类却较多,包括联邦帕金斯贷款、联邦斯坦福贷款、联邦学生家长贷款等项目,为需要通过贷款来完成学业的

---

① 王娜. 美国研究生资助研究[D]. 河北大学硕士论文,2008.

② 本部分内容主要参考美国联邦学生资助官方网站（http://studentaid. ed. gov/sites/default/files/your-federal-student-loans_0. pdf）。

研究生提供了经济保障。

（一）"联邦帕金斯贷款"

"联邦帕金斯贷款"（Federal Perkins Loan，简称 FPL）原名为"国防贷款"，根据美国联邦《1958 年国防教育法》规定而设立。联邦帕金斯贷款的资助对象是家庭经济状况低下的学生，其特点是利息率低（现为 5%）和弹性的还贷方式。该项贷款由联邦政府出资，将贷款基金拨给学校，学校也出一部分资金，由学校充任贷款机构，学生偿还贷款时将贷款直接还给学校。学生接受贷款后在校学习期间的利息由政府支付，学生从毕业后的第十个月开始还款，有九个月的宽限期，学生可以将还款期延长为 10 年，学生每月的偿还数额依学生所贷金额而定，最低一个月仅还 40 美元。如果学生想进一步深造学习的话，该贷款是最理想的贷款种类。

法律规定，在一些特殊条件下，学生可以不偿还"联邦帕金斯贷款"：如果学生在某些地区从事教学、在法律规定的地区为学生或家庭服务机构工作、成为一名护士或药剂师或某些项目的全日制志愿工作者、参军、从事国家急需的社会公益事业等，学生的全部或部分贷款可以不偿还。目前，研究生每年可获得的贷款最高为 8000 美元，包括本科时所借的联邦帕金斯贷款数额在内，可获得高达 60000 美元的贷款总额。联邦帕金斯贷款的支付形式是学校将贷款资金打到研究生的学校账户，以支付学校层面的学费、杂费、食宿和学校其他的费用，如果贷款资金还有余留，学校会把资金发给学生以便学生用来支付其他教育开支。

（二）"联邦家庭教育贷款项目"

"联邦家庭教育贷款项目"（Federal Family Education Loan Program，简称 FFEL）的资金来源于银行或其他私人借贷者，但贷款由联邦政府通过州或私人机构担保。该项目包括"联邦斯塔福德贷款"和"联邦学生家长贷款"。

1. "联邦斯塔福德贷款"

联邦斯塔福德助学贷款（Federal Stafford Loan，简称 FSL）原名为"国家担保贷款"，1988 年改名为"联邦斯塔福德贷款"，这一方案是美国目前最大的高校学生资助项目，利用商业银行系统将钱贷给学生，由各州的教育担保机构代表政府担保。联邦斯塔福德助学贷款的资助对象是"有经济资助需要"的学生，这是一个比"特别困难"、"家庭经济状况最低下"更加宽泛的标准，所有认为自己需要资助的学生都能申请，并有可能获得。"联邦斯塔福德贷款"和"联邦帕金斯贷款"相似，但由于该贷款由商业银行出资借贷，因此利率高于"联邦帕金斯贷款"，且宽限期更短，学生毕业 6 个月后就必须还贷，偿还年限为 10 年。所有的"联邦斯塔福德贷款"都要求借贷人交保证金，但政府规定保证金不得超过所贷总额的 4%，如一个学生贷款 1000 美元，他将拿到 960 美元，但必须偿还 1000 美元。

"联邦斯塔福德贷款"包括两种：一种是"贴息贷款"，它以学生的家庭经济状况为依据，在学生开始还贷和延期还贷期间，学生不必付利息，而由联邦政府付息；另一种是"无贴息贷款"，从贷款借贷开始直到还完所有的贷款都要付息。目前"联邦斯塔福德贷款"的数额依学生所在年级以及学生的种类而定。例如，如图 3.8（英文）和图 3.9（中文）所示，2011—2012 年的"联邦斯塔福德贴息贷款"规定研究生每年可以申请 3500—8500 美元的贷款，研究生阶段"联邦斯塔福德贴息贷款"总额不得超过 65500 美元，偿还利率是 6.8%；2011—2012 年的"联邦斯塔福德不贴息贷款"规定研究生每年可以申请 5500—20500 美元的贷款,研究生阶段的联邦斯塔福德贷款总额不得超过 138500 美元。

Annual and aggregate loan limits for Direct Stafford Loans

Year	Dependent undergraduate students (except students whose parents are unable to obtain PLUS Loans)	Independent undergraduate students (and dependent students whose parents are unable to obtain PLUS Loans)	Graduate and professional degree students
First Year	$5,500—No more than $3,500 of this amount may be in subsidized loans.	$9,500—No more than $3,500 of this amount may be in subsidized loans.	$20,500—No more than $8,500 of this amount may be in subsidized loans.
Second Year	$6,500—No more than $4,500 of this amount may be in subsidized loans.	$10,500—No more than $4,500 of this amount may be in subsidized loans.	
Third Year and Beyond (each year)	$7,500—No more than $5,500 of this amount may be in subsidized loans.	$12,500—No more than $5,500 of this amount may be in subsidized loans.	
Maximum total debt from Direct Stafford Loans when you graduate	$31,000—No more than $23,000 of this amount may be in subsidized loans.	$57,500—No more than $23,000 of this amount may be in subsidized loans.	$138,500—No more than $65,500 of this amount may be in subsidized loans. The graduate debt limit includes Stafford Loans received for undergraduate study.

图 3.8 2011—2012 学年美国联邦斯塔福德贷款数额说明(英文)

来源:http://studentaid.ed.gov/sites/default/files/your-federal-student-loans_0.pdf

学年	未独立的大学生(父母不能申请联邦学生家长贷款的学生除外)	独立的大学生(包括父母不能申请联邦学生家长贷款的未独立的大学生)	研究生和专业学位学生
第一年	5500 美元(其中贴息贷款不得超过 3500 美元)	9500 美元(其中贴息贷款不得超过 3500 美元)	20500 美元(其中贴息贷款不得超过 8500 美元)
第二年	6500 美元(其中贴息贷款不得超过 4500 美元)	10500 美元(其中贴息贷款不得超过 4500 美元)	
第三、四年	7500 美元(其中贴息贷款不得超过 5500 美元)	12500 美元(其中贴息贷款不得超过 5500 美元)	
学生毕业时所借贷款最大值	31000 美元(其中贴息贷款不得超过 23000 美元)	57500 美元(其中贴息贷款不得超过 23000 美元)	138500 美元(其中贴息贷款不得超过 65500 美元,包括本科学习期间的贷款额)

图 3.9 2011—2012 学年美国联邦斯塔福德贷款数额说明(中文)

2. "联邦学生家长贷款"

"联邦学生家长贷款"(Federal Parent Loans for Undergraduate Students,简称 PLUS)由政府担保,凡是研究生和专业学位学生或者有子女在大学学习、并有良好银行借贷记录的家长,都可以向参加此项目的商业银行申请借贷。最高的联邦学生家长贷款金额,是本学年研究生学费减去收到的任何其他财务资助的费用,其利息每年不一样,但政府规定利率不得超过 9%,属于市场"优惠利率"。例如,2011—2012 年度,联邦学生家长贷款的还款利率为 7.9%。

该贷款也要求借贷人交保证金,2011—2012年度保证金为所贷总额的4.204%,每笔贷款发放的费用,将按比例扣除。一旦联邦学生家长贷款全额支付,研究生就直接进入还款期,但是研究生或专业学位学生在读期间,贷款还款日期将顺延,直至学生毕业。

(三)"联邦直接学生贷款"

"联邦直接学生贷款"(Federal Direct Student Loan)包括直接贴息贷款和直接不贴息贷款项目。联邦教育部是这一贷款的借贷人,根据条例规定,联邦教育部每年将拨款至部分大学,学生从大学得到贷款,毕业后直接将还款交还给联邦教育部。这项贷款的借贷条件与"联邦斯坦福贷款"相似。"联邦直接学生贷款"与"联邦斯坦福贷款"相比,主要区别在于其资金的来源。"联邦直接学生贷款"的借贷人是联邦教育部,而银行、信用合作机构和其他私人借贷者都可以是"联邦斯坦福贷款"的提供者。联邦直接学生贷款的利率最高不得超过8.25%。

(四)短期贷款

在美国一些大学,所有研究生都有资格申请由大学提供的两个学期的短期贷款计划,在整个学年中贷款是免息的,以帮助学生实现资金周转。短期贷款是用于解决短期内经济困难的研究生的贷款项目。一般而言,短期贷款是满足学生经济急需的,必须在同一学年返还。另外,留学生也可以申请短期贷款。

二、哈佛大学各学院设置的贷款

(一)哈佛医学院循环贷款[①]

哈佛医学院循环贷款(Harvard Medical School Revolving Loan,简称HMSRL)来源于一些养老基金的收入,贷款人直接向基金会偿还贷款,该贷款用于资助哈佛医学院特定的学生。哈佛医学院循环贷款项目不要求贷款人填写贷款申请,学生只需要签署财政援助信并将信件交到基金会,就被视作正式开始贷款流程。若哈佛医学院的学生申请哈佛医学院循环贷款,将在第一年的8月和9月签署哈佛医学院循环贷款协议,在循环贷款协议签订后,贷款资金将直接进入贷款人的哈佛大学账户。

哈佛医学院循环贷款的贴息利率为5%,学生上学期间和和宽限期期间不计利息。哈佛医学院循环贷款不贴息的利率为6.8%,利息从贷款发放之日起算。为了尽量减少借贷成本,哈佛医学院鼓励学生尽所有可能在宽限期结束前支付利息,否则在宽限期结束时,将未偿还的利息添加到未偿还的本金余额内。哈佛医学院循环贷款宽限期是指,一旦研究生注册状态显示有超过一半时间不在学校读书,哈佛医学院循环贷款有一个时长为6个月的宽限期。

如果贷款人有以下情况之一,哈佛医学院循环贷款将获延期:学生升学,升学就读期间可以延期;获得了经批准的奖学金计划的研究生可以延期;参加经批准的登记过的康复训练计划,最多延期一年;是美国武装部队的一名成员,最多延期三年;是1973国内服务法案的志愿者和平队成员,最多延期三年;是美国公共卫生服务委托兵团的官员,最多延期三年;经过认真

① 本部分内容主要参考哈佛大学医学院学生资助手册(http://hms.harvard.edu/sites/default/files/assets/Sites/Financial_Aid/files/HMSFinAidGuide.pdf)。

寻找,但超过 12 个月的时间内无法找到工作的学生可以延期;有残疾,或者配偶残疾的学生,最多延期三年。延期期间,哈佛医学院循环贷款的利息不再累计,不需要偿还本金。

如果贷款人处于严重的财政困难时期,或者处于实习/住院医师训练时期(最长 24 个月),暂时无法进入哈佛医学院循环贷款还款计划,就可以申请将哈佛医学院循环贷款延迟期限,推延期间,本金还款将被推迟或减少,但贷款利息仍被累计,贷款人必须向哈佛大学学生贷款办公室提交书面请求。

(二)哈佛医学院沃尔夫森贷款

哈佛医学院沃尔夫森贷款(Harvard Medical School Wolfson Loan)是哈佛医学院的另一个机构贷款基金,该基金源于已故的路易·沃尔夫森博士的遗赠。沃尔夫森博士毕业于塔夫茨大学医学院,致力于帮助对医学有兴趣的研究生。在沃尔夫森博士去世的前两年,他慷慨捐助,为波士顿大学、哈佛大学医学院、塔夫茨大学的研究生提供助学贷款。

哈佛医学院沃尔夫森贷款程序也不要求贷款人填写贷款申请,学生只需要签署财政援助信并将信件交到基金会,就被视作正式开始贷款流程。与哈佛医学院循环贷款一样,哈佛医学院的学生申请沃尔夫森贷款,将在第一年的 8 月和 9 月签署哈佛医学院沃尔夫森贷款协议,在沃尔夫森贷款协议签订后,贷款资金将直接进入贷款人的哈佛大学账户。

哈佛医学院沃尔夫森贷款的利率总共不超过 7%。入学期间和宽限期期间不会收取利息。哈佛医学院沃尔夫森贷款宽限期是指,一旦研究生注册状态显示有超过一半时间不在学校读书,哈佛医学院沃尔夫森贷款有一个时长为 6 个月的宽限期。

如果贷款人的注册状态显示有超过一半时间在高一等的教育机构就读,或者作为一名实习生、实习医生或研究生(最多 54 个月),其沃尔夫森贷款将获延期。延期期间,不需要偿还贷款本金,而且停止计算利息。

(三)哈佛大学私人贷款

哈佛大学私人贷款通常以学生的经济需要为基础,用于弥补研究生学习期间的成本支付。贷款时,申请人需要注意以下事项:利率、抵押物、资金来源以及其他费用评估;利率如何计算;贷款方可以提供哪些服务;偿还贷款时本金和利息的评估;是否有还款宽限期,是多长时间;是否需要联署保证;还款的弹性机制,如最少可还多少;如果在校或其他情况下还款有困难,是否可以延期还款。

哈佛大学私人贷款项目有:

➢ Citizens 银行提供的 TruFit 研究生贷款

➢ 探索学生贷款

➢ 汉斯科姆 FCU 私人学生贷款

➢ 哈佛大学员工信用联盟提供的哈佛研究生助学贷款

➢ 联邦信贷联盟技术公司提供的 CU 学生贷款

➢ MEFA 提供的 MEFA 研究生教育贷款

➢ PNC 银行提供的 PNC 研究生贷款

➢ 罗德岛助学贷款管理局提供的罗德岛家庭教育贷款

- ➢ Sallie Mae 提供的智能助学贷款
- ➢ 社会融资公司提供的"世界粮食不安全状况"学生贷款
- ➢ 太阳信托 MEFA 贷款机构提供的自定义选择贷款、商学院研究生贷款
- ➢ 联邦联盟储蓄银行提供的联邦私人学生贷款
- ➢ 富国研究生贷款

第四章　学术规范与诚信教育

第一节　研究生学术准则

美国大学中的"独立思想"、"原创精神"是学术研究的最高价值与标准,他们已经建立起一套完整的学术诚信行为界定、维护和惩戒体系。下面分别对麻省理工学院的《学生学术诚信手册》、布朗大学的《研究生学术行为准则》、斯坦福大学的荣誉制度进行简单介绍。

一、麻省理工学院的《学生学术诚信手册》[①]

如图 4.1 所示,麻省理工学院制定了专门的《学生学术诚信手册》(Academic Integrity at MIT:A Handbook for Students),对学术诚信行为以及违反学术诚信行为的后果进行了详细阐述,以此对研究生的学术诚信行为进行约束和规范。

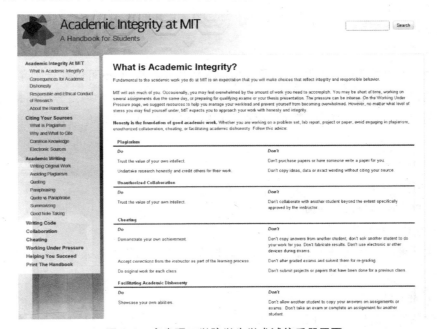

图 4.1　麻省理工学院学生学术诚信手册网页

来源:http://integrity.mit.edu/

---

① 本部分内容主要参考麻省理工学院官方网站(http://integrity.mit.edu/)。

（一）学术诚信行为

麻省理工学院《学生学术诚信手册》规定，违反学术诚信的行为有"剽窃"、"未经批准的合作"、"作弊"、"学术作假"等，从可以做（Do）和不可以做（Don't）两个方面，分别对"剽窃"、"未经批准的合作"、"作弊"、"学术作假"等行为进行了阐述。

1. 剽窃

当研究生在不告知的前提下，随意使用他人的语句、思想、数据、推论、图表等的行为，通常被视为剽窃。

（1）可以做（Do）

学生应该相信自己思考的价值，肯定别人的研究成果。

（2）不可以做（Don't）

研究生不可以购买论文或请人代笔写论文；如果引用别人的想法、数据或文章内容，一定要标注出处。

2. 未经批准的合作

（1）可以做（Do）

学生应该自己独立思考。

（2）不可以做（Don't）

在得到老师批准之前，研究生不可以与其他学生合作进行研究。

3. 作弊

（1）可以做（Do）

研究生可以展示自己的研究成果。

（2）不可以做（Don't）

研究生不可以抄袭他人的答案；不可以由他人代替完成作业；不可以编造研究结果；不可以在考试过程中使用电子设备或其他与考试无关的设备；不可以在学习过程中不接受老师的指正；不可以改变分级考试的成绩并再次提交；不可以把以前完成的作业或论文当成新的课程作业提交。

4. 学术作假

（1）可以做（Do）

研究生可以展示自己的能力。

（2）不可以做（Don't）

研究生不可以让其他同学抄袭作业或考试的答案；不可以代替他人考试或者代替他人做作业。

5. 标注和引用

为了避免学生在写作论文时被投诉、处分，《学生学术诚信手册》中对于应该如何进行标注和引用，作了明确规定。如果研究生从公开发表的学术材料中使用他人的文字、思想、推论等，则必须在所引用的文字和材料上添加引用标志，或者用自己的语言对所引用的文字和材料进行总结、概括。如果学生引用了他人的图表、数据、数字信息，也必须明确标出引用来源。

6. 抄袭与合作

麻省理工学院在学生学术诚信行为管理方面始终坚持"加强合作,远离抄袭"的原则,学院绝对禁止任何抄袭行为,无论是从"圣经"中,还是从其他网站中复制的信息,只要是抄袭行为都被视为欺骗。《学生学术诚信手册》中对抄袭与合作分别给出了指导意见。

（1）抄袭

《学生学术诚信手册》认为,"如果抄袭他人成果,你将被视为一名在学业上准备不足的学生。"对此,麻省理工学院认为"动手的能力胜过天生的能力。"《学生学术诚信手册》建议研究生应该投入更多的时间,通过习题集学习来更好地增强概念性思维,以能够更好地准备回答考题。

《学生学术诚信手册》认为,"如果抄袭他人成果,你就不是在学习。"对此,麻省理工学院指出那些抄袭他人成果超过30％的研究生,比没有抄袭行为的同学,考试失败的可能性将高出三倍。

《学生学术诚信手册》认为,"如果抄袭他人成果,你将违反学术诚信的原则。"对此,麻省理工学院规定抄袭是一种欺骗行为,告知研究生如果违背学术诚信的原则,将会影响自己和所在研究所的信誉。

（2）合作

《学生学术诚信手册》指出,"如果相互合作,你将从你的同学中学习到更多的信息。"麻省理工学院认为每个学生都拥有独特的视角、经验以及对知识的不同认知水平。研究生之间通过共同探讨和解决问题,将会有机会接触到新的方法和新的视角,有助于研究生进一步的学习。

《学生学术诚信手册》指出,"如果相互合作,你将学会在一个团队中的协作技能。"麻省理工学院认为拥有团队协作技能,是研究生进行项目研究和专业学习的基础,研究生之间相互协作,将会更容易迎接面临的挑战。

7. 其他形式的欺骗

《学生学术诚信手册》还明确规定了除了抄袭之外的其他形式的欺骗行为:擅自改动考试的等级;歪曲描述学生个人或家庭的情况;在考试过程中使用违禁的用具;随意模仿教师的签名去签署相关文件;伪造研究数据或未做研究的情况下声称已做了相关研究;自称与他人一起协作研究,但在成果中不提到合作者;协助其他学生做上述任何一项行为。

《学生学术诚信手册》指出,研究生在尝试做一些违背诚信的学术行为时应三思而后行,不要使用借口说"大家都这么做"。研究生的欺骗行为将影响自己和所在研究所的信誉,也对认真学习和研究的同学有着负面的影响。如果研究生观察到其他学生有任何违规的行为,麻省理工学院鼓励研究生将此情况报告给导师、研究生学籍管理办公室或督察员办公室。

（二）惩罚措施

麻省理工学院对研究生违反学术诚信行为的惩罚措施十分严格,包括休学或者开除。在研究生的学习过程中,所有违反《学生学术诚信手册》中规定的学术诚信行为,或者违反上课教师规定的行为都视做违规行为。研究生发生违规行为的后果是非常严重的,可能会被停课或开除。

1. 对于课堂学习中违规行为的处罚

当研究生在课堂学习中发生违规行为时,《学生学术诚信手册》规定,麻省理工学院的教师可以采取以下3种处理方法:

(1) 在班级内部处理

教师给予违规研究生在班级内部处理的决定包括:要求该生重新完成作业,并降低作业的分数;给予该生的这次作业成绩不及格;给予该生的这门课程成绩不及格。

(2) 导师向研究生学籍管理办公室提交文件或正式投诉信

如果一名研究生出现违规行为,那么他的导师可以向麻省理工学院的研究生学籍管理办公室(Office of Student Citizenship,简称OSC)写信说明该生违规行为的性质,导师提交的文件包括该生违规行为的相关材料以及课堂上的处理决定。导师可以根据该生违规行为的性质决定这封信是正式的文件,还是非正式的文件,以决定违规处罚结果是被记录在案,还是仅作为内部备注。该生的违规行为将被记录在他们的诚信档案里,诚信档案由研究生学籍管理办公室管理。当这份诚信档案递交给该生继续修读的学校或者就业单位时,正式的文件将被一起提交给第三方,其中非正式的文件部分将不被透露。当一名研究生收到麻省理工学院对于其违规行为的处罚决定时,他有以下权利:接受处罚决定,处罚文件将被添加到该生的诚信档案中;不接受处罚决定,向纪律委员会(Committee on Discipline,简称COD)提出上诉。对于研究生提出的上诉,纪律委员会将会举行听证会,在听证会举行过程中,研究生学籍管理办公室可以调阅学生以往的任何纪律文件。

(3) 导师向纪律委员会投诉

如果一名研究生出现违规行为,导师也可以向纪律委员会提交正式文件进行投诉。投诉可以是对于学生违规行为的课堂处理决定。对于导师的投诉,纪律委员会主要通过举行听证会来处理。听证会给出的处理决定包括:延缓处理、解除惩罚、开除或者其他教育制裁。

2. 对于项目研究中违规行为的处罚

当一名究生在项目研究中出现违规行为时,麻省理工学院的《学生学术诚信手册》中的处罚措施包括:降低这位研究生所研究项目的评定等级,并且该生必须重做研究项目;给予项目研究不合格的评价;终止学生进行项目研究。教师或监督者也可以提交正式的投诉文件到研究生学籍管理办公室。

二、布朗大学的《研究生学术行为准则》①

如图4.2所示,为保障布朗大学能够成为所有成员共同学习的学术社区,布朗大学制定了《研究生学术行为准则》,研究生必须严格遵守《研究生学术行为准则》的规定。关于《研究生学术行为准则》的实施细则,布朗大学有最终解释权。《研究生学术行为准则》规定,研究生的学术行为应符合如下要求:

――――――――――

① 本部分内容主要参考布朗大学官方网站(www. brown. edu)。

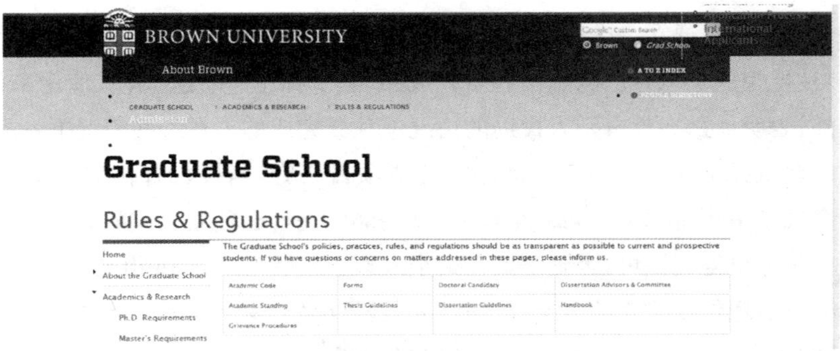

图4.2 布朗大学研究生学术行为准则网页

来源 http://www.brown.edu/academics/gradschool/academics/rules-regulations

（一）尊重学术诚信

布朗大学尊重研究生学术自由的权利和责任，同时，布朗大学也希望研究生能够以诚信来约束自己，包括在布朗大学的学习过程中、在项目研究中、在教学工作中以及在布朗大学坚持努力的那些方向上的诚信。

（二）个人诚信

为了确保布朗大学能完全致力于其学术和教育的理念，布朗大学指出研究生的个人诚信不仅体现在诚实和负责任的行动上，也体现在为那些对自己或社会有危害行为的人指出正确方向的意愿上。布朗大学希望研究生能够诚实和直率，不做出对自己或他人的安全、福利、学术或职业有严重危害后果的行为。

（三）尊重他人的自由和权利

布朗大学力求通过培养相互尊重、宽容和理解来提高研究生的个人成长意识。布朗大学重视和鼓励学生个性化的成长，同时也肯定了研究生学术生活的社会维度。作为一个对社会负责的学校，布朗大学的研究生应该在不威胁其他个人或团体的权利或自由的前提下，去追求个人自由的蓬勃发展。布朗大学致力于诚实、开放、公平的对待研究生在种族、宗教、性别、民族、性取向等方面的差异，旨在构建一个在学术、教育以及社会目的等方面充满多样性的校园环境。

（四）尊重大学学术资源

布朗大学要求研究生必须尊重大学的学术资源，因为学术资源是学校成员既得利益的资产，担负促进学校发展的专门使命。学术诚信的完整性保护和促进了布朗大学对高水平学术成就的追求。布朗大学的所有成员肩负坚持大学原则的责任，研究生都应在学习、教学、研究和写作等方面用诚信来约束自己的行为，如果知道或怀疑他人违反布朗大学的学术准则，研究生有责任举报。

（五）学术成果的管理规定

《研究生学术行为准则》适用于布朗大学的在校研究生及校友。布朗大学希望研究生能够遵守学术成果的管理规定，即使研究生不理解学术行为准则，但这也不应该成为他做出学术不端行为的借口。

任何一名研究生只要在一个主题报告、计算机程序、课程论文、测验等地方注明了自己的名字，就应该被视为这是他自己的想法和研究成果，除了标记、引用、脚注、使用来源或其他外界的帮助以外，表明他是在没有别人援助的情况下独立完成的。在某些情况下，一名导师或院系可以授权多名研究生共同努力解决问题或完成项目研究，当授权合作完成时，研究生应该明确标记研究成果中哪些部分是与人合作的，哪些部分是自己独立完成的。此外，除非事先从涉及课程的教师那里得到许可，否则不能在两个及以上的课程里提供相同的作业。如果研究生知道可能会有出现作业重叠的情况，应该事先与任课教师联系咨询。如果对某些课程的作业有疑问，研究生应该咨询导师或者教务长以避免发生学术不端的情况。

进行评估的学术成果应是研究生自主研究的，不是通过自己努力而获得学术成果的研究生是不诚实的，这种不诚实的行为违反了学术行为准则。研究生应该说实话，在任何方面对事实有重大遗漏，更改课程许可证，更改成绩单，或在申请研究生培训或就业中对事实的失实陈述，这些弄虚作假的行为都违反了学术行为准则。对不诚实行为的处罚决定包括谴责休学、辞退或开除出校。

（六）资料引用

布朗大学指出，研究生在论文写作过程中往往需要外部来源的信息或意见，引用这些外部资料应当遵守一定的学术行为准则，应在参考书目中列出所有这些外部资料。

引文和脚注引用的内容应是非常识的具体事实以及没有达成一致的内容；新发现或有争议的观点必须被归入外部资料，即使研究生用自己的语言重新表述，也应该作为特定的版本和页面引用；只要使用他人的任何部分的书面或口头的论述，哪怕只是一个短语或句子，也需要引用在引号中或使用适当的约定归属于任何部分；参考文献一般应包括作者、标题、版次和页码；使用缩进方式所引用的长于一句话的语录不需要引号，但是需要标明作者、标题、版次和页码；意译或者总结作者的文章，如果外部资料被清楚地标明出处（作者、标题、版次和页码），那么就不算是学术不端行为，但是这样的意译不算作独立研究并且可能被导师驳回。对正确的引用方法有疑问的研究生应当及时查阅引用指导或者咨询导师。

（七）版权侵犯

布朗大学规定，如果一名研究生在学术研究过程中没有遵守学术行为准则，将会降低学术研究的诚信度。同时，不正确地使用有版权的材料，可以构成学术行为准则中所指出的侵权行为。

（八）创造性工作

一名诚实的研究生不应该故意使用出版物中的不完全被承认的故事、用语、对话，包括网站、电影、录像、DVD、广播和电视节目、讲座等其他来源。作为研究生的个人创新成果，布朗大学认定其不涉及外部援助，除了来自其他人的批评。

（九）测验与考试

布朗大学规定，在书面考试中，研究生必须在不依赖除导师允许之外的任何辅助材料或工具的情况下，凭借他们的记忆、能力完整地回答问题。同时布朗大学明确指出作弊行为包括但不限于以下行为:参加有损于成绩公平和客观性的活动;找人替考;考试中使用不允许使用的材料;未经授权将考试材料据为己有;故意弃考以获取优势;抄袭他人试卷;在可回家完成的考试中,多人合作或获取非法的辅助。

(十)实验工作和作业

布朗大学要求,研究生的笔记本、家庭作业、实验报告或调查报告、计算机程序以及其他书面作业必须遵从共同的学术诚信标准。如果某项工作是与他人合作完成,或部分工作是由除作者以外的其他人分析或完成的,在提交报告的时候必须予以说明。当然,研究生伪造或虚构数据是一种学术不端行为。

(十一)选课记录

布朗大学指出,研究生可以更改课程许可,即增加或删除课程,但是,一旦被研究生培养处受理即成为正式的研究生选课记录,受理过程中将自动登记选课的日期和时间,由研究生培养处保留原件。研究生提交的选课确认单也应是正式的文件。任何以未经研究生院允许擅自改动的选课确认单作为证据,添加或删除课程,或改变成绩,或获得课程的学习资格,均将构成严重违反学术行为准则的行为。

(十二)其他违规行为

除了不正当使用或篡改上述注册文件的来源,布朗大学对学术不端行为的规定还包括一些其他违反成绩公平原则的违规行为。这些违规行为包括但不限于以下行为:在学术委员会或学术准则调查听证会上撒谎;利用商业研究机构;使用往届研究生保存的论文、报告或其他作业;将自己的或其他人的作业提供给别人使用;伪造成绩记录,不论是否毕业;已弃权的情况下未经许可获得推荐信;扣押、删除或者破坏其他人所需的学习资料。

(十三)学术准则听证会

所有涉嫌学术不端的案件都应该提交给布朗大学学术准则案件行政官,案件行政官由研究生院院长指定的教务长担任。一旦发现有违反学术行为准则的现象,教师和学生都应该积极举报违反者,以使布朗大学全体成员都感到对学术诚信肩负同等责任。

布朗大学规定,如果指控他人在作业中违背学术行为准则,指控者应该提供有问题的作业的复印件,并且要有关于违反学术准则行为的具体描述。对于剽窃,指控者应尽可能提供被剽窃原件的复印件,标记出被剽窃的短语、句子甚至段落,并且需要在被剽窃原件和被指控文本中标明剽窃的部分。对于考试,指控者应提供试卷的复印件,特别要标明提出指控的依据,并且需要解释他发现考试作弊的整个过程。其他被指控的违规行为也应当使用完全彻底和详细的细节加以记录。

所有涉嫌学术不端的案件将会被案件行政官筛选,如果必要的话也需要与涉及到的教师或专家证人进行磋商。案件行政官会决定一个案件是否需要正式听证,这样的决定并不是最终的或有约束力的决定,也可能在新证据的基础上发生变动,或者被移入审判程序。在证据不足被驳回的情况下,视为未要求一个正式的听证会,相关材料将作为机密文件继续留在学术委员会,并会在将来用于提出对违规研究生的指控。

如果经过筛选,案件行政官决定批准召开正式的听证会,应将听证会的时间、地点、证据以及可能由学术委员会提出的惩罚措施尽快通知涉嫌学术不端的研究生。如果在研究生毕业后被指控涉嫌学术不端，那么他应该与在校生同等对待，并且给予足够的通知时间，以便于离校的研究生回复。

（十四）学生权利

被指控的研究生有权咨询教师或行政顾问，为听证会做准备。案件行政官将提供给被指控研究生一份名单，名单上面的人是来自布朗大学的学生、教师和管理人员等，他们具有经验和兴趣来为听证会提供有见解的建议。行政顾问不允许出席听证会，除非作为证人。

被指控研究生有权就针对自己的违规证据进行辩论，享有提供证据或证人以支持自己的权利，还可以拒绝回答全部或部分问题，或是拒绝参加全程或部分听证会以避免自证有罪。被指控研究生拒绝参加听证会将不会影响到学术行为准则常务委员会商定处理意见的有效性，也不会影响布朗大学及其所代表的学术权威对学术不端行为施加惩罚。

（十五）惩罚措施

布朗大学学术行为准则常务委员会被授权颁布对违规研究生的惩罚措施。最常见的惩罚措施如下：

1. 斥责

如果是初犯或违规情节较轻，研究生可以重做作业或另外完成一份作业，这由课程导师或案件行政官决定。斥责的信函将会寄到研究生手中，并且会在研究生档案中留档。对于一些例外的情况，常务委员会可以投票确认是否需要在其改正之后消除斥责。评价研究生作业的责任依旧在导师手中。通常，下列事项会伴随处分：研究生档案中将会被永久记录处分；通知父母；如果之后研究生请求毕业或升学的推荐信，此次违规事件将会予以参考。

2. 失去当次作业的分数

对于大多数的违规行为，惩罚至少是失去该次作业的分数。虽然学分不会再被给予，研究生仍然可以请求重做作业或是完成另一份作业，并且可以申请继续课程的学习。通常，下列事项会伴随处分：研究生档案中将会被永久记录处分；通知父母；如果之后研究生请求毕业或升学的推荐信，此次违规事件将会予以参考。

3. 该课程不计学分

如果违规行为足够严重，可以判定为不及格，研究生必须在裁决之后立即退出该课程的学习。通常下列事项会伴随处分：研究生档案中将会被永久记录处分；通知父母；成绩单上将会注明"因违反学术行为准则而未获学分"；不予开具毕业或升学的推荐信，或者在信中写明该处分；如果推荐信在违规行为处理之前已经完成，则该信将被撤销或以适当语言补充说明该处分。

4. 休学

如果研究生严重违反学术行为准则，将导致一学期或更长时间的休学处分。通常，下列事项会伴随休学处分：研究生档案中将会被永久记录处分；通知父母；成绩单上将会注明"因违反学术行为准则而未获学分"；不予开具毕业或升学的推荐信，或者在信中写明该处分；如果推荐信在违规行为处理之前已经完成，则该信将被撤销或以适当语言补充说明该处分；终止研究生在布朗大学中所有的权利,例如布朗大学邮箱、院系邮箱、餐券、宿舍,甚至是大学各机构大楼的使用权。

5. 退学

如果研究生获得退学处分,通过工作或离开布朗大学学习至少一学期,通常是一学年或更长时间,可以获得重新入学的机会。通常,下列事项会伴随退学处分:研究生档案中将会被永久记录处分;通知父母;成绩单上将会注明"因违反学术行为准则而未获学分";不予开具毕业或升学的推荐信,或者在信中写明该处分;如果推荐信在违规行为处理之前已经完成,则该信将被撤销或以适当语言补充说明该处分;终止研究生在布朗大学中所有的权利,例如布朗大学邮箱、系邮箱、餐券、宿舍,甚至是大学各机构大楼的使用权。

6. 开除

极其严重的违规行为,或屡次违规的研究生,将受到永久开除学籍的处分。通常,下列事项会伴随开除学籍处分:研究生档案中将会被永久记录处分;通知父母;成绩单上将会注明"因违反学术行为准则而未获学分";不予开具毕业或升学的推荐信,或者在信中写明该处分;如果推荐信在违规行为处理之前已经完成,则该信将被撤销或以适当语言补充说明该处分;终止研究生在布朗大学中所有的权利,例如布朗大学邮箱、院系邮箱、餐券、宿舍,甚至是大学各机构大楼的使用权。

7. 撤销学位

如果一名研究生在授予学位后被发现违规行为,他将受到撤销学位的处分。通常,下列事项会伴随撤销学位处分:撤销所有毕业或升学的推荐信;研究生档案中将会被永久记录处分;通知父母;通知相关教师,包括系主任或论文指导教师;通知外部学位颁发机构;撤销相关课程学分;成绩单上注明"因违反学术行为准则撤销学位"。

三、斯坦福大学的荣誉制度[①]

荣誉制度是美国高校制定的一系列维护正直和学术诚信的规章制度和行为规范,以预防和约束包括研究生在内的所有学生的学术不端行为,一般包括荣誉声明、荣誉规则、组织机构、惩罚措施、违规处理程序、申诉和听证程序等内容。下面简单介绍斯坦福大学的荣誉制度。

(一) 荣誉规则

斯坦福大学的荣誉规则主要有"基本准则"、"荣誉守则"。"基本准则"和"荣誉守则"是该校研究生的基本行为规范和判定研究生学术违规行为的基本依据。

1. 基本准则

"基本准则"(The Fundamental Standard)是按照培养好公民的标准制定的学生行为规范,违反"基本准则"的行为包括:人身攻击;财产损坏,试图损害学校的财产;盗窃包括盗窃学校财产,比如路灯、家具和图书馆的藏书;伪造,例如在成绩卡上伪造教师的签名;性骚扰或其他性不端行为;向非法账户充值购买上机时间或长途电话时长;在寻求经济援助、校舍、折扣计算机

---

① 本部分内容主要参考斯坦福大学官方网站(www. stanford. edu)。

购买或其他大学福利方面提供失实陈述；滥用学校计算机设备和电子邮件；在酒精和毒品发生作用的状态下在校园驾车；通过电子邮件、电话、语音邮件向其他学生发送恐吓和淫秽信息等。

2. 荣誉守则

如图 4.3 所示，"荣誉守则"（Honor Code）是斯坦福大学学生学术诚信行为的基本准则，也是判定学生学术诚信违规行为的基本依据，是学生学术诚信行为管理的基本规章制度。

图 4.3　斯坦福大学荣誉守则网页

来源：http://studentaffairs. stanford. edu/communitystandards/policy/honor-code

（1）制定背景

"荣誉守则"最初是由守护诚信的斯坦福大学学生们自发设定的，并于 1921 年开始就由学生们自行维护。1977 年的春天，斯坦福大学学生行为规范委员会（Student Conduct Legislative Council）为了协助学生和教师更好地了解自己的权利和义务，撰写并通过斯坦福大学的"荣誉守则"。该守则的最新修订是在 2002 年。"荣誉守则"提供了一个符合校方要求的标准诚信准则，这里需要强调的是，遵守"荣誉守则"是斯坦福大学学生个人和集体的自愿行为，而不是校方强制要求的，如果没有学生自动请愿，"荣誉守则"便不能得到有效遵守。每一位斯坦福大学在读学生都同意遵循"荣誉守则"，并且每一位教师也都乐意接受这一"约定"。虽然"荣誉守则"的初衷是希望能够通过学生、教师和管理人员的自我约束来实现，但是也会采取一定合理措施来阻止违规的行为。如果发生了违规行为,惩罚的程序将依据1997年的《学生司法宪章》来设定。然而,"荣誉守则"的成效,主要取决于所有个体和集体的主动响应来预防和阻止违规行为,而不是在发生违规行为后实行惩罚的程序。

(2)具体要求

"荣誉守则"概括了学生和教师在学术诚信方面所享有的权利和义务,明确规定以下行为是违反"荣誉守则"的行为:抄袭他人试卷或允许他人抄袭自己的试卷;不准许的合作;剽窃;伪造;多重意见(一稿多投);失实陈述;不公之利;不经教师知情或同意,修改或重交测验或考试的卷子;在可带回家的考试中给予或接受不被准许的帮助;代替他人完成任务;在明知不允许的情况下就学术任务给予或接受帮助。

(3)解释和应用

➢ 第三方责任

由学生承担的首要责任是劝阻他人的违规行为,各种方法都是可行的:关注潜在的违规行为,也许会使其得到制止;道德劝说也可能是有效的。如果没有合适的方法或其他方法都失败了,那就需要启动正式程序,这是一个必要的和强制性的补救措施。当教师注意到潜在的违规行为时,他们同样有劝阻的义务。

➢ 监考

监考指的是监考人在笔试考场进行监督,但以下属于特殊情况:允许教师或教学助理最初几分钟在考场分发试卷和讲解考试规则;允许教师或教学助理前往考场,简单地传递更多临时需要补充的信息;允许教师或教学助理在考试结束时返回考场收回试卷;允许教师或教学助理接到作弊举报的时候,前往考场调查相关情况;教师或教学助理也可以为了回答学生的问题而偶尔进入考场。

➢ 不寻常和不合理的预防措施

在解释和使用"荣誉守则"时,应该考虑到这是斯坦福大学学生和教师之间的合作,使"荣誉守则"生效需要符合常规的标准程序。不合理的预防措施包括:教师不应该在学生进入考场前要求学生证明自己的身份;或提前要求上交笔记等其他材料;或对离开考场的学生继续进行检查;也不应该采取故意的措施来引诱学生发生不诚信行为。

但是,以下程序是合理的:教师需要在考试后收回卷子;在可能的情况下,所有考试都应安排轮换座位;为了避免在重评学生成绩时引起争议,教师可能需要采取措施使原先的成绩得到清楚的确认;有了明确的预先通知,教师可以系统地比较当前提交的成果或先前的评定意见;教师可以要求学生为了弥补错过的考试而给予另一场范围和难度都相当的考试。

➢ 诱导学生违反"荣誉守则"的情形

虽然学生应当具有抗拒作弊诱惑的能力,但教师也应尽力减少不诚实的利诱。教师诱导学生违反"荣誉守则"的情形包括:在有关课程要求和可接受的合作程度方面,未能给予明确指示;对学生的作业不够重视而胡乱随意处理;在维护考试安全时的粗心大意或前后矛盾;反复使用已经被曝光的或所有学生已经得到的试题;如果带回家的考试,则不应该是闭卷考试,也不应该有特定的时间限制。上述情形将诚实和认真的学生放置在一个困难不利的境地,因此审查小组可能将这些情形作为减轻惩罚的理由。

> 惩罚分级

根据1997年的《学生司法宪章》，在程序裁决之前，学生不能被假定为已经违反"荣誉守则"而受到惩罚。因此，在申诉程序完成之前，教师不会降低学生的成绩或施加任何其他的以学术不诚实为理由的惩罚。

> 教师自由裁量权

属于教师自由裁量权的内容包括：考试地点、考试的备用时间、考试的截止时间。只有得到教师的同意，考试才能放在教室外进行。

> 分级标准

学生在某门课程或独立研究的工作方面，比如考试、测验、习题集、草稿的论文、口头报告、网站、研究、课堂讨论等方面，都会形成评估和分级的标准。不论学生的学习或研究成果是否会有书面等级，也不论"荣誉守则"是否被引用或签署，"荣誉守则"都适用于所有的学生学术工作。因此，不管结果的性质或程度，任何类型的学术造假都是明文禁止的，并应始终被视为违反了"荣誉守则"。

> 重复提交作业

"荣誉守则"的主要目的之一是为了防止学生在课程学习中产生不公平情况。例如，学生在作业过程中接受到未经教师许可的帮助，或一些学生在闭卷考试前得到参考笔记而遵守"荣誉守则"的学生并未获得。"荣誉守则"规定，在不同的课程中，没有导师许可，学生不能提交内容大体相似的作业，因为教师都默认作业是单独为某一门课程而提交的。提交以前课程中完成的作业需要得到目前课程教师的批准。在不同的课程中，同时提交内容相同的作业，需要所有课程教师的批准。

（4）注意事项

在解释和运用"荣誉守则"规定的过程中，应牢记，虽然使"荣誉守则"产生效益主要源于学生和教师的共同维护，但是因为教师是学术要求的设置方，而学生是遵守方，所以教师应尽力避免自己所设置的学术要求致使诚实和认真的学生处于不利地位。教师也应该时常有所准备地与学生商谈各种事项，并积极响应学生们在这些问题上的建议。如果教师在现场未能观察到学生的违规行为，不排除教师事后将提出针对违规学生的指控，并根据"荣誉守则"对学生进行处罚。

（二）组织机构

如图4.4所示，斯坦福大学拥有严密的分工明确而又相互合作的学生违规管理的机构和组织，保证了学校司法系统的有序运行。

1. 职能部门

斯坦福大学学生处（Student Affairs）下设的社区准则办公室（Office of Community Standards），是学生违纪管理的专门机构。工作人员由司法顾问（Judicial Advisor）、司法调查官（Judicial Officer）和司法事务行政官（Judicial Affairs Administrator）组成。该部门的主要职责是教育学生应遵守学校的道德标准，即遵守"基本准则"和"荣誉守则"；代表学校管理司法程

图 4.4　斯坦福大学社区准则办公室关于违纪处理程序的介绍

来源：http://studentaffairs.stanford.edu/communitystandards

序，以公正、教育、审慎的态度及时地组织被指控学生的裁定和处罚决定的实施；努力建立司法教育框架，让更多的斯坦福人能在其中分享教育机会，讨论"基本准则"、"荣誉守则"、社区价值观、责任和诚实等事项。在处理学生违纪案件的过程中，社区准则办公室工作人员始终保持中立的立场，积极配合司法事务委员会和陪审团开展工作，为案件所涉及的人员提供尽可能多的帮助和支持。

2. 准司法系统

斯坦福大学采取准司法程序处理包括学术不诚信在内的学生违纪案件，因此该校拥有一个完整的准司法系统。该系统的建立依据以下三个原则：一是确保"基本准则"和"荣誉守则"的实施并将其作为斯坦福大学学生校园生活的核心部分；二是保证学生在建立司法政策和进行案件裁决中的核心作用；三是保护司法事务中所有当事人的权利，维护诚实和相互尊重的最高标准。该系统由以下子系统（机构）构成：

（1）司法事务委员会

司法事务委员会（Board on Judicial Affairs）由 6 名学生、6 名教师和 3 名管理人员组成。学生委员包括研究生和本科生，人选分别由斯坦福大学学生联合会的研究生学生会和本科生学生会指定；教师委员由校学术委员会的评议会指定；管理委员由教务长指定。该委员会负责审核和修订有关司法事务的规章制度，如《学生司法宪章》、"学生行为处罚规则"等，并且上述权力由该委员会独有。

（2）陪审团联盟

陪审团联盟（Judicial Panel Pool）由学生、教师和管理人员组成，人数不少于 30 人。陪审团联盟人选产生方式与司法事务委员会人选产生方式相同。目前，斯坦福大学的陪审团联盟共有 70 名成员。

（3）初审陪审团

初审陪审团（Judicial Panel）由 6 人组成，其中 4 人是学生，2 人为教师或管理人员。陪审团主席由学生担任。在审理有关学术诚信的案件时,初审陪审团成员中必须含1名教师成员。经社区准则办公室确定的正式指控案件须由初审陪审团审理。初审陪审团的职责主要有:一是审核由司法调查官立案提交的违反"基本准则"和"荣誉守则"及其他学校政策的指控;二是确定受指控的违规行为是否存在;三是针对存在的指控确定适度的处罚;四是听取指控方和被指控方关于未被司法调查官立案提交的指控的证据和争论,一经查实,初审陪审团有权命令司法调查官立案。

（4）终审陪审团

终审陪审团(Final Appeals Panel)由6人组成,其中4人是学生,2人为教师或管理人员。与初审陪审团不同的是,无论是否有关学术诚信的案件,终审陪审团都必须包含至少1名教师。同一案件的初审陪审团成员不得作为终审陪审团成员。当被指控的学生就初审陪审团的处罚结果提出申诉时,社区准则办公室即组成终审陪审团对案件开展进一步审理。终审陪审团的职责主要有:一、否决申诉;二、将案件打回初审陪审团重审;三、召集新陪审团会议,对案件进行重审;四、减轻处罚;五、解除最初的指控。

（三）惩罚措施

如果学生违反"荣誉守则"、"基本准则"或其他现行的学生管理规定或政策,按照斯坦福大学的"学生行为处罚规则"(Student Conduct Penalty Code)的规定,对违纪学生采取处罚措施,由负责审理案件的司法陪审团按照学生违规行为的性质和严重性、犯错的动机和先前的类似案例,对过错人施以某种处罚措施或是几种处罚措施的组合。具体的惩罚措施如下:

1. 正式书面警告

司法委员会会给违规学生一个正式的书面警告。如果之后该学生被发现犯任何其他违规行为,司法顾问应在学生收到关于先前违规行为的正式警告的审议阶段告知司法委员会。

2. 试读

司法委员会允许有过错的学生试读一段时间,在此期间该惩罚或其他应该延缓。试读的时间、学期或条件,以及试读理由都应该由审理该案件的司法委员会以书面形式告知学生。

在试读期间,如果试读者被审理其他违规行为的司法委员会发现他犯有其他方面的违规行为,试读状态将自动取消,延迟的处罚自动恢复,立即生效,除非该司法委员会认为后续的违规行为微不足道或与先前导致试读的违规行为无关。试读成功以后会取消之前的惩罚。

如果司法委员会决定对学生的后续违规行为实施惩罚,可以采取与原有惩罚并罚、加重原有惩罚或者独立惩罚等惩罚方式。

3. 剥夺权利和特权

司法委员会可以在一段时间内剥夺违规学生的权利和特权,包括但不限于以下方面的权利和特权:参加校际活动,包括体育竞赛;服务于责任岗位;使用大学设施,例如图书馆、体育馆等。

4. 资金赔偿

违规学生可能会被判一个合理的经济惩罚以赔付因违规行为给学校、个人或所属学生团体造成的实际经济损失。违规学生将收到一份关于实际经济损失的文件,并且学生赔付的资金将仅被用于赔偿那些遭致损失的个人或组织。罚款的具体金额由斯坦福大学进行评估,以支付调查和裁决的相关费用。如果违规学生没有按时赔偿,可能会被处以停课处分,直到支付了所有费用为止。

5. 社区服务

违规学生可能会被判在斯坦福大学或校外公共服务中劳动数个小时。

通常,社区服务将会被限定在斯坦福大学校园设施和组织中。校外的社区服务可能在某些案例中被使用,但必须与教育、慈善事业或公共服务组织相关。由司法顾问负责监督学生的社区服务工作进程,如果学生能够令人满意地完成社区服务工作,司法顾问将以书面确认函的形式进行确认。如果违规学生没有完成社区服务,则可能会被判停课。

6. 延迟颁发学位

司法委员会可能会对违规学生推迟一段时间颁发斯坦福大学的学位。

7. 停课

违规学生将被停学一段时间。停课期间,该学生的所有权利和特权将被暂停,包括但不限于:上课;使用图书馆资源;使用任何校园里的其他非公开设施;获得课程的学分;参加任何学校活动,或担任任何学生组织的任何职务,不论是任命的还是选举的;居住在学生宿舍;参加校际体育比赛等方面的权利。

如果学生正处于停学状态或未来一个学期将被停课,他还是要受到学校管理学生行为的有关条约限制,因为此时他仍然具有本校学生的身份。

8. 有条件的停课

指学生经历了一段不确定时期的停学后再次申请的停课。在有条件的停学期间,学生向原司法委员会请求复学,该请愿由司法委员会批准决定。

9. 开除

开除意味着将终止违规学生的在校学生身份,并将取消该生附属的所有权利和特权。

10. 针对违反"荣誉守则"的学术处罚

学生违反"荣誉守则"时,只有其导师能对其实施学术处罚。其中包括取消该生某门课程或某场考试的全部或部分成绩或荣誉,作废该生论文或其他项目要求。但是,对与学生违规行为无关的课程或项目,导师无权处罚。

11. 教育

教育是指学生必须完成特定的教育课程、研讨会、工作坊或项目。例如,开展有关道德规范的课程、性骚扰研讨会或针对酗酒吸毒等行为的教育活动。又比如设立一个如何在写论文时进行正确引用或如何应对压力的工作坊。处罚应该有针对性,明确学生到底该完成的任务是什么。学生通常会被安排在学校的课程、讲座、工作坊或项目中,然而,学生也应该经历条件比较艰苦的环境,此时他们需要向司法顾问上交一份校外课程申请并得到允许。

如果负责人员对于学生完成校外课程的情况表示满意,学生将获得证明书。司法顾问应时刻监督学生,督促他们取得进步。

（四）违规处理程序

按照斯坦福大学《学生司法宪章》(Student Judicial Charter of Stanford University)的规定，该校学生违规行为处理的程序概括如下：

1. 提交投诉材料

学生违规行为的处理程序首先是教师、学生或管理人员向社区准则办公室提交有关违背"基本准则"、"荣誉守则"和学校其他行为准则的正式投诉材料。投诉材料必须在投诉所依据的证据被发现的 60 日之内提交。

2. 司法程序指导和调查

司法指导者作为中立方为指控双方提供司法程序的指导，并向他们提供能给予帮助的司法顾问(Judicial Counselor)的名单。司法调查官就指控案件调查取证，根据实际情况确定是否正式立案，或将案件转介相关部门处理。如果学生对其投诉未能正式立案存有异议，那么他可以要求成立初审陪审团介入审查，一经查实，初审陪审团即有权指示司法调查官立案。

3. 立案审理

正式立案的指控均由初审陪审团审理。在初审陪审团听证会上，司法调查官向初审陪审团提交所有相关证据。司法指导者出席听证会，负责会议记录，并回答有关司法程序的问题。

4. 审理结论

初审陪审团达成审理结论，或撤销证据不足的指控，或确定违纪行为是否存在。如果确实存在违纪行为，初审陪审团会依据判例和"学生行为处罚规则"酌情判以处罚。当处罚决定为"开除"时，案件交由教务长审核，教务长可以支持初审陪审团的处罚意见，也可以施以较轻的处罚。

5. 书面通知

被指控学生须在处罚决定一周之内接到书面通知。司法指导者可就处罚事宜向学生提供指导和帮助。

6. 提出申诉

学生可在接到处罚通知的一个月内对初审陪审团的决定提出申诉。司法指导者组织终审陪审团复议，形成最终处罚决定。

（五）申诉和听证程序

1. 学生申诉制度

如图 4.5(英文)、4.6(中文)所示，斯坦福大学《学生司法宪章》中规定，在合法权益受到侵害时，学生有权依照法律的规定提出申诉和请求处理。学生申诉制度的流程如下：

（1）与司法顾问会面

学生首先会被安排与学校司法顾问会面，学生就自己的指控及相关问题进行咨询，司法顾问将与其一起讨论相应的权利与义务，并给予其专业帮助。

（2）参与调查

学生有权要求与司法顾问一同参与调查。

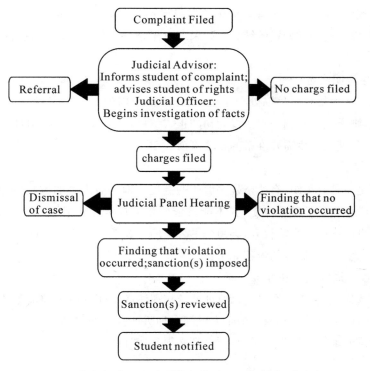

图 4.5　斯坦福大学学生违规行为处理程序规定（英文版）

来源：http://studentaffairs.stanford.edu/communitystandards/process/what-happens

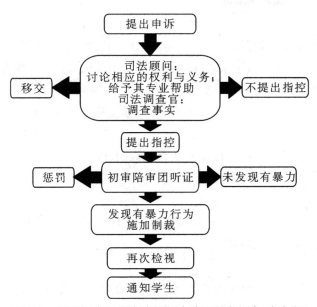

图 4.6　斯坦福大学学生违规行为处理程序规定（中文版）

（3）书面或口头申诉

在调查过程中，学生可以写解释信来陈述自己不处罚的理由，也可以向司法官口头申诉来为自己辩解，以免遭到被处罚的结局。如果理由充分并具有说服力，学校会撤回对学生的处罚决定。

（4）向学生说明决定

如果司法官认为指控不足以处罚学生，会作出不予以处罚的决定；如果司法官认为指控足以处罚学生，则学生会收到一封予以处罚的正式信件，并会安排听证，信件中会注明所需要的证人、听证的日期及学生需要准备的相关事项。

2. 听证制度

听证制度是一种有组织、有严格程序形式的制度。即在做出譬如淘汰、不予核发毕业证、学位证等影响学生权益的重大决定时，不能只依照相关规定和证据而片面的认定事实，也不能剥夺学生为自己辩护的合法权利，必须公平公正的听取学生的意见。斯坦福大学的《学生司法宪章》中规定高校听证制度的流程如下：

（1）在指控三周内安排和准备听证

学生可以选择直接听证、通过电话听证或依靠司法陪审团在听证前准备的书面陈述和证据文件听证。学生可以请律师或其他个人顾问参加听证会，律师或者个人顾问有责任提出支持学生不被淘汰的证据。原告、被告和证人都必须参加听证会。

（2）听证

听证会类似于法庭审判，学生可以申请初审陪审员回避，陪审团主席主持听证，陪审团中必须有半数及以上的学生成员。陪审团将向学生提问，学生也有机会提问和陈述，证人可能被陪审团、司法官以及原告和被告提问。

（3）审议决定

如果陪审团判定学生被处罚，学生可以向陪审团讨论请求从轻处罚。学生需要在听证前提供宽大处理的相关申请理由，如被处罚将影响实习、毕业以及将来工作等，以供陪审团参考。

（4）裁决处罚

陪审团再次休会进行裁决处罚，在审议结束后，学生将被通知最后是否被淘汰的决定。

3. 仲裁制度

斯坦福大学《学生司法宪章》中规定的教育仲裁制度的处理程序分为非正式程序和正式程序。

（1）非正式程序

非正式程序比较简便和快速，一般在半个月左右即可解决，主要由学生与所在院系的研究生教务长和双方仲裁人共同协商。

（2）正式程序

正式程序比较复杂且持续时间稍长，它要按照教育仲裁机构的制度选出双方都认可的仲裁人，并向其提供所有的报告和文件等，等待仲裁人做出决定。

第二节　研究生学术行为规范

一、对学术欺诈行为的解释与说明

（一）哈佛大学关于滥用资源和抄袭的解释与说明[①]

哈佛大学在《学生论文写作指导手册》中对滥用资源和抄袭进行了明确的解释与说明。

1. 滥用资源的几种形式

（1）虚假论据

如果哈佛大学的学生需要论证一个想法的正确性时，尤其是这个想法需要在几天或几个小时内求证，学生可能不得不捏造虚假论据来支撑自己的想法。例如，学生可能忽略掉不利于论证的论据，但有时这种论据也可能被更严重的误用、断章取义或是误导性的摘录。

（2）协作不当

有时会发生两名学生提交雷同的书面作业的情况。哈佛大学认可学者们在科学研究方面进行协同工作，但是，这些学者必须承认其他参与者的贡献，并在已经完成的文章中注明参与者的名字。同样，哈佛大学要求学生在与他人合作完成项目的过程中，必须提交单独的论文，同时在自己的文章中通过说明鸣谢合作人员。

（3）双提交

哈佛大学要求学生已提交给某门课程的所有成果仅用于该课程。如果将同一成果用于提交任何其他课程，必须事先获得导师的书面许可。如果同一成果提交超过一门课程，也必须事先获得所有参与课程导师的书面许可。如果学生未经事先许可就将相同成果提交超过一门课程，那该生将被退出课程。哈佛大学要求，学生切勿在咨询导师之前就自己做决定，将同一成果提交超过一门课程。如果导师许可学生进行双提交，他们可能会要求该生做一个比其他学生更长的论文。

（4）教唆抄袭

哈佛大学规定，如果一名学生帮助另一名学生，不论是让该生复制自己的论文，还是将他人的论文卖给该生，这些行为都会受到学院的纪律处分。如果另一名学生在论文上向该生求助，哈佛大学建议应通过引导的方式，让学生产生自己的想法。

2. 抄袭

（1）抄袭的界定

哈佛大学对抄袭进行了明确的界定，即抄袭是故意省略信息的来源，直接将他人的思想或文字作为自己论文的一部分。哈佛大学将抄袭行为定义为撒谎、欺骗和偷窃。哈佛大学指出，学生抄袭实际上是偷窃思想产物，但他们却还撒谎和欺骗，声称是他们自己的作品。

（2）抄袭的严重性

哈佛大学认为，抄袭事件的严重性因情况而异。有时候，学生没有认清抄袭的范畴，明显从

[①] 本部分内容主要参考哈佛大学网站（http://www.fas.harvard.edu/~histlit/forms/SeniorThesisGuide 2010.pdf）。

其他作品中挪用了一些生动的、富有生气的短语。有时候,学生从容地抄袭整个作品,因为他们根本不关心这门课程,或者是不愿意花任何时间。然而,大多数情况下,抄袭者开始时是以良好的心态来对待,但由于没有剩下足够的时间做阅读和思考,后来只是想把整个事情完成而抄袭。

（3）抄袭的形式

哈佛大学认为,抄袭现象可能会出现在任何形式的作业中,从两页的习题集到长达 20 页的研究论文。比较常见的是批量的复制,尤其是在较长的论文中;零碎的抄袭是指学生融合了其他人和自己的想法,或者把从几个来源的文字和思想混拼一起,或融合了正常的来源和学校上课使用的东西。在论文中,抄袭通常采取以下形式:

➤ 未标明引用的想法

除非是学生自己的想法,否则都需要注明引用。

➤ 未标明引用的结构或组织方式

为了进行某个主题研究,抄袭他人独特的知识结构或方式（尽管与抄袭来源使用不同的表达）。

➤ 未标明引用的信息和数据

常见的对各种信息的抄袭内容主要是对一个话题的历史背景的细节抄袭,或以前的工作流程的细节抄袭等。

➤ 没有使用引号而直接引用原文

学生在论文写作过程中,将信息来源用在句子中但没有使用引号,就构成抄袭。

3. 滥用资源和抄袭的后果

对于学生滥用资源和抄袭的案件,由哈佛大学研究生院院长等人组成的行政委员会处理。在考虑证据和个人阐述的情况下,如果大多数行政委员会成员认为学生滥用论文,那么将进行投票表决,表决一旦通过,学生将被要求休学至少两个学期,同时由于表决立即生效,学生将失去那学期已修课程的学分,以及之前的所有付出。而后,学生必须离开校园,找到一个全职工作且工作至少 6 个月,并给上司上交一份使之满意的答卷。根据工作表现,由其上司出具一份声明,以证明该生愿意且能够返回哈佛大学,并交由哈佛大学行政委员会讨论,直到被行政委员会重新接纳。在返校后,该生可能会被要求完成一系列的课程并练习如何引用文献,按要求写作论文。最后,在为该生出具的任何升学或就业方面的推荐信时,哈佛大学将代表包括研究生院和该生所在学院出具报告,来证明该生已经改正学术上的不诚实。通常情况下,如果该生第二次因为学术欺诈问题被要求休学,将不会再被哈佛大学重新接纳。

如果哈佛大学行政委员会发现学生滥用文献的来源,该生可能会被留校察看,并由行政委员会指定时间进行审讯。虽然警示处分不会出现在学生的最终成绩单上,但这也算是一个正式的纪律处分方式,仍然会出现在该生的哈佛大学档案中。如果学生继续攻读其他学校,许多专业和研究生院均会要求哈佛大学声明申请人是否已经有过类似处分。

4. 如何避免滥用资源和抄袭问题高频发生

哈佛大学认为滥用资源和抄袭问题的高频发生存在一定的规律。滥用资源的学生,通常都是打算写一个高水平的论文来展现自己的思想,但从不愿意自己亲自动手去写,这样的话就容易让学生陷入一种尴尬的境地,要么是粗心大意而误用资源,要么相信除了滥用资源而别无他法。

哈佛大学行政委员会对那些希望拥有良好成绩记录的学生,提供了一些避免滥用资源和抄袭问题高频发生的建议:学生不能够将撰写论文的工作留到最后一分钟。不要使用论文的间接引用来源,除非学生被要求或明确允许;不要试着以抄袭或是不合法引用的方式撰写论文;不要完全依赖于单一的间接引用资料的信息或研究论文;如果学生在写论文的过程中思维枯竭或进入最后的上交期限,请不要向其他学生借用论文,应集思广益并引发一些自己的想法;不要使用借来的笔记写论文,因为没有办法知道笔记内容的准确来源;不要在另一门课程上重复提交论文,即使是论文的部分内容,如果是一定要这么做,应先得到两个任课教师的书面许可和高级导师或院长助理的许可。

(二)其他高校关于学术欺诈行为的解释与说明

科罗拉多大学认为,学术欺诈行为包括作弊、抄袭和盗用试卷、论文、计算机程序以及其他由教师专门发布的材料。在科罗拉多大学,如果一名学生被指控学术欺诈,那么该生在接受一名教师提出的指控或要求举行听证会之前,会由一个学生小组负责对学术欺诈学生进行指责并作出处理决定,另外,除了教师会给予的学术制裁措施以外,做出学术欺诈行为的学生还面临着由学校道德类荣誉委员会做出的被强制驱逐出校园的决定后果。科罗拉多大学博尔德校区在学校网站中提出了由学生自己制定、自己经营的"诚信守则","诚信守则"规定学生不能抄袭、作弊或获得未经授权的学术材料,学生应该建立自己独立完成学术研究的信任。在学术诚信方面,科罗拉多大学博尔德校区按照"诚信守则"的规定处理学术欺诈的指控和实例,教育大学社区的所有成员。[①]

弗吉尼亚大学指出,抄袭是指一个人所构思的文字或思想变成了另一个人所有,抄袭侵犯了他人的署名权,是知识产权盗窃或诈骗的一种形式。最常见的抄袭形式是,原作者的话在没有引用或是明确标明原作者来源的情况下,被整句地插入到抄袭者的文章中。除此之外还有许多其他形式的抄袭,包括代笔和演讲写作等。弗吉尼亚大学的学术剽窃检索网站提供了抄袭检测软件,即 WCopyfind。如果任何人认为某篇文章可能包含有剽窃的内容,可以迅速通过这个免费软件来进行检查。WCopyfind 能够提取出文件的文字部分,并能设定匹配词或短语的最小长度,当它发现两个文件相似性达到一定程度的话,对于这些相似的短语,将生成HTML 报告文件。[②]

作为"大学心脏"的图书馆也对学术欺诈行为进行了明确的解释和说明,美国大学的图书馆大多开辟专门网页介绍抄袭的定义、具体表现和识别标准,对什么是学术欺诈行为进行反复解释与说明,并指出学术欺诈行为或学术不诚实行为在美国是一个非常严重的过失。比如,宾州大学图书馆在主页上有专门的"信息素养和你"的专题培训,其中第九部分"合理使用信息资源"详细介绍了抄袭的相关内容,有针对学生的"抄袭与你"培训课程,明确告诉学生什么是

---

① 本部分内容主要参考科罗拉多大学官方网站(http://www.colorado.edu/)。

② 本部分内容主要参考弗吉尼亚大学官方网站提供的信息(http://plagiarism.bloomfieldmedia.com/z-wordpress/)。

抄袭,详细说明为什么抄袭是不道德的,分析了学生抄袭的常见借口,以及对抄袭的处罚等;也有针对教师的"抄袭检测和预防指南",强调教师要向学生解释什么是抄袭以及抄袭的严重后果,并介绍了检测抄袭的一些判断经验和软件。[①]

二、对正确引用文献的介绍和培训

在详细说明何谓抄袭及其严重后果的同时,美国高校非常注重对如何正确引用文献进行详尽的介绍和培训,美国各大学及图书馆网站也给出了避免抄袭的最佳途径——"如果怀疑,就引用",即正确引用文献,对何时引用以及如何引用文献作出了详细而明确的说明。

(一) 普林斯顿大学的五项基本原则[②]

如图 4.7 所示,普林斯顿大学的学术诚信网页,对"何时引用"提出了五项基本原则:

1. 引用

当逐字使用他人文献时,必须放入引号中,并注明来源信息的精确内容。

2. 转述

即用自己的语言重述别人的思想或想法,不必使用引号,但必须说明信息来源。

3. 概述

即用自己的语言简要说明别人的思想和想法,必须注明来源。

4. 事实与数据

在研究中需要寻找事实或数据支持自己的论点,必须注明来源。

图 4.7　普林斯顿大学关于怎样正确引用文献的网页

来源:http://www.princeton.edu/pr/pub/integrity/pages/cite/

[①] 本部分内容主要参考宾夕法尼亚大学图书馆网页(http://www.libraries.psu.edu/instruction/infolit/andyou/mod9/plagiarism.htm)。

[②] 本部分内容主要参考普林斯顿大学学术诚信网页(http://www.princeton.edu/pr/pub/integrity/pages/cite/)。

5. 补充资料

在较长的研究论文中,如果无法将所有的信息或想法在文章和研究中体现,在这种情况下,插入一张附录提供补充资料。

(二)哈佛大学对于文献引用的明确规定[①]

如图4.8所示,哈佛大学在《学生论文写作指导手册》中,对文献引用做出了明确的规定。

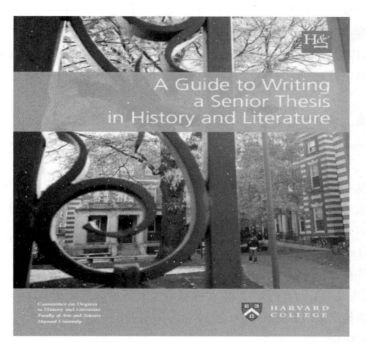

图4.8 哈佛大学对学生论文写作的指导

来源:http://www.fas.harvard.edu/~histlit/forms/SeniorThesisGuide 2010.pdf

1. 脚注或尾注风格

为了减少注释条目的数量,哈佛大学要求学生用统一的参考号码来表示多个来源,但必须清楚地表述来源涉及到哪些部分的句子。第二次或者之后的引用中,学生只需要给出作者的姓氏和页面。如果学生使用了一个作者的很多资源,可以使用缩写标题。

2. 人文的文本样式

如果引用资料有两个作者,请在每次引用时都引入两个作者的名字;如果引用资料有三到五个作者,第一次引用时需要引用所有作者的姓名,在后来的引用中只需要引用第一作者的姓名,后面加"等";引用有六个及以上作者的资料时,从一开始就可以引用第一作者的姓名,之后加"等"。

如果引用资料的作者是一个很长的机构名,第一次引用时需要引用全名,后面用方括号括起来的组织名缩写,以后就引用这个缩写。如果引用资料没有作者,那就使用一两个标题的

———————————

① 本部分内容主要参考哈佛大学官方网站(www.harvard.edu)。

缩略词作为引文。

如果学生从资料中使用图示、图表或表格,需要对相应项目标明图表名称、表格编号、标题以及其他必要的解释,那么将引用放在下方;如果学生是直接复制的,以"资料"或"来自"开头;如果是重绘的,以"重绘自"开头;如果是修改的,哪怕只有很小的改动,也要以"修改自"开头,然后给出名称、出版日期和页码,在学生的引用列表里要包含这些资料。

3. 科学文献的编码规则

哈佛大学要求,基于学生所引用的顺序,给所有资料编号,并且在后文中使用引文编号。如果可能的话,将它们放在句子末尾,或者放在有必要清楚说明的地方。如果引用多个资料,则按照重要性降序排列。

(1)书

如果标题页上表明学生正在使用非第一版之外的版本,应在标题显示之后立即写明指定的版本,比如"第二版"或"再版"。如果某本书卷的出版商、地方或日期等信息缺失,那么就用缩写"n. d. "或"无日期"标明。

(2)在编辑集中的文章、摘录或作品

如果学生引用整本书,在这种情况下引用的名称,简写为"编辑"。如果不是引用整本书,那么应按照作者列出的这些资源排序,而不是按照编辑者排序。

(3)在杂志或报纸上的文章

对于报纸或杂志,不要放入卷号。如果文章是一篇社论,标题后括号内加上"社论"。如果是记者采访,引用其中受访者的名字,应在标题后面给出采访者的名字;如果没有标题,应在"采访"单词之后给出采访者的名字。

(4)其他文章和短篇

对于档案中的信和文章,应将一个已归档项目的标题加上引号。如果论文已经发表或部分发表,那么把它当作一本书,写下大学和年份。

(5)其他书籍

如果引用法律案件,应列出案件列表标题、数量和缩写名称、起始页、卷号、法院判决的情况、年份等。如果引用音乐录音,学生应该列出导演或演员列表,而不是作曲家,并写明出版商和年份。如果引用电影和视频,应列出表演者或导演的列表,而不是标题。

4. 引用电子媒体

哈佛大学规定,学生在引用电子资料时必须以 APA、CBE 或是 AYP 等格式作为开头,同时标明作者的姓名、出版日期、标题以及所有的相关书籍。如果学生引用的是笔记或者 MLA 形式,那么应该将文章的标题放在中间,随后附上日期,在方括号中注明资料的来源媒介。如果是从相关的信息服务器或数据库中获取的资料,必须给出服务器名称或数据库名称、相关目录、文件名或项目编号。如果是来自互联网上的资料,必须给出资料的相关网络地址,包括所使用的网络、资料的主机地址、目录地址、文件名,此外必须使用斜线来分割网址中的关键字。对于网络上的电子文本,如果学生找到 FAQ 格式的相关资料,同时附有编写者信息的话,则可以引用相关资料,否则就只能引用标题。如果学生无意中发现被引用的资料是在网络

国外高校研究生事务管理实务

贴吧中由讨论者所发布的,那么最好的方法是让发布者以个人邮件的形式将资料寄给自己,这样就可以将它引入到自己的论文中。

5. 技术性细节

哈佛大学规定,如果学生在论文中引用网络上的文章,那么必须给出文章的长度。如果学生需要引用一篇长文档中的特定段落,那么必须给出相应的段落号或行号。如果学生引用的资料已被修改或者已经被更新,那么必须给出它最近一次更新的日期,并且要标明自己引用时的日期。

第三节　研究生学术诚信教育

一、宾夕法尼亚大学的学术诚信教育

(一) 学术诚信周[①]

如图 4.9 所示,宾夕法尼亚大学在每年开学之际,都会举行"学术诚信周"活动。在"学术诚信周"内,学校会开展专门课程、专题讲座等形式丰富的诚信教育活动,以吸引文化组织、运动队等各种学生组织积极地参与,让每位新生在签署保证书的时候阅读学术诚信条例。学校

图 4.9　宾夕法尼亚大学学术诚信周新闻网页

来源:http://www.upenn.edu/pennnews/current/node/1094

① 本部分内容主要参考宾夕法尼亚大学学术诚信周新闻网页(http://www.upenn.edu/pennnews/current/node/1094)。

还会邀请专家以及成功人士举行讲座和讨论，与学生分享他们对诚信的独特见解和亲身体验，比如，邀请《费城问询报》的前商务总监斯蒂芬·穆林作关于"诚信是一种终身的关注"的主题报告。此外，学校还通过网站、宣传短片和定期出版科研诚信刊物等灵活多样的形式开展学术诚信的宣传教育活动，将诚信观潜移默化地融入到学生的精神之中。

（二）外卡顿学习资源中心的学术诚信教育活动

宾夕法尼亚大学的外卡顿学习资源中心（Weingarten Learning Resources Center）在网络信息获取、避免网络剽窃、第一手材料阅读等方面开展了学术诚信教育活动。

1. 网络信息获取教育[①]

外卡顿学习资源中心认为，如果学生能记住一些基本的问题，那他就能免受不良信息的侵害。为了有效地判断网络空间信息的可靠性，在浏览网络信息时，学生应该记住以下问题：这个作者是可靠的吗？匿名帖子的作者能提供他的电子邮件地址来证明其可靠性吗？这个作者的所属机构是什么？这个信息是否能经受住一个被承认的团体、学会或社会同行的审查？提供信息的网站能被联系上以进行确认吗？网站是否有电子邮件地址？网站上是否注明有审查机构？网站是否能提供书目材料？网站与被承认的权威机构有联系吗？网站更新的最后时间？

外卡顿学习资源中心提醒学生，不要受那些特定的网站所表现出的炫目效果或高科技影响，许多学术性质的网站只是作为一个文本信息平台，应警惕地处理网络信息。

2. 如何避免网络信息剽窃[②]

为了避免网络信息剽窃，外卡顿学习资源中心提出如下建议：

（1）早点开始写论文

很多时候剽窃都是因为时间耽搁或者没有时间整理造成的。学生应把论文时间标注在时间安排表上，制定论文分段完成的时间计划，这样就可以在学期中提前准备，在固定的时间完成计划的论文部分。

（2）列出浏览过的网站

学生应把和论文有关的网站都记下来，准备一份复印件和一个光盘备份，保证万无一失。此外，很多网站都附带有收藏夹功能，可以用来保存用过的网站痕迹。

（3）在文稿中强调直接引用的部分

学生可以在文稿中先标明参考的部分，后面再进行标注直接引用的部分，这样可以确保每一部分都有来源。

（4）学会运用本学科的标注风格来进行恰当的标注

不同的学科有有不同的标注风格。学生应咨询教授本学科的标注风格，在标注的时候选用合适的标注风格。

（5）反复核对论文标注的地方

为确保引用正确，在上交论文之前，应反复核对论文标注的地方。

---

① 本部分内容主要参考宾夕法尼亚大学外卡顿学习资源中心网站（http://vpul. upenn. edu/lrc/）。
② 本部分内容主要参考宾夕法尼亚大学外卡顿学习资源中心网站（http://vpul. upenn. edu/lrc/）。

3. 第一手材料阅读教育①

阅读第一手材料需要读者有能力自己提取文章的重要之处。为了帮助学生有效阅读第一手材料，外卡顿学习资源中心提出，在开始阅读之前，学生应问自己对这个材料知道什么？自己想从材料中获取什么？在阅读过程中，学生应试着用批判的眼光去阅读，问自己这些问题：作者说什么？作者暗示什么？作者假设了什么？这个论点可靠吗？作者是如何论证这些观点的？阅读结束后，学生应花一点时间再审视一下，问自己如下问题：能用简单的语句描述作者的观点以及他的论据吗？能把作者的观点延伸到其他情况吗？读的内容是如何影响自己的论文框架的？什么问题使自己待在这个课堂里？如果开始讨论这个短文，自己会问什么问题？

二、其他高校的诚信教育活动

（一）弗吉尼亚大学的考试自治②

弗吉尼亚大学的考试自治历史已长达 160 年之久，学校通过设立荣誉法则鼓励学生自治，学生加入学术诚信组织后，将全程参与学生诚信案件的举报、调查和处理。弗吉尼亚大学实行无监考的诚信考试，由学校荣誉委员会监管。荣誉委员会下设执行委员会，由各学院代表参与，学生制定荣誉制度，并履行职责。学生向学生代表举报，学生代表组成调查小组，对举报进行调查，学生荣誉主席做出裁决。通过学生考试自治，可以使学生在监督、调查和处理他人的学术不诚信问题的同时，自己形成维护校园学术诚信的责任心和自律意识。

（二）耶鲁大学校长给学生的公开信

耶鲁大学通过校长 Mary Miller 给全体学生的一封公开信，对学生进行诚信教育。公开信的全文内容如下：

"亲爱的同学们：

学术诚信，虽然已经被提及多次，但是作为一个学术社区的成员，我们仍然要时常去思考它。开放日已经过去，而你们中的大多数人也将提交你们的论文、实验报告或者问题集。我希望你们花一些时间去识别和使用那些能帮助你们理解学术诚信的资料，并思考耶鲁为什么要花费那么多精力整理和制定这些资料。

每个学期，执行委员会总能听到一些涉及剽窃的丑闻。有时是学生太匆忙地上交论文而忘了引用那些资料，有时是因为学生不知道怎么样正确地引用。作为大学生，你们将会使用到高中所用不到的资料，你们也会学习到对你们来说是全新的课题。你们的知识和学术技能都会增长，你们也将会从你们的导师那里学到一些新的方法去引用你用的材料。以下是一些指导守则，也希望你们能牢记在心。

你需要在论文中引用所有用到的资料，包括手稿，并且在每次需要引文的时候都重

---

① 本部分内容主要参考宾夕法尼亚大学外卡顿学习资源中心网站（http://vpul.upenn.edu/lrc/）。
② 马莉.《美国高校诚信教育特点及启示——以英语专业大学生诚信教育为例》[J]. 征信，2012(5).

复注明引用。

如果是原文摘录,必须使用引号将所有引文包含在内,并且要在脚注中标明引文的出处。

如果不是直接引用而是复述,你也应当标明所复述内容的原出处,否则也将视为抄袭。

在论文或其手稿的最后附上所有参考资料的列表。

不能在不同的课程中提交一模一样或基本相同的论文,如果两个课程的论文主题正好一致,学生需要向导师申请获得使用同一论文的书面许可。

和你的同伴合作有时可以帮助你把握材料,比你自己独自完成要好,你的导师也可能会要求你和其他人在某个课题上共同合作。但也有一些时间你需要自己完成工作,或者做一些需要管理学术不正的工作。如果你正在和别人合作,请确认你的导师是允许你这样做的,并且还要小心不要假定这次的合作会成为下次的合作。无论何时你都应该抱有疑问——你是在解答问题集,还是做实验报告,还是测验,还是论文写作——多问问你的导师。

当你对如何正确地引用资料,以及如何保持学术诚信有疑问时,你的导师总是你的第一个咨询对象。同时要记住,告诉你引用的惯例以及你是否能和别人合作是导师的负责领域,你的导师可以提供给你更多信息,能指导你获得学术资源,帮助你丰富你的创意,并且对你的资料提出建议。写作中心也可以帮助你正确地撰写论文。

你的导师是衡量学术诚信的人,这是非常显然的。他们能够预期学术论文所能获得的成果,并且他们能够防止学生获得不公平的待遇。更加显而易见的是,你的导师并不是看你会什么而是看你学到了什么。你必须以身作则遵守学术诚信守则,并且遵守耶鲁大学的学生规章制度,让耶鲁大学做的只有一件事:就是把你教育成才。"①

(三)南加州大学的在线视频教程

南加州大学以在线视频的形式,更加直观地向学生介绍如何遵守学术诚信。视频教程的教育内容包括:如何引用其他资料;如何避免抄袭;违反学术诚信准则的处罚规则;如何有效地和别人合作;如何避免作弊或不正当获得利益;可以从图书馆获得的有助于学生取得学术成就的资料。

每个视频只有简短的 15 分钟,在每次视频教程之后,还有一个 5—10 分钟的测试,用以测试学生是否真的懂得了学术诚信守则,同时也可以向学生导师反馈学生学习的信息。

---

① 本部分内容主要参考耶鲁大学网站(http://yalecollege.yale.edu/content/dean-miller-academic-intergrity)。

国外高校研究生事务管理实务

第五章 心理健康与安全教育

第一节 研究生心理健康服务

美国高校的心理健康与安全教育是学校教育使命不可或缺的一部分,本章仅对面向研究生的心理健康与安全教育做简单介绍。

一、加州理工学院的女性研究生服务[①]

（一）女性研究生团体活动

如图 5.1 所示,加州理工学院的女性研究生团体长期欢迎新成员的加入。加州理工学院的女性研究生团体会做定期的研讨,具体时间是每周二中午至下午 1 点的午餐供应时间,地点是在女性中心一个轻松的环境里。女性研究生团体成员利用午餐时间讨论女性学习、女性心理、同龄女性存在的问题等方面话题,并持续关注加州理工学院的其他女性研究生,为女性研究生们提供咨询和服务。

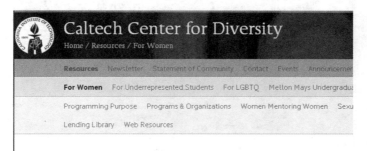

图 5.1 加州理工学院给予女性的资源

来源:http://diversitycenter.caltech.edu/resources/rfw

---

① 本部分内容主要参考加州理工学院官方网站(http://diversitycenter.caltech.edu/)。

(二) 女性研究生的性侵害防治服务

如图 5.2 所示,加州理工学院在性暴力、非法骚扰、无歧视及平等就业机会和校园应急资源方面,提供了良好的救助机制,成立了专门机构即多样性中心。多样性中心提供的服务主要包括以下几个方面:

1. 紧急服务

当一名女性研究生遇到紧急情况,可以拨打多样性中心的相关热线。多样性中心的工作人员每周 7 天每天 24 小时为女性研究生提供性侵犯、家庭暴力、情感支持的慰问服务和信息跟踪。

2. 医疗咨询

如果卫生中心关闭,女性研究生不知道是否应该去紧急护理的情况下,那就与多样性中心的相关人员取得联系。如果情况紧急来不及等相关人员的回复时,那就赶紧转去紧急护理中心。

3. 心理急救

如果需要心里急救,可呼叫校园保安,由他们联系中心热线,请心理学家进行个案受理。

4. 紧急避孕药

需要紧急避孕药的女性研究生可以向紧急护理中心(Caltech Medical Center)或中心负责人电话求救。

5. 校外应急资源

在一些紧急情况下,女性研究生可以拨打 911。

图 5.2 加州理工学院女性保护的网页

来源:http://diversitycenter. caltech. edu/resources/rfw/emergency

为加强女性研究生的自我保护意识，多样性中心提供了主题为"女生如何保护自己：性侵害预防及紧急处理"的专项心理咨询服务。多样性中心的工作人员，全天24小时为女性研究生提供处理性侵犯、性骚扰或亲密伴侣暴力的服务。

　　此外，加州理工学院的性侵犯反应小组（Sexual Assault Response Team，简称SART）为性侵犯病人或受害者提供专门培训，提供富有同情心的医疗护理和情感支持的专业团队。加州理工学院的强奸、虐待和乱伦问题服务网（Rape, Abuse & Incest National Network，简称RAINN）为性侵犯受害者提供全天候全国性的服务热线，该热线在全国任何地方都提供每天24小时免费的保密咨询和支持服务。当一名幸存者呼叫热线，服务网将通过一个独特的电脑路由系统连接到最近的地方强奸危机中心，对呼叫者的信息进行保密维护。

二、普林斯顿大学的心理健康服务[①]

（一）小组形式的心理健康服务

　　普林斯顿大学的心理咨询中心针对不同研究生的不同心理特点，开设了丰富多样的小组形式的心理健康服务。

　　1. 赋予成人和儿童权力小组

　　面向来自父母酗酒等不完美家庭的研究生和本科生。普林斯顿大学希望更好地了解研究生的家庭经历是如何影响他们的生活能力。

　　2. 运动员成绩提升小组

　　面向对运动心理技术有兴趣的研究生运动员，包括研究生和本科生。普林斯顿大学希望借此提升研究生运动员的成绩。

　　3. 衔接世界小组

　　面向那些体验中显示存在人性各方面的内在紧张和冲突的研究生，这些冲突是重要而有差异的，比如文化、种族、阶级、性取向、宗教信仰等方面的冲突。研究生可以通过衔接世界小组获得支持，并且与其他有相似经历的人交流。

　　4. 酒精教育小组

　　面向那些需要减少自身酒精摄入的研究生。

　　5. "出柜"小组

　　面向研究生中的男同性恋、女同性恋、双性恋，或正在考虑"出柜"的研究生。

　　6. 研究生女子组

　　面向那些希望提升自身洞察力和希望改善自己与朋友、家人、合作伙伴和顾问等关系的女性研究生。

　　7. 抑郁/焦虑/压力管理组

　　面向那些对在学习中如何更好地应对紧张情绪感兴趣的研究生。在这个小组中，研究生

---

① 本部分内容主要参考普林斯顿大学心理健康服务官方网站（http://www. princeton. edu/uhs/student-services/counseling-psychological/mind-body-programs/index. xml）。

可以学习各种技能,而这些技能可以改善那些徒增困扰的思维方式。

8. 情绪管理技能组

这是一个面向研究生和本科生的教育小组。它侧重于思想、情感和行为技能的管理,可以帮助小组成员管理不稳定情绪和不可预测的情绪。

9. 心理健康最大化小组

面向那些有顽固或者慢性心理健康问题的研究生。这个小组提供安全、鼓励和支持的空间,通过了解研究生的情绪并且分享解决策略,达到和保持研究生的心理健康的平衡。

10. 男性的酒精和其他药物支持小组

这个小组面向男性研究生,分为 A、B 两组。A 组面向那些对禁欲感兴趣的研究生。B 组面向那些对适度使用酒精或对其他药物感兴趣的研究生。该小组给这两类研究生群体提供机会,希望他们在接受对方和相互支持的过程中,获得更健康的生活。

11. 树立正确观念小组

这个小组面向研究生,帮助研究生树立正确的观念,提高个人应对压力、放松心情的能力,提高学习的集中度。

12. 拖延不只是懒惰小组

面向生活质量低、存在拖延症的研究生。

13. 性侵犯幸存者小组

面向那些经历过任何形式的性暴力行为女性研究生,包括性侵犯、强奸或儿童性虐待。

14. 压力管理:冥想午餐小组

面向普林斯顿大学的本科生、研究生、教师和工作人员。这个小组在午餐时间进行冥想和放松的非正式谈话。

15. 女性的酒精及其他药物小组

面向普林斯顿大学的女性研究生。她们存在酒精或药物相关的问题,希望对酒精的摄入有更好地控制。

16. 研究生正念技能培训小组

正念(Mind-Body),即积极的意念,这种意念可以帮助人们巧妙地应对内部和外部的压力,是一种防御性的思想,因为这是抵抗他人的质疑和接受他人积极情绪的直接方法。正念技能训练可以帮助一个人提高能力、集中力量,对个人的健康产生积极影响。普林斯顿大学关于正念的健康治疗,免费提供给所有正在经历急性或慢性疼痛和相关的压力以及感情挫折的研究生。正念入门课程为研究生们提供一个探讨如何调节人们的呼吸、身体、思想和情绪的机会,可以更好地帮助到研究生的学习和生活。

研究生正念技能培训小组是一个结构化技能培训组,面向想要学习正确观念和其他减压技巧的研究生,旨在帮助他们提高集中度,提高抵御压力和释放消极思维的能力。

17. 饮食失调的恢复及支援组

该小组提供一个安全的空间,帮助从饮食失调中恢复过来的研究生,并深入探讨造成不健康的饮食习惯的基本原因。

（二）小组形式的团体辅导

普林斯顿大学心理咨询中心的团体辅导为研究生提供一个解决共同关心问题的机会，包括研究生在安全、保密和受欢迎的气氛中解决那些可能会影响到自己的重要问题，帮助研究生更自信，更自在，更加容易了解自己对他人所产生的影响以及如何表达自己的感情。

团体辅导的形式主要分为治疗组、支持组和心理教育组。每一个小组的团体辅导过程都有一个或多个熟练的推动者，在学者的引导下进行情感和心理的改善，让人有一种社区的感觉，参与者既可以得到支持，又可以帮助他人。

1. 治疗组

个人的转变、行为的变化、洞察力和关系的改善是治疗组的团体辅导目标。在治疗组的团体辅导过程中，参与者会分享他们对生活问题的想法和个人感情，并承诺通过自己的真诚努力去改善与小组中其他成员之间的关系。

2. 支持组

支持组的团体辅导过程会让参与者围绕一个特定的主题，提供信息和指导、解决这个主题的相关问题，并让有类似经历的人提供情感的支持。参与者也会分享他们对生活问题的想法和个人感情，也需要承诺通过自己的真诚努力去改善与小组中其他成员之间的关系。

图 5.3　普林斯顿大学正念项目网页

来源：http://www. princeton. edu/uhs/student-services/counseling-psychological/mind-body-programs/index. xml

3. 心理教育组

心理教育组的团体辅导为参与者提供具体的信息、技能来管理对情感、心理幸福有冲击的行为。参与者将有一个特别的机会,在毫无威胁的环境下感受到别人的关注。这样做会有额外的好处,能让参与者感受到其实自己并不孤单。

三、哈佛大学的正念训练治疗组[①]

哈佛大学心理咨询中心(Harvard Counseling Center,简称 HCC)的正念训练治疗组,让研究生有机会和其他研究生共享问题和目标,帮助研究生应对压力和寻求积极心态,并恢复信心。

(一)正念训练治疗组的概况

正念训练治疗组采用管理理论的提出、讨论和技能教导的教育模式,针对每个参与者出现的问题,采取反馈,为参与者提供尝试新的态度、新的观念、新的行为方式的机会,让参与者学习与他人互动的方式,并得到新的认识和丰富的经验,获得积极的变化。一个正念训练治疗组,通常有 6 至 8 名成员。大多数正念训练治疗组都需要预先选拔领导者,有些正念训练治疗组持续招收成员。

(二)正念训练治疗组的分类

正念训练治疗组解决很多方面的问题,根据解决的具体问题进行不同的分类。

1. 解决关系问题

这类正念训练治疗组帮助研究生解决朋友关系、室友关系、约会及恋爱关系、家庭成员关系、同事关系、社交关系等方面存在的问题。

2. 调节情绪

这类正念训练治疗组帮助研究生解决焦虑、抑郁、愤怒管理、药物滥用、饮食失调等方面的问题。

3. 适应复杂环境

这类正念训练治疗组帮助研究生解决在阶级、种族和性别等方面的环境适应问题,以及遭遇亲人逝世或患病等方面的环境适应问题。

4. 集体疗法

这类正念训练治疗组帮助研究生改变并达到个人目标,同时减轻异化和孤独的感觉,使得研究生在哈佛大学能寻求更多的社区感。

5. 保持冷静训练

这类正念训练治疗组提供压力管理能力、组织能力、时间管理能力和保持健康的生活平衡能力等方面的讨论和实践活动,帮助研究生寻求工作和休息之间的平衡,以保持专注和热情。

6. 认识自己训练

这类正念训练治疗组通过讨论完美主义者和如何在这个多元化社会中保持适合自己的

---

① 本部分内容主要参考哈佛大学官方网站(http://www.harvard.edu/)。

价值观,为研究生提供了表达真实自我的机会。

7. 正念技巧讲解

这类正念训练治疗组用三节课的时间,为研究生传授正念技巧,以及知道他们创建和维护管理抑郁和焦虑的自我保护程序。

8. 研讨会

这类正念训练治疗组每周进行一小时的研讨会,进行基本的正念技能训练,传授放松技巧,帮助研究生提高耐受性,减少消极的思维模式。参与者可以讨论如何根据他们的具体问题来运用技巧和实践技能。

四、宾夕法尼亚大学的专项心理咨询

宾夕法尼亚大学的心理咨询中心(Pennsylvania Counseling & Psychological Services,简称 CAPS)在时间管理、压力管理、注意力管理、考试压力等方面,为研究生提供了专项心理咨询服务。

(一) 时间管理的专项咨询①

宾夕法尼亚大学的心理咨询中心认为,每个人都会偶尔停下做某件事情,但是习惯性的拖延会使他们走向失败,对于大多数患有习惯性拖延症的研究生而言,问题其实仅仅在于他们的计划管理上。心理咨询中心建议,研究生需要学会分析眼前的工作,然后对于要优先做的事情进行选择排序。对于想要成为一名更好的计划管理者的研究生,心理咨询中心提出了如下具体建议:

1. 学会预习

在这一阶段,研究生可以简单地预先了解课程或研究项目。研究生拖延通常是因为他们不知道从哪里入手,这使得预习这一步显得非常重要。研究生应该预先查看课程或者研究项目的工作任务,以明确自己为完成一个具体的任务而需要讨论或者需要做的事情。如果研究生不清楚具体事情的话,就应去寻找说明。

2. 制定计划

研究生可以用头脑风暴的方法来写一个"to-do"列表,里面有课程学习或项目研究的一些短期目标。对于一些小任务,可以只在心里列一下。对于看起来很可怕的一个任务,比如说像期末考试或者写一篇 20 页的论文,通过制定计划可以将一个大任务分解成多个容易完成的小任务,再根据优先顺序,将"to-do"列表写成步骤。一旦有了计划,课程学习或项目研究将不再令人生畏。

3. 设计时间表

研究生应估算一下计划中的每一步需要多少时间,然后设计时间表,在特定的日期和时间去完成计划。当然,这个时间表可以有一定的灵活性,只要有足够的时间,可以将时间表上的事情换成其他事情去做。但是,请记住给每一步计划留下一点额外的时间以防自己做不完。

---

① 本部分内容主要参考宾夕法尼亚大学官方网站(http://www.upenn.edu/)。

另外,考虑一下,也许需要做更多的调查或者回顾。

4. 开始行动

做完了上面的几个步骤,就可以开始行动啦。研究生应和自己定下约定然后遵守约定。如果仍有困难,那就坐下来拿着计划和所需材料,做任何和完成计划有关的事情。这样不用多久,就会产生优先完成计划的感觉,然后就会发现自己就这么一直做下去了。或者,也可以找一个合作者来共同完成。

5. 完成计划

在完成了每个步骤之后恭喜一下自己,比如在自己的计划进程里面加入小的奖励。每个阶段的目标完成,都可以给自己一个新的成就感,从而帮助自己增加自信。

遵从以上的建议,可以帮助研究生形成个性的、系统的项目计划步骤。如果研究生在进行某个步骤的任何一个环节出现了问题,也可以预约学习资源中心的指导教师来讨论自己的具体处境。

(二) 压力管理的专项咨询[①]

宾夕法尼亚大学健康宣传和教育办公室的一项调查表明,研究生把压力和过度工作看作是影响其健康的首要因素,并认为这对他们的学业成绩有着最大的负面影响。对此,心理咨询中心讨论了正面压力和负面压力的不同点,以及压力的一些常见症状和来源,并对研究生应如何管理或者应对压力提出了具体建议。

1. 什么是压力

压力是一个集感情、思想、身体、和行为症状为一体的集合,是由任何需要调整或改变的情况或事件所引起的。每个人在某一时间或其他时间都会感到某种程度的压力或忧虑,尤其是那些承担众多压力和责任的研究生。比如在课堂上站起来讲话、考试或者在校的第一天。

2. 压力是好的

经常听说压力是不好的消极的,例如在决赛周或者其他时间增加的压力,但是大多数时间,压力是好的,它可以激励和帮助我们注意和改善我们的表现,有些压力是必要的,它可以帮助我们增强动力,集中注意力并减少乏味。

相反,负面压力的特点是会带来失望、失败感、威胁、尴尬和其他负面的影响。负面压力久而久之会降低自己的执行能力,甚至可以威胁到健康和幸福。正面压力和负面压力最大的区别是:在好的压力下,研究生会有意识去控制生活条件,但是在坏的压力下,研究生会感到无助。

3. 压力的来源

研究生的压力来源通常可以分为四种类型,包括来自学术、社会、环境和内部的压力。具体如下:

(1) 学术方面的压力

主要有:高负荷工作、学习截止期限、做决策、就业问题等。

---

① 本部分内容主要参考宾夕法尼亚大学官方网站(http://www.upenn.edu/)。

（2）社会方面的压力

主要有：自由、远离家乡、交新的朋友、和不同价值观的人相处、管理人际关系、和室友的相处等。

（3）环境方面的压力

主要有：有限的私生活、天气情况、都市环境的压力、噪音、狭窄的生活空间等。

（4）内部的压力

主要有：不合常理的高标准、不切实际的期望、竞争并拿自己和别人对比、担心的事情过多地被限制或者没有控制、住宅引起的消极因素。

4. 压力症状

压力通常会以不同的方式体现出来，包括感情、思想、行为和身体。如果一名研究生遭遇一个或几个压力，并不意味着他一定经历着严重的痛苦。但当以下几个症状干扰他的执行能力和影响他享受生活的时候，他可能会感觉非常痛苦，这时候他可能需要改变生活方式或寻求咨询。

（1）感情方面的症状

主要有：焦虑、生气、害怕、易发怒、不知所措、陷入困境、焦躁不安、被施压、易怒的、担心等。

（2）思想方面的症状

主要有：律己严格、犹豫不决、健忘的、重复或过度的惶惑和无法阻止的想法等。

（3）行为方面的症状

主要有：惊吓反应、快速的步伐、冲动、不停地抽烟、酒精、咖啡因或其他物质的使用并且逃避人和环境等。

（4）身体方面的症状

主要有：肌肉绷紧或肌肉酸痛、难入睡、极度活跃、食欲改变、头痛、出汗、心跳加快、呼吸急促和口腔干燥等。

5. 应对压力的方法

应对压力有很多方法，有些是简单的，只需要轻微调整生活方式，其他的方法则需要实践和努力。

（1）基本方法

运动、一日三餐有规律、制定一个有规律的睡眠计划和避免太多的咖啡因是管理压力的基本方法。它们有助于建立一个基本忙碌的生活节奏。散步、慢跑、游泳和跳舞可以给枯燥的学术生涯增添色彩。充满活力的身体可以帮助研究生释放内啡肽，使心情更好，也可以尝试时常休息一下或者换一个地方学习。

（2）有效地管理时间

学习更有效地管理时间，并区分优先次序，通过说"不"来减轻压力。过多的承诺以及太少的时间是大多数研究生的压力来源。学习更有效地规划时间，并区分优先级来减少不知所措的感觉。

（3）改变思维模式

了解和挑战一个人的思维方式等可以减少压力。例如，用"全有或全无"的方式与思想作斗争,这是完美主义,或者说这种减少选择的方式反而可以增加压力,或者会使事情看起来比实际上糟糕。遇到这样的情况,研究生可以通过创造更平衡的观点,来改变自己的思维模式,做一些基于个人假设的现实的实验并保持积极的态度,这样有助于降低压力。

(4)保持幽默感和微笑

保持良好的幽默感和笑的能力也很有用,一个人的情感或者与他人进行联系有助于对抗压力、减少孤独并获得支持。

(5)深呼吸

把注意力集中在呼吸上。压力使得呼吸更浅,从而反过来将给身体更多的压力。几分钟的深呼吸,并注意其中的区别。试着每天花一些时间来放松身体和沉浸在深呼吸练习中。

6. 什么时候去寻求教授的帮助

如果症状仍然存在,或者越来越糟,尽管努力了但却适得其反,这时需要一些专业人士的帮助,来找出压力源和适合的应对方式。注意,在当今的生活节奏中,需要把压力当成自然而然的事情,这样可以更好地去想想应对一些事情的策略。

(三)注意力集中培训的专项咨询[①]

宾夕法尼亚大学指出,许多研究生会在读文章某些段落的时候,发现自己没有集中注意力,尤其当他们必须消化教科书中大量密集且复杂的内容时,他们经常发现自己的注意力会偏离书本。宾夕法尼亚大学心理咨询中心分析了研究生注意力分散的主要原因,包括疲劳、焦虑或者是在完成作业方面的焦躁等。在此基础上,心理咨询中心指出,了解什么因素干扰了注意力,并把监控注意力作为一种习惯,可以帮助研究生避免患上注意力不集中的综合症。

1. 阅读障碍

研究生通过感觉一些特定的阅读障碍可以意识到自己的理解力开始慢慢变差。部分阅读障碍包括:不能理解特定的词句;经常必须减慢阅读速度或重读;所有的事情或没有任何事情看上去比较重要。心理咨询中心建议,研究生应当养成独立的监控阅读的习惯,以避免产生阅读障碍。

2. 增强理解力的方法

如果出现阅读障碍,心理咨询中心建议研究生可以通过以下方法增强理解力:用自己的话概述段落内容;大声朗读;在代表性观点处画线或做笔记。

心理咨询中心指出,充分的休息可以保持自己足够清醒,提高阅读效率。研究生应当在一个没有干扰的环境中阅读。研究生也可以记下每天中最警觉最清醒的几个时刻,并在这些巅峰时段学习。另外,研究生要设定好目标,确立好在给定时段中的阅读量,并严格实行,在完成目标后给自己奖励。

同时,心理咨询中心也提示,当研究生发现无法把所有注意力集中于所读材料时,可以问自己哪些想法或感情在干扰自己,并在自己旁边放一个笔记本,草草记下这些想法以便将其从脑海中清除。研究生应多运用积极思维的力量,告诉自己不允许这些干扰或焦虑打败

---

① 本部分内容主要参考宾夕法尼亚大学官方网站(http://www.upenn.edu/)。

自己。

3. 寻求帮助

如果一名研究生遇到一些严峻困难，可以考虑寻求心理咨询师或学术顾问的帮助。如果研究生分不清楚是什么可能影响了自己的注意力，那么他的一位学习上的导师也许会给他一些方向。

（四）缓解考试压力的专项咨询[①]

参加考试是研究生学业的一部分，但即使是最好的参考者都会时不时地滋长紧张的情绪。对此，宾夕法尼亚大学的心理咨询中心给出了具体建议。

1. 注意你的身体检查

心理咨询中心认为，尽管一部分考试风气看起来允许研究生务必要等到考试前36个小时才能开始一个不眠的马拉松式的学习和大量垃圾食品的摄入，但没有什么比这种情况更加糟糕了。如果一名参考者的营养和睡眠得到保证，那么他在考试时反应将更加灵敏。相反，如果一名研究生发现自己持续地处于一种填塞式的状态，心理咨询中心建议他应制定一个学习日程表或者分析一下自己是否以及怎么造成了拖延。

2. 提前制定计划

应提前备齐考试所需要的东西。没有什么比在考试前13分钟还在房间里拼命地寻找钢笔、铅笔、橡皮、计算器或在考试中需要引用的小说等更让自己感到有压力。

3. 到达考场

不应因迟到而错过考前重要的说明和解释，应提前五到七分钟到达考场，并且不要去关心那些过度惊慌失措的研究生。

4. 深呼吸

当感到紧张的时候，呼吸就会变得短暂急促，这经常发生在我们没有注意到的情况下。紧张不利于应试的考试。应花一点时间在考试之前调节自己的呼吸，慢慢地深深地吸入，再缓慢地彻底地呼气，这有助于放松自己。

5. 考试过程中

在考试过程中，应知道自己有多少时间完成考试；认真阅读说明和问题，没有什么比仅仅因为没有完整阅读说明和问题而导致丢失分数更加糟糕；在回答任何一个问题之前，仔细查看整个试卷，不用因为仅剩10分钟而突然惊慌失措；如果自己真的被难住了，继续回答其他题，告诉自己"现在还不知道而已"，当回答完其他考试问题之后，再回到这道题目。记住，需要在指定的时间得到尽可能多的分数，所以应合理地利用考试时间。

6. 补充建议

充分利用身边的资源，例如导师、学习小组、过去的考试题目、助教和教授的工作时间等，然后要对考试拥有足够的信心，充足的信心对减轻考试压力大有作用。

---

① 本部分内容主要参考宾夕法尼亚大学官方网站（http://www.upenn.edu/）。

第二节 研究生身边的心理咨询指南

连续几年的大学生活可能会让研究生感到很头疼,因为他们身处在一个高度竞争的学术环境中,并开始承担起成人的角色和责任,难以避免地会出现一些心理问题。为了有效地帮助研究生解决心理问题,美国高校大都为专业教师及研究生制定了心理咨询指南,在这些心理咨询指南的指导下,研究生身边的教师和同学可以随时发现并帮助那些出现心理问题的研究生。

一、宾夕法尼亚大学的帮助困境研究生指南[①]

专业教师和研究生同学常常成为第一个亲眼目睹研究生处于早期困境的人,为了辨别研究生是否处于困境中,以帮助他们获得相应技能和提供所需的资源,宾夕法尼亚大学认为专业教师和研究生同学也应为处于困境的研究生提供心理帮助和辅导。对此,心理咨询中心提供了指导和建议。

图5.4 宾夕法尼亚大学对国际学生经济援助的网页

来源:http://www.admissions.upenn.edu/costs-financial-aid/financial-aid-for-international-students

(一)如何识别处于困境的研究生

宾夕法尼亚大学心理咨询中心指出,当一名研究生处于困境中时,在某种程度上往往有迹象表明他们正在努力地摆脱困境。辨识出研究生处于困境的严重程度,是决定如何更好地

---

① 本部分内容主要参考宾夕法尼亚大学官方网站(http://www.admissions.upenn.edu/costs-financial-aid/financial-aid-for-international-students)。

国外高校研究生事务管理实务

满足他们需要的一个重要因素。

1. 学术标志

处于困境的研究生在学术方面的标志包括：工作质量恶化；错过任务或要求；常常缺席上课或实验室；不断有不同寻常的行为，比如迟交论文、推迟考试等；论文中有绝望、社会孤立或愤怒的主题；缺乏参与实验的队友；不恰当的中断或独占课堂时间。

2. 身体或心理的标志

处于困境的研究生在身体或心理方面的标志包括：生理卫生的退化；过度的疲劳或睡眠困难；突然增肥或减肥；夸张的性格或行为，比如激动、消沉、缺乏明显的情感等；过度使用酒精或其他药物；无端的愤怒或敌意；烦躁不安、惶惶不可终日、流泪；注意力和意志力的显著变化；有自杀的念头。

3. 在危机中的研究生

危机指的是一个人情绪或生理反应开始升级并且不受控制的情况。随着研究生的情绪加剧，之前的常规应对方式变得不那么有效，甚至可能会表现出迷失方向、丧失自我控制能力，或试图伤害他人的迹象。如果一名研究生出现严重的心理健康危机，可能会发生如下情况：表达过自杀相关的言论或意图自杀；书面或口头的杀人威胁，企图杀人或袭击他人；破坏财产或其他犯罪行为；极度焦虑，恐慌；无法沟通，比如胡言乱语或言语不清，思想混乱；与现实脱节，比如看到或听到的东西是不存在的，做出与信仰或与事实相悖的行动；高破坏性行为，比如敌视、侵略和暴力等。

4. 其他需要考虑的因素

其他需要考虑的因素包括：研究生直接告知的情况，其中包含家庭问题、个人的损失，如家庭成员的死亡或决裂等；同年级同学特别关注的一名研究生；有表达绝望感或自我了结倾向的书面说明或口头声明；一些不对劲的模糊意识和行为。

（二）如何帮助他走出困境

心理咨询中心指出，如果一名研究生带着问题来找专业教师或同学，那么教师或同学应该用非评判及尊重的方式细心聆听他的想法。关于这名研究生与教师或同学之间的交流，心理咨询中心建议：

在双方都有时间的时候做一次私人交谈，仔细聆听，用敏感的、非威胁性的方式去聆听研究生的想法和感受；一心一意地聆听，几分钟的有效倾听就可能足以帮助他顺利地考虑下一步该怎么做；问一问研究生是否曾经和其他人包括辅导员谈过自己关注的问题，尝试对他所关注的问题形成一个准确的了解，如果合适的话，鼓励他谈谈专业情况；直接且不带评判、具体、非主观地表达对他的关心；就研究生倾诉的重点内容来和他进行深入的沟通和理解。

（三）将特殊个案转交给心理咨询中心

如果一名研究生表现出严重不安和困惑，以至于他不懂或不会听从别人的建议，这时需要我们耐心等待，直到他平静下来，再和他进行交谈和给予建议。心理咨询中心建议，专业教师或同学应采用一种充满爱心的、鼓励的方式让研究生接受去心理咨询中心辅导的建议。专业教师或同学可以提醒研究生以下几点：在心理咨询中心的辅导是保密的；目前注册的宾夕法尼亚大学的研究生服务都是免费的；把心理咨询中心的电话号码告诉研究生，教师也可以鼓励研究生从他的办公室打电话预约，或提供让研究生直接进入心理咨询中心办公室的绿色通道。

二、加州理工学院的帮助问题研究生指南①

加州理工学院的心理咨询中心（Caltech Counseling Center）为专业教师和研究生制定了帮助问题研究生的指南，针对不同研究生发生的不同情况，采取不同的应对措施。

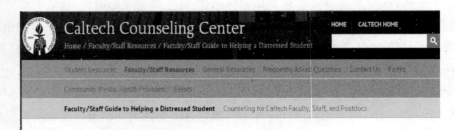

图 5.5　加州理工学院有关帮助受压力学生的网页

来源：http://counseling. caltech. edu/facstaff/facultyandstaff

（一）处于危急情况的研究生

1. 基本特点

加州理工学院的心理咨询中心指出，处于危急情况的研究生的基本特点包括：威胁他人生命财产安全；极度易怒，包括任性的、咄咄逼人的、有暴力或粗暴行为的；语言障碍或语言混乱，想法不连续；不合时宜的奇怪行为，例如，和"隐形人"说话；公开自杀的想法，例如，把自杀作为一个当前的选择。

2. 应采取的措施

心理咨询中心认为，对他人生命安全或财产构成威胁的研究生，或具有高度烦躁、违反规章制度、有攻击或暴力行为的研究生是罕见的。但当研究生非常沮丧并且无法控制自己的情绪，很有可能是在酒精或药物的影响下出现上述情况。虽然潜在暴力行为的原因往往是情绪化，但是学校的首要任务是保证大家的安全。应采取的措施包括：保持冷静；解释什么行为是可以接受的，并设置底线；知道自己的底线，并采取行动，以保护自己和他人；立即拨打校园保卫处电话，以保证大家的安全。

---

① 本部分内容主要参考加州理工学院官方网站（http://counseling. caltech. edu/facstaff/facultyandstaff）。

3. 应避免的措施

面对处于危急状况的研究生,应避免采取以下措施:威胁、呵斥、嘲弄或动手推搡研究生;触碰研究生;卷入武力斗争。

(二)行为怪异的研究生

1. 基本特点

加州理工学院的心理咨询中心指出,如果一名研究生表现出怪异的行为,例如和"隐形人"说话,行为十分激动,无法平静下来,胡乱地讲话,表现出没有意义的脱离现实的思想或想法等情况,心理咨询中心认为该名研究生立即需要帮助。

2. 应采取的措施

面对行为怪异的研究生,心理咨询中心建议应采取以下措施:教师或同学和该名研究生单独谈话之前,应做好准备,以便在需要的时候能得到他人的帮助;如果研究生没有表现出威胁的行为,那么带着研究生远离干扰,和研究生做一次私人交谈;用冷静的语气和研究生说话;和蔼、认真、耐心地了解研究生的观点;理解并理性地回应;交谈中立场坚定并清晰的表达立场;对研究生需要的帮助表达出自己的关切和信心;告诉这名研究生,他需要别人帮助,并致电心理咨询中心;一旦发觉这名研究生成为威胁,应立刻拨打校园保卫处的电话。

3. 应避免的措施

面对行为怪异的研究生,应避免采取以下措施:争论或挑战研究生的思维的不合理性;勾起研究生的幻想、妄想或幻觉;专横、施压或支配研究生。

(三)自杀倾向的研究生

1. 基本特点

加州理工学院的心理咨询中心指出,有自杀倾向的研究生具有如下特点:研究生表达过自杀的言论,把自杀作为自己当前的决定;过度拖延以及非常糟糕的准备工作,特别是与之前的工作不一致;不常上课很少或根本没有去实验室完成工作;过度依赖,例如,研究生常常在教师身边,在教师上班时间需要过量的指导;无法做出决定,即使教师多次尝试澄清和鼓励;一再做出特别要求,如延长考试或研究没有进展;正常的情绪发挥到极致或持续一个较长的时间,例如惊恐、流泪、紧张不安等;个性的显著变化;体重严重减轻或增加;经常性的干扰教师的课程,在实验室和办公室行为不端;使用酒精或其他的药物,例如狂欢、宿醉。

2. 应采取的措施

如果一名研究生在陈述伤害自己的想法或意图,心理咨询中心建议:教师或同学应该认真严肃地听取这些话,严肃对待任何提及自杀的言论,并提供紧急帮助。应采取以下措施:设身处地地与该名研究生交谈;听听研究生有什么要说的,不要回避自杀的讨论,但是不应该通过谈论自杀或询问自杀的可能性而在研究生心中植入这个观点;劝说研究生立即向心理咨询中心寻求帮助;如果研究生同意寻求帮助,建议研究生直接从教师的办公室打电话到心理咨询中心;在研究生与心理咨询中心的相关人员见面后安排一些交谈,以确保研究生得到了帮助;教师亲自打电话到心理咨询中心和相关人员谈论他的情况,看看还有什么能做的;如果研究生不愿意主动寻求帮助,就请心理咨询中心安排面谈,以便让研究生能及时得到帮助;如果研究生拒绝面谈,教师应该坚持这个问题不能回避,并制定一个计划使其能获得帮助,包括研究生不能伤害自己的承诺,直到教师有机会再次与他交流;如果研究生不能做出承诺,或者教师不确定研究生是否会遵守承诺,就应该立即拨打心理咨询中心电话,与心理学家交流讨论如何去做;如果研究生同意遵守承诺,也要与心理咨询中心的相关人员讨论发生了什么,接下来会发生什么。

3. 应避免的措施

面对具有自杀倾向的研究生,应避免采取以下措施:忽视这种危险;置之不理;威胁、呵斥、嘲弄或动手推搡研究生。

（四）绝望的研究生

1. 基本特点

加州理工学院的心理咨询中心认为,绝望的研究生通常都具有以下特点:很难集中注意力;全身无力;没有动力;对于以前认为的值得高兴的事情失去兴趣;心情低落;没有希望,想逃避;感觉不充实,过度内疚;胃口和睡眠都不好;有自我毁灭的想法,甚至包括自杀。

2. 应采取的措施

面对处于绝望状态的研究生,心理咨询中心建议应采取以下措施:鼓励研究生和大家讲述自己的经历和感受;说出自己对他的关心;倾听研究生想自杀的意愿,如果可以,不妨问问研究生是否有过自残的想法;建议研究生去做心理咨询。

3. 应避免的措施

面对处于绝望状态的研究生,应该避免采取以下措施:将研究生的情感问题最小化,比如告诉研究生,"别担心"或者是"明天就好了";如果教师发现有研究生因绝望的情绪而有自杀倾向,那么教师不妨向学生本人询问清楚具体情况。

（五）焦躁或者害羞的研究生

1. 基本特点

加州理工学院的心理咨询中心认为,焦躁或害羞的研究生往往表现出紧张、焦虑、不舒服、优柔寡断等特点。

2. 应采取的措施

面对焦躁或害羞的研究生,心理咨询中心建议应采取以下措施:鼓励研究生要有耐心,要有明确和清晰的目标;鼓励研究生谈谈自己的感受和想法,这样可以很大程度地减少研究生的焦躁;在适当的时机再次确认研究生是否焦虑;问问研究生自己采取了什么措施来改善自身的境况;如果这名研究生还没有做过心理咨询,不妨建议他去做心理咨询。

3. 应避免的措施

面对焦躁或害羞的研究生,应避免采取以下措施:表现得很有决断、批判地看待这件事情;自己也被研究生的焦虑给搅晕了;不考虑研究生的感受。

（六）吸毒或者嗜酒的研究生

1. 基本特点

加州理工学院的心理咨询中心认为,研究生可能受到来自于毒品、酒精或者是其他物质上的诱惑,这些会导致研究生在很多方面产生问题,比如学术、人际关系、健康等方面的问题。吸毒或者嗜酒的研究生总是拒绝寻求帮助,如果教师或同学担心一名研究生有嗜酒或者是吸毒的问题,应建议他去寻求帮助,因为这种潜在的负面影响很可能损害他的身体和感情。

2. 应采取的措施

面对吸毒或嗜酒的研究生,心理咨询中心建议应采取以下措施:教师或同学应建议该名研究生去找心理咨询中心的药物滥用防治计划协调员面谈,研究生可以给他们打电话预约时间,或者直接到研究生活动中心去咨询;如果教师或同学知道研究生的问题,但却不知道该做什么样的转介处理,或者说,这名研究生拒绝寻求帮助,也可以给药物滥用防治计划协调员打电话;如果研究生犹豫不决,建议教师致电预约心理咨询中心,而这名研究生应在教师的办公室等待被接待;如果情况紧急,请立即拨打心理咨询中心电话,并告诉接待员"研究生需要立即预约";如果想安排一次面谈的话,可以把研究生叫到自己的办公室来给药物滥用防治计划协调员打电话,或者教师也可以直接带研究生去药物滥用防治计划中心进行咨询。

3. 应避免的措施

面对吸毒或者嗜酒的研究生,应避免采取以下措施:忽视酒精和药物对研究生的影响;臆断或者是对研究生说教;仅仅假设这个问题是暂时的。

三、哈佛大学的"我该做什么"指导手册[①]

哈佛大学的心理健康服务中心(Harvard University Health Services,简称 HUHS)为研究生、教师和学院工作人员提供了专门的指导手册,指导教师和研究生应该怎样去帮助身边处

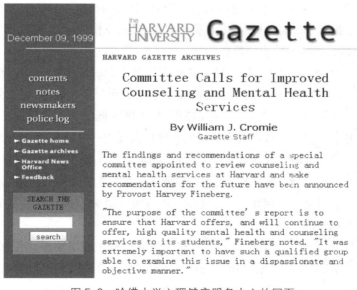

图 5.6　哈佛大学心理健康服务中心的网页

来源:http://news. harvard. edu/gazette/1999/12. 09/mental. html

---

① 本部分内容主要参考哈佛大学官方网站(http://news. harvard. edu)。

于危机中的人,提供处于危机状态研究生需要被立即干预或者咨询的机构信息。

(一)怎样帮助危机研究生

如果教师或同学关注到一名研究生出现危机,并且怀疑他会对自己或者周围的集体造成伤害,那么就应该陪在这名研究生身边,并且立即通知心理健康服务中心,告知他们这里有一名非常紧急的心理健康问题患者。

告知 HUHS 后,教师或同学可以陪着这名处于危机状态的研究生到心理健康服务中心或者是学校里适合治疗的诊所去。教师或同学也可以给学校的保卫处或是警察局打电话,请求他们提供紧急救助。在这期间,教师或同学应一直陪在这名研究生的身边,做好应急准备。

(二)处于危机中的研究生的预警指标

哈佛大学认为,以下任何单独一项指标并不代表这名研究生正在危机之中,但是如果是其中的几项合起来的话,那就说明这名研究生需要帮助,表示他在求救。

1. 学术指标

表明研究生处于危机中的学术预警指标包括:工作质量恶化;不能很好地完成任务;缺席课程或实验;不断地提出不寻常的要求,比如延期考试;有绝望主题的文章或表达社会孤立、愤怒或绝望的论文;怀疑自己的行动;无端地打断课堂教学。

2. 心理或生理指标

表明研究生处于危机中的心理或生理预警指标包括:脸色不好,不注重个人卫生;过度疲劳,睡眠不好;体重不明原因地增加或减少;夸张的人格特质或行为,比如纠结、缺乏明显的情感;无端的愤怒或敌意;烦躁不安,不断地焦虑或流泪;注意力和动机明显改变。

3. 其他需要考虑的因素

其他需要考虑的因素包括:直接倾诉的家庭问题、个人的损失,比如死亡的家庭成员或分手;对同学抱怨;书面陈述过自己的绝望,认为自己没有用、没精神;个人感觉模糊、有问题。

(三)对处于危机中的研究生的帮助

哈佛大学建议,当教师或同学意识到一名研究生处于危机之中的时候,应和该名研究生进行面对面的谈话,把教师或同学的关心与研究生存在的问题结合起来,倾听研究生的心声,做出明确的判断。如果这名研究生一开始反应很慢,教师或同学要先给研究生一定的时间让他冷静下来。研究生可能会对自己需要的帮助和建议表现出一定的抵抗,比如说,研究生会觉得这样的谈话只会浪费时间。在这种情况下,教师或学生最好指出,曾经也有人接受过这种危机帮助并在帮助下走出困境。同样地,如果一名研究生在学术方面存在问题,哈佛大学建议,教师不应该站在一旁回避这个问题,而是应在学术方面与研究生进行沟通和交流,针对特殊的学术问题来做出相应的补救措施。

哈佛大学建议,教师或同学在和研究生的整个谈话过程中应避免做出保密承诺。如果这名研究生确定需要帮助,而一开始就做出的保密承诺,无疑会给以后采取切实有效的行动造成阻碍。尤其是对那些可能产生危险性行为的研究生而言,更是要回避保密承诺。对于有自杀倾向的研究生,教师应迅速做出专业的干预。

(四)将特殊个案转交给心理健康中心

哈佛大学建议,教师或同学应该告诉研究生,把他介绍到心理健康服务中心,是对他的关心和帮助。

当这名研究生愿意敞开心扉,接受心理健康服务中心的咨询面谈时,教师可以安排面谈。在安排面谈时,应该将该名研究生问题的严重程度和具体特征告知心理健康服务中心。同时,在与心理健康服务处联络的过程中,要让该名研究生知道教师是在有效且密切地关注他的治疗情况。此外,在治疗的过程中,教师也需要表达出自己对他的关心。如果治疗没有效果,教师也可以鼓励他去看看别的治疗师。通常情况下,研究生会拒绝接受心理健康服务中心的咨询面谈。如果遇到这种情况,那么教师应该想办法继续和这名研究生谈论这个话题,随着时间推移,研究生会越来越接受教师的建议,此时,教师再提出将他转到心理健康服务中心的建议,会达到更好的效果。

如果哈佛大学的教师想了解关于参与帮助危机状态研究生的更多信息的话,可以和心理健康服务中心联系,也可以咨询当地的研究生服务办公室,他们会告诉教师更多的服务机构和资源的详细信息。

第六章 职业生涯规划

第一节 个人适配型的职业指导全貌[①]

俄克拉荷马州立大学的职业服务中心（Oklahoma State University Career Services，简称 OSU 职业服务中心）为在读研究生提供的职业发展指导，其内容丰富、全面而具体，具有明显的个人适配导向。本节仅从研究生的视角出发，对 OSU 职业服务中心提供的个人适配型的职业指导全貌做简单介绍。

一、探索职业

（一）进行职业测评

职业测评是探究自己的兴趣、技能、个性类别、成就和价值观的过程，俄克拉荷马州立大学的职业服务中心从如下方面指导研究生进行职业测评：

1. 自我探索

自我探索是了解和找寻自我兴趣、技能、个性类型、成就和价值的过程。要进行这五方面的自我探索，可以借助于多种测评手段。

首先，需要问自己几个简单的问题：我的兴趣是什么？我喜欢什么工作？我的爱好是什么？我擅长什么？我在工作中的价值如何体现？工作和生活的平衡对我有多重要？

一旦列出并回答这些问题，研究生就可以试着去了解一些特定的工作到底是什么样子。另外，OSU 职业服务中心提供咨询和评估服务。

2. 咨询会话

通过与学术顾问的会谈可以帮助研究生了解自己的专业水准，并辅助做出学业方面的决定。

3. 职业评估

OSU 职业服务中心提供各种评估工具来帮助研究生决定自己的专业和职业生涯路径。这些测评工具包括个性测评、库德职业生涯规划测评、盖洛普能力探索、费梅尔斯布里格斯类型测评、兴趣指向测评等。

[①] 本节内容主要参考俄克拉荷马州立大学职业服务中心网站（http://www.hireosugrads.com）。

国外高校研究生事务管理实务

154

（二）进行自我定位

1. 调查

如果能和那些在自己感兴趣的领域有经验或有成就的人见面，对研究生的职业成长会很有帮助。因此，研究生可以找时间和这样一些人聊聊：教授、系主任、高年级的研究生、校友、相关领域的专业人士等，问一些这样的问题：专业分类、工作方面的经验要求、可晋升的岗位、怎样获得工作需要的技能以及他们个人喜欢这个领域的原因等。

2. 工作影子计划

工作影子计划是辅助进行职业探索的一个途径。研究生在实际的工作环境中度过一段时间，这样他们就能够全面而清晰地了解该领域或者该公司。在一个特定的工作环境中生活，就会对它了解更多，因为观察一个组织的日常活动是解决研究生关于该领域所有疑虑的最好方法。

如果研究生想要参与工作影子计划，那么应先拜访自己的职业咨询师，向他征询一些关于个人职业定位和经验获得方面的问题。不过，建议在参加工作影子计划之前，研究生要好好准备，因为给实习单位留下好印象是非常重要的。

（三）就业准备

OSU职业服务中心认为，研究生需要从如下方面做就业准备：

1. 了解雇主

为了向一个潜在的雇主推销自己的技能，研究生必须先了解雇主。

2. 描述技能

对于研究生在参与课堂项目、参与志愿者、承担领导工作等不同的工作中获得的各种技能，可以这样向雇主描述：用动词描述可转移技能，例如组织，解释，准备等；用副词描述自适应技能，例如整齐地，礼貌地等；用名词描述内容技巧，例如文件，程序，报告等。

3. 评估技能

研究生可以与职业咨询师面谈，请他帮助找出自己的技能。研究生应先问自己如下问题：什么技能或特质是我愿意发展或改善的？我想要改善的技能是为了走向我的最终目标吗？什么是我最强和最有用的技能？其他技能可在我的工作中帮到我什么？别人曾告诉过我有什么技能吗？

当研究生找到自己的技能后，需要通过一个评估工具来帮助自己确认自己的一些技能，这些技能是具体的、可以在简历、求职信以及面试过程中展现出来的。OSU职业服务中心提供了各种各样的评估工具，比如"做你擅长的"、"库德职业生涯规划测评"等，职业咨询师可以帮研究生决定哪个评估工具最适合自己。

4. 沟通的技巧

求职信、简历以及面试的机会都意味着研究生需要向潜在雇主展现自己的技能。研究生应怎样在求职信、简历、面试的过程中展现自己的技能？OSU职业服务中心给出了沟通技巧的案例：

（1）求职信中的沟通技巧

研究生可以在求职信中这样表述："你正在寻找一个有很强的计算机技能也懂得金融的

人。而我有管理信息系统硕士学位，同时我在辅修金融学，我自信我的技能和你所需要的相符。"

（2）简历中的沟通技巧

研究生应在简历中呈现出：在小组中与他人一起工作的丰富经验；能够组织和优先考虑重要的任务以确保项目有效完成；能在书面和口头与小组成员进行良好的沟通等。

（3）面试中的沟通技巧

为了在面试中解释自己的技能，研究生首先需要听清面试官的问题，然后需要用一个事例描述自己的技能以回答这个问题。在事例里，研究生应该做到以下几点：简洁地描述情形；告知采取的具体措施；解释出现的结果或者影响。例如，面试官提问："你怎么证明你的组织能力？"研究生可以这样回答："作为'兄弟会'的分会主席培养了我的领导能力。在那时，我有管理周会的责任，我学会了怎样有效引导一个会议，在那个学期结束时我们已经能够将会议时间缩短10分钟了。"

二、咨询面谈

（一）全方位服务的职业咨询师

俄克拉荷马州立大学的研究生可以自行预约职业咨询师。职业咨询师遍布于俄克拉荷马州立大学的各个学院，他们的职能是帮助研究生寻找工作，谋求职业发展。他们在研究生寻找工作的过程中提供全方位的服务，包括简历和求职信的撰写、求职资源的访问和面试技巧的分享等。根据自己的身份和特性，研究生可以到 OSU 职业服务中心和各学院的职业服务中心预约适合自己的职业咨询师。

（二）校友职业咨询师

俄克拉荷马州立大学的校友或即将毕业的研究生可以预约专门的校友职业咨询师贾斯汀·德，他会为咨询对象提供以下服务：了解你是谁，你的兴趣、技能等；了解不同的职业和职业发展路径；参与并分享别人的经验，有助于做出明智决定的经验；制定一个职业发展计划，以便实现自身的职业发展目标；提升工作技能，发现潜在的就业机会等。

除此之外，俄克拉荷马州立大学还为不同类别的研究生提供专门的、有针对性的服务，如国际研究生、残疾研究生、谋求政府公职的研究生、少数民族研究生等。

三、就业资源

OSU 职业服务中心认为，招聘会和其他大型就业活动是研究生与潜在雇主亲密接触并提升就业能力的绝好机会，因此特别提醒研究生：务必要给潜在雇主留下尽可能好的印象。

（一）就业前的准备

如图 6.1 所示，OSU 职业服务中心强调，就业之前，研究生应做好充分的准备，主要包括：要参加有关用人单位信息的会议；要了解自身，了解自己的能力，了解自己在简历上提及的每个细节；最好准备一个"推销集锦"，强调为何自己将是适合公司的一名员工，强调自己为何适合应聘的岗位；最重要的是，要研究潜在的雇主，了解公司的文化、规模、位置、运作方式及与公

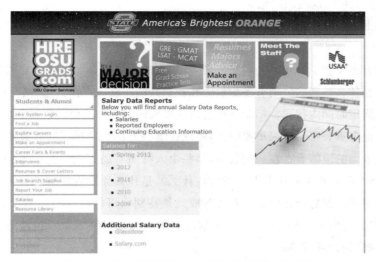

图 6.1　俄克拉荷马州立大学职业服务中心网页

来源：http://www.hireosugrads.com/StudentsAlumni/Events-Tips.aspx

司有关的新闻等。

（二）就业资源利用

OSU职业服务中心将就业资源划分为招聘会资源和人际关系网络资源，分别为研究生提供了详细而周到的"攻略"。

1. 招聘会资源利用

（1）招聘会之前的准备

在参加招聘会之前，OSU职业服务中心建议研究生完成如下工作：在就业网上更新个人信息；获得自我认知；研究招聘者；撰写个人简历。

就"获得自我认知"而言，特别提醒研究生，雇用单位倾向于对自我愿景有明确规划的应聘者，而"单位有什么岗位，我就做什么事情"的应聘思路是不可取的。因此，OSU职业服务中心建议，在参加招聘会之前，研究生应对如下问题有明确的认知和定位：

认为自己具备的三项最有用的就业技能是什么？是否参加了"做你擅长的"测评或者"库德职业生涯规划测评"？是否已经发觉了一些令自己感兴趣的职业？自己更愿意跟人打交道，还是愿意跟数据或者思想观念打交道？是否考虑过自己所期待的工作环境？自己愿意在大公司、小公司、政府部门工作，还是愿意在非政府组织工作？

（2）招聘会之中的注意事项

在参加招聘会过程中，OSU职业服务中心贴心地提醒研究生应注意以下事项：

着正装；带公文包；留下良好的第一印象；微笑，保持自信；放松，保持友善，表现自然；做好被雇主提问的准备；有效利用时间；积极倾听；说话慢且清晰；提供自己的简历和名片；收集雇主的宣传资料；向雇佣单位的招聘代表索取明片或者记下面试代表的名字，甚至询问招聘流程；努力与雇佣单位的招聘代表进行有意义的谈话；如果已经拜访了自己计划内的所有单位，那么还可以去拜访其他的单位并致力于建立自己的网络。

（3）招聘会上可以询问的问题

OSU 职业服务中心指出，在参加招聘会时，研究生可以向招聘代表提一些有意义的问题，比如：

您的公司有多少员工？您的公司在未来 10 年内的发展目标是什么？您的公司适合新入职员工的岗位是什么？您的公司有多少员工在我感兴趣的领域工作？您的公司是持续招聘还是只在某一段固定时间内招聘？招聘程序会持续多长时间？您的公司最看重员工的五个品质是什么？毕业证书重要吗？如果重要的话，体现在哪些方面？您建议我修读哪些课程以使我成为一个有竞争力的应聘者？在您的公司，哪些个人特质有助于成功？作为一名新入职的员工，未来 2 年、5 年、10 年中公司会期待我做些什么？是什么原因促使您选择这家公司？您在这家公司就职多久了？您所在的部门有哪些成就是特别值得您骄傲的？一般来说，一名新入职的员工会在这家公司工作多久？多少比例的应聘者会被最终录取？您希望您的员工搬家吗？您的公司提供实习岗位吗？

2. 人际关系网络资源利用

人际关系网络资源利用，就是通过熟人或者朋友介绍而获得国际范围内的、与就业相关的信息、建议或参考，以助于最终获得面试或工作机会。因为大部分的空缺职位并非对外宣传招聘，而是通过人际关系介绍寻找应聘者。利用人际关系网络资源而获得工作机会的人，往往对工作更满意，薪水也更高。

OSU 职业服务中心指出，在通过人际关系网络获取工作机会之前，研究生需要做如下方面的准备：

了解潜在的人际关系网络成员，比如家人、朋友、同事等；确定自己对某个特定的岗位或行业所需要了解的信息；评估自己能够为下一个雇主提供什么价值；准备一份绝好的简历，并得到职业咨询师的建议和指点；简要概括简历上陈述的能力或"卖点"，将其展示在名片上；准备一些可用的问题，例如职业发展路径、工作现实、工作责任、业界状况、收入和提拔、教育和经验、就业准备等方面的问题；在与介绍人非正式的面谈中，需要准备一分钟的自我介绍或者自我推销的陈词；如果想有机会展示自己，还需要准备几个谈话的关键要点。

当然，在与介绍人面谈时，研究生还需要注意一些细节：准确地把握自己面谈的目的是获取信息，而不是工作；礼貌而简洁；有选择性地分发个人名片；随身带简历的复印本等。面谈结束后，还需要立即致感谢信，并与介绍人保持定期的电话或者邮件联系；保留与介绍人沟通的记录，同时多多留心自己是在哪里、什么时候、通过何种方式、为什么、怎么样认识介绍人的；在介绍人名片的背后做好笔记，这些笔记将来可以帮助自己回忆起一些重要的情形。

四、面试

面试是研究生推销自己的最好机会。在面试中，通过言语和行为，"赢家"往往能充分展示自己对就业机会的信心和热情，表现出强烈的学习欲望和良好的职业道德。为了帮助研究生更好地面试，OSU 职业服务中心为研究生提供了充分的面试指导。

（一）通用的面试指导

1. 基本的面试指南

OSU 职业服务中心为研究生提供了基本的面试指南，包括：留下良好的第一印象；注意有效回答问题的艺术；应聘者也可以发问；面试结束时应遵循的礼仪等。如果同时有两个应聘者，那么具有良好的仪容仪表、直接的眼神交流、礼貌、热情、自信，并具有务实、乐观的态度的应聘者一定被优先留用。

2. 校园面试

俄克拉荷马州立大学的就业系统授权研究生用户报名参加校园面试。研究生可以核对自己在就业系统中的日程安排，以及时寻找即将开始的面试日期、招聘会和其他重要的就业事项等。研究生可以使用在线模拟面试系统，与职业咨询师进行模拟面试，以为正式面试做好准备。当然，如果研究生对参加面试没有足够的信心和把握，还可以致电 OSU 职业服务中心进行咨询。

3. 电话面试

在直接到用人单位参加面试这种不现实的情况下，招聘者就会安排电话面试。尽管电话面试中应聘者和招聘者无法进行直接的眼神交流，但应聘者仍然需要提前做好准备以确保电话面试成功。

电话面试开始之前，研究生应做的准备包括：将简历、雇主信息、置于触手可及之地；准备纸和笔以做好笔记；门上悬挂"勿扰"标识，将电视、音响和其他可能的发声设备关闭；提前去厕所；等待用人单位的电话；提前准备招聘者可能会提问到的问题，以及自己要向招聘者发问的问题。

4. 模拟面试

每学期，OSU 职业服务中心都会安排模拟面试活动。面试是由在俄克拉荷马州立大学参与招聘的雇主们组织实施的模拟真正的招聘面试，以引导研究生如何充分展示自己的能力和特长，并从中吸取面试经验，满足并超越研究生对面试的期待及就业目标。

模拟面试中，研究生应着职业装，配中性衬衫和外套，留正式的发型；避免任何看起来不够职业的妆容或者首饰；随身带公文包，包里装有需要询问招聘者的问题；切记要自信；在最初的20 分钟，将进行一个标准的面试。在最后的 10 分钟，招聘者将向研究生反馈面试的情况。

5. 面试被拒绝

OSU 职业服务中心指出，成功的求职者应正确看待面试被拒绝，从中吸取经验和教训。针对面试被拒绝的研究生，OSU 职业服务中心提出如下建议：

（1）继续跟进用人单位

面试被拒绝的研究生应弄清楚用人单位希望应聘者应具备什么能力；如果自己已经具备了这些能力，那么在下一次面试机会来临时进行充分而有效的展示；询问招聘者是否还有自己可以胜任的其他工作岗位；写一封感谢信，表达自己未来仍有兴趣在这家公司工作；留下良好的、积极的印象；从每一次面试经历中吸取一些教训；面试被拒绝也会成为寻找下一个工作岗位的宝贵经验。

（2）不放弃，继续应聘其他工作岗位

从统计数据来看，成功的可能性与尝试的次数呈正相关关系。被拒绝的次数越多，距离成功就越近。所以，面对拒绝，研究生应继续应聘其他工作岗位。

（3）不要沉溺于失败之中

给自己留一小段时间来战胜挫折，然后继续前进。对未来保持信心！与其沉溺于失败之中，不如挖掘自身能量，寻找下一个工作岗位，很可能转角的地方就有更好的工作机会。

（4）乐观面对暂时的挫折

任何眼前的挫折都不会永久存在。记住，暂时的失败只是生命历程中的一页而已。

（5）关注当下，而非过往

人们无力改变已发生的事情，但可以调整心态适应未来。未来总是美好的！

（6）向他人寻求帮助，获取机会

利用自己的人际关系网络资源来获取帮助。如果需要，请向信任的人寻求建议。这会有助于客观地讨论面试被拒绝的挫折，并帮助自己了解如何从中吸取教训。

（7）致歉信

如果因个人原因错过或耽搁了面试，应写信表示歉意，陈述理由，同时表达出获得新的面试机会的殷切期望。

（二）面试前的指导

1. 第一印象

面试中的第一印象有多重要？毫无疑问，第一印象是至关重要的。为取得良好的第一印象，OSU 职业服务中心指出，研究生需要遵循的基本原则如下：

面试前需要深入了解应聘的岗位，确定面试地点，了解如何停车，着装得体。抵达时，行为礼貌，打招呼时唤人名字，向接待者介绍自己，进行良好的眼神沟通，微笑，放松，热情等。同时，要注意一些身体语言的沟通，如就坐时身体前倾，避免重复性和紧张的行为，注意说话的语气和语调，随身准备笔和文件夹以便随时做笔记等。面试过程中，要注意尽可能多地唤招聘者的名字，与招聘者建立友好关系等。

2. 面试问题范例

尽管不可能为所有应聘者提供详细而精确的面试问题，OSU 职业服务中心为研究生准备了面试中可能遇到的 20 个问题及相应的回答。

例如，"请介绍你自己"。研究生应预期会被问及这一问题，因此应事先准备好。研究生需要事先了解用人单位及应聘岗位，并凸显自己可以为公司做出的有益贡献。研究生需事先准备一个 2 分钟的、商业范式的回答，回答中应突出过去的成功经验和挑战。研究生应该按照满足招聘者需求的思路整理自己的发言，例如，"我的经历使得我会成为最适合这个岗位的专业人士。"研究生可以提及自己的经验、能力和成就等方面的细节，也可以提及对自己的专业领域保有热情的原因，以及自己长时段内的专业发展目标。

3. 合法与不合法的问题

面试中的合法问题，比如：介绍你自己？你希望被怎么称呼？公司希望员工加班的愿望对你而言会成为一个问题吗？如果要换个地方居住，你会方便吗？对于通宵出差，你的态度是怎样的？你是美国公民还是具有工作权的临时居民？你熟练掌握哪些外语？你超过18岁了吗？你在以前的工作单位或者教育单位是否有别的名字？

面试中的非法问题，比如：你结婚了吗？你婚前的姓是什么？你跟谁生活在一起？你有几个孩子？你的孩子多大年龄？如果你有孩子，你打算给孩子安排什么样的日托？你打算要孩子吗？你的配偶是做什么的？你或者你的父母是出生在这个国家吗？你年龄多大？你有多重？你有多高？你有任何的生理缺陷吗？你信仰什么宗教？你在哪里参加教会？你在哪里存款？你申请过破产吗？你被捕过吗？你属于什么社会、社区或者宗教团体？你服兵役了吗？如果你是退伍老兵，你退伍的时候是什么状况？你接受过心理学家的治疗吗？你有什么重大的疾病吗？你住过院吗？你有没有因药物或者酒精成瘾而接受治疗？你申请过工伤赔偿吗？

4. 衣着打扮

面试时，必须注意个人的衣着和仪表。比如：要保持衣物清洁，没有异味；提前到达，并到洗手间检查衣服、头发、手、指甲和面部，包括眼睛、鼻子和牙齿的角落；面试之前脱去外套，或者保持衣服没有褶皱；对于男性而言，带有一块品质优良的、金属或者皮质表带的手表或者一枚戒指是可以接受的，然而任何身体穿刺的痕迹都应该被去除；对女性而言，带手表、一对耳环及配套的项链也是可以的，但除了耳朵穿洞之外，其他地方不应有穿刺的痕迹；所有的纹身应该被遮盖；头发应该干净并且刚经修理，面部头发应该梳理整齐；指甲也应该修理整齐。

此外，男士和女士的着装都应特别注意，应着正式的外套，搭配衬衣。以男性为例，应该穿黑色、深灰、灰色或者藏青色的外套，搭配清洁无污的、熨烫整齐的、硬挺的长袖衬衫，最好是白色或者淡蓝色，确保领子舒适。尤其注意的是，面试当中最上面的衬衫扣子应该扣上，而不是解开。领带在长度、宽度和设计方面应该以偏保守为宜，因为你总希望焦点集中在面试和你的想法上，而不是你的领带上。鞋子同样重要。最好穿皮鞋，颜色以棕色或黑色为宜，系带或者一脚蹬样式都可以，但大部分的面试中最好不要穿靴子。

（三）面试中的指导

1. 面试中如何提问问题

（1）问题来源

面试过程也是研究生决定是否选择某个岗位或者单位的过程。因此，研究生可以向招聘者提问一些问题。基本上，问题来源有两个：第一，事先准备4到5个问题，并将其列在文件夹中，这样面试过程中可以随时看到；第二，面试进行过程中，记录下任何不清楚的地方，以提出问题。

（2）提问时机

那么，什么时候可以提问呢？当面试接近尾声的时候，招聘者一般会问，"你有问题吗？"这就是研究生向招聘者提问和获取信息的机会。在面试结束时，如果招聘者不想提问，研究生可以有礼貌地征得招聘者的许可，然后提问。

（3）注意事项

在提出问题时，研究生应注意以下事项：提问时，不要向招聘者发起一连串的问题；一些基本的情况,应该在面试之前研究用人单位及面试的职位时就了解清楚的,而不是通过面试提问来了解的;提问的问题应是关于岗位的具体细节或无法通过应聘前期的准备而获知的、有关公司的较为深入的问题,以及面试过程中提及的且需要详细说明的问题等;应避免"对我来说是什么"式的问题;在初次面试中,一般应避免薪水、福利和休假等方面的问题;初次面试应该聚焦在自己能够为用人单位提供什么,而不是用人单位可以为自己提供什么。

在随后的面试中或者拿到录用函之后,要准备好就薪水和福利问题与用人单位进行谈判。切记,一定是用人单位先提及这一话题。不过,如果面试官提及薪水和福利的话题,研究生不用刻意回避这个问题。未尽事宜,可以查阅 OSU 职业服务中心的《薪水谈判完备手册》。

2. 面试中可以提问的问题

面试中有效的沟通往往是双向的、自然的,研究生应该尽可能多地倾听和说,也可以通过提出一些问题来判断面试进展情况如何。当然,问题不应涉及用人单位在陈述中已经讲过的内容、信息或者在用人单位的相关文献资料及网站上可以查阅到的内容。

面试中,研究生可以提问的问题:公司的经营重心、核心价值观、使命和目标是什么? 收益和利润方面的趋势是怎样的? 是什么使得这家公司和竞争者有所区别? 和主要竞争者相比,这家公司的竞争优势是什么? 明年公司面临的主要挑战是什么? 在未来的 3 到 5 年内,公司的计划是怎样的? 公司的短期和长期的发展导向是什么? 公司在扩展或新的生产线方面有没有什么计划? 您认为公司内部最需要提高的是哪些领域? 这份工作的具体职责是什么? 这个岗位上最理想的应聘者应该具备什么样的素质? 如果我在这个岗位上,你对我的期待是什么? 这份工作对公司的使命或目标的贡献在哪方面? 这份工作的前景如何? 一般的培训项目持续多长时间? 每年有多少人参加培训? 这个岗位需要我每年出差多少时间? 在这个岗位上,我可能面临哪些挑战? 最终的录用决定是怎么做出的? 是谁做出的? 什么时候做出?

3. 应付不合法的问题

美国禁止用人单位基于性别、年龄、种族、裔源、宗教和残疾等方面的情况对任何应聘者的歧视。因此,不合法的问题就是指涉及这些被视为歧视性的问题,并且与工作岗位要求无关的问题。在面试中,研究生没有义务回答招聘者提出的不合法问题。

如果面试官出于好心却问了不该问的问题,那么,研究生应怎样反应呢? 主要取决于研究生对于面试官提问意图的理解。如果不相信面试官带有歧视性目的,可以选择回答问题。如果不确定面试官的提问意图,可以礼貌地询问这个问题和岗位是否有关联。在面试官的动机不明朗的情况下,不要轻易下结论。如果发觉面试官的歧视性目的,可以恭敬地告诉面试官,这个问题是歧视性的,自己不愿意回答这个问题。不管最后做出怎样的决定,研究生都不应是对抗性的,而应把话题转移到自己的能力和素质上。如果确实遭遇了歧视,研究生可以采取正当手段或者通过法律途径维护自己的权益。

(四) 面试后的指导

1. 如何写感谢信

感谢信是重要的一步。给用人单位的网络邮箱或者招聘者本人写一封感谢信,能够表明自己懂得基本的商务礼仪,也表明自己对于用人单位给予的面试机会深表感激。

（1）应注意的细节

写感谢信应该注意哪些细节呢？首先，应该在面试后 24 小时之内写感谢信。其次，感谢信应该是商务风格的，如果是打印的，应选用跟自己的简历一样的纸张；但同时也要附带一个手写的便笺。感谢信的便笺可以在 OSU 职业服务中心服务台拿到。再次，在感谢信发出之前务必请人校对好，并对占用面试官或其他人员的时间表示感谢。如果是电话交谈、招聘会上见面、短暂的交流或者信息采访，那么感谢信应简短，只要提及谈话的关键点，然后表达感谢就可以了。最后，一定要记得在感谢信上签名。

（2）应包含的内容

感谢信的主要内容应包括：面试中学到的东西，尤其是跟自己最重要的能力相关的；如果在面试中忘记提及某些方面或者想就面试中的某个要点加以阐述，可以在感谢信中提到；如果用人单位要求递交自己工作的样本或者其他文档，可以跟感谢信一起递送，一定要在信中提到附件内容："按照要求，我发送了我在上一次实习期间获得的网络认证证书"；一旦有任何信息，请用人单位随时联系自己；表明自己期待用人单位的决定；一旦接受工作机会，请向新的用人单位发送一封感谢信，这是与新的用人单位建立良好关系的开端；如果考虑退出某个岗位，或者拒绝一个工作机会，最好写一封礼貌而积极的感谢信，以便给自己留一条后路；如果被拒绝，遵循类似的格式，对于自己被用人单位纳入考虑范围表示感谢，同时表示自己对于在这家公司工作仍有兴趣。

此外，当研究生登录校园网面试的时候，会很容易得到面试代表的名片，而这个人可能是将来面试中直接与自己对话的人。OSU 职业服务中心建议，研究生应在面试当天写一个便条，并通过美国邮件系统发送，招聘者一回到办公室，就会看到便条表达了研究生在这家公司工作的兴趣，这是一个很好的表达方式。

2. 比较工作机会

面试结束后，研究生可能会面对多个工作机会，应如何做比较？对此，OSU 职业服务中心提供了如表 6.1 所示的模型，作为比较工作机会的辅助工具。

表 6.1　OSU 职业服务中心提供的工作机会比较模型

在"我的需要"列中，按照每个因素的重要性从 1 到 10 进行赋值（1 = 最不重要，10 = 最重要）。然后，根据每个用人单位满足每项标准的情况从 1 到 10 打分。最后，将所有的列进行汇总加分。分数越高，表明这个用人单位越满足你的要求。

标准	我的需要	用人单位 A	用人单位 B	用人单位 C
职业因素				
员工的责任/胜任力				
头衔				
晋升/个人发展潜力				
决策权				
工作类型/所用技能				

标准	我的需要	用人单位 A	用人单位 B	用人单位 C
其他				
公司因素				
公司规模				
公司历史/稳定性				
在公司就职的人员				
公司特色/价值观				
管理风格				
其他				
个人因素				
基本工资				
奖金/职工优先认股权				
津贴(养老金、保险、休假)				
附带福利				
地理位置				
出差				
额外支出(搬家、通勤)				
其他				
总分				

3. 做出最终决定

在做出最终决定之前,研究生应先深入了解所获得的工作机会,询问自己以下问题:过去的市场趋势如何影响公司的增长和进步? 公司过去 3 年内在生产率下降和裁员方面表现如何? 公司如何判断、评估和奖励杰出员工? 公司在内部晋升方面是否有官方文件? 获得这个职位的人在公司内部可能会有怎样的职业发展路径?

那么,如何做出最终决定呢? OSU 职业服务中心建议,如果用人单位提出了一个带有完整薪酬的工作机会,研究生最好不要马上接受这一工作机会。妥当的做法是,要求过几天做出最后的决定。在此期间,应向有经验的前辈、顾问或者职业咨询师寻求建议,就他们的建议和自己的直觉、观察进行比较。可以将利弊都列出来以便辅助做决定。一旦做出最终决定,应该与公司沟通,并口头表达接受或拒绝这一职位的决定。如果接受这一职位,应手写一份公函表示自己的态度。公函中应写明自己可以接受的具体职位、薪水和福利,并迅速将其寄送用人单位。如果决定放弃这个工作机会,也应该写一封信表达感激之情。

4. 谈判前的薪水评估

在没有做好充分准备的情况下,应聘者与将来的用人单位就薪水和福利进行谈判会令人感觉不太舒服,既害怕被认为太有野心,也害怕被认为太缺乏野心;一方面不想冒着失去工作机会的风险,另一方面又不想屈就于低工资。为帮助研究生克服这些恐惧,OSU 职业服务中心给出了为薪酬而谈判的合适方法。

在与用人单位进行面试之前,研究生可以通过四步的薪水评估确定自己的理想薪资范围,以便于顺利开展薪水谈判:第一步,回顾自己现有的账单以及可以预期到的支出部分,以确定满足自己财政支出需要的最低现金标准;第二步,明确自己应聘的职位在现有的就业市场以及正应聘的这家单位的"平均市场价值";第三步,确定一个现实的"理想"数据,选择一个合理的薪资数字,这个数字既值得为它而庆祝,又不致于让自己在现有的领域失去工作;第四步,确定所期望的薪资范围,"平均市场价值"应位于区间的底部,现实的"理想"薪资应位于区间的顶部。最后应记住,在谈判中降低薪资比提高薪资要容易得多。

5. 谈判中的注意事项

在薪水谈判过程中,研究生要注意如下事项:慎重开始谈判过程,要明白不是所有的公司都接受薪水和福利谈判的,遇到任何问题可以向职业咨询师求助;努力让用人单位最先提及薪资;尝试简要概括应聘岗位的责任和期待;可以询问与自己具有同样能力且在同类岗位上的人,用人单位给他们出的薪资数据或者薪资区间;如果用人单位要求提出具体的薪资数目,需要重新回顾自己的能力,并强调自己的能力;如果认为用人单位提供的薪资水平是合理的,可以进一步尝试提高这一数字;如果认为用人单位提供的薪资水平低于合理范围,应在不降低自己的理想薪水范围的前提下,采取策略继续谈判。

6. 有关薪水的常见问题

当被问及薪水问题时,研究生应该如何回应呢? OSU 职业服务中心指出,研究生可以使用合适的词汇,例如"公开的"、"可协商的"、"有竞争力的"等进行回应。当用人单位问及自己过去的薪资历史时,先确认用人单位的这一请求,并用通用的方式进行答复,例如,"因为我的知识、经验和责任在不断提升,我的薪水也在稳定地增长","我需要纸笔来思考并计算确切的数据","我希望您的公司会继续认可我的才能"。

请注意,不管就过去的薪资水平做出如何回应,不要在过去的薪水和现在可能得到的薪水之间建立联系,因为,现在的薪水应该完全建立在这一空缺职位的价值以及自己的能力上面。

7. 薪水参考

如图 6.2 所示,俄克拉荷马州立大学在职业服务中心的网站上发布了 2008—2012 年毕业生薪资状况供求职者参考。另外,还有一些发布薪资水平的专门网站,也可以提供有价值的信息供研究生参考。

五、简历与求职信

(一) 简历的建议

简历的表达和陈述方式至关重要。在撰写个人简历时,应以雇主的需求为导向。OSU 职业服务中心指出,研究生应思考雇主希望在简历中看到什么,并且将这些内容以适当的方式

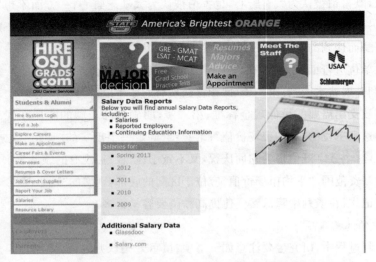

图 6.2　俄克拉荷马州立大学职业服务中心的薪水数据发布网页

来源：http://www.hireosugrads.com/StudentsAlumni/Salaries.aspx

呈现出来。

1. 有关简历

个人简历往往分标题陈述内容，常见的标题有："概要"、"突出成就"、"工作经历"、"志愿服务经历"、"从业资格"、"软件/硬件"、"行业组织"等。

同时，务必校对个人简历中的内容，比如日期格式、边距、标号等是否前后一致；不要包含年龄、婚姻、宗教等信息；尽量将简历内容控制在一页之内；成绩绩点高于 3.0 的，可以列在简历上；不要写姓名的缩写；确保使用的字体清晰、易辨认；使用品质较好的打印纸。

2. 简历类型

OSU 职业服务中心指出，研究生选择哪种简历类型取决于自己过去的经历和期望获得的职位。应切记，简历的目的是获得面试，而面试的目的是获得工作机会。

（1）按照时间顺序排列的简历

这是最常见、也是最受欢迎的一种简历，主要关注个人的工作经历，并以时间顺序陈述个人的工作经历。如果研究生近期的工作经验有助于获得自己所期待的工作岗位，那么可以按照时间顺序安排简历内容。当然，这种简历形式也适用于那些经验不断提升的研究生，以及初涉职场的"新手"们。

（2）按照功能排序的简历

这种类型的简历主要是为了体现从多种渠道获得的技能，而并不专门强调工作中获得的经验。这种格式的简历适合那些经验不多，但却具有很多可转换的、共通技能的研究生。此外，这种简历对于突出个人成就很有帮助。跳槽的人往往选择这种类型的简历。

（3）以上两者融合式的简历

这种简历既可以描述个人的工作经历，又可以突出个人的专门技能。

3. 简历内容

简历中应该呈现哪些内容呢？OSU 职业服务中心指出，一定要使自己的简历与众不同。研究生应将简历内容分类，以便于突出自己独有的、跟理想工作职位相关的经验和能力。另外，可以尝试将工作经验分类，比如管理经验、销售经验、商务经验等。简历中的主要版块应包括"教育"、"工作经验"、"活动、荣誉和领导力"等。

4. 简历中常用的动词

简历中常用的动词包括：管理能力方面，比如分析、谈判、提升、指挥、分配、评估、执行、增加等；沟通能力方面，比如讨论、合作、强调、推荐、确认、斡旋等；研究能力方面，比如分析、理解、适应、比较、收集、应用等；教育能力方面，比如发展、适应、解释、协调、说服等；财务能力方面，比如预算、平衡、计划、分配等；创造能力方面，比如创新、投资、设计、展示等。

5. 简历中呈现的能力

简历中应突出一些能力，包括：诚实、热情、职业道德、适应能力、态度、个性特征等，并用一些词汇来描述这些能力，比如用来体现"诚实"、"正直"的词汇，包括准确地、勤勉地、公正地、果断地、忠诚地、务实地等。

6. 简历中如何描述自己的能力

招聘单位会在工作描述中列举出需要应聘者具备的能力，因此研究生需要尽力使自己在简历中描述的能力与招聘者的需要相吻合。在简历中，研究生可以用如下语言描述自己的能力，比如调查问题、聆听、分析数据、在图书馆进行探究、计算数据、激励别人、操作设备、设计数据系统、分配产品、预测未来趋势、准备材料、更新文件、保护财产、采访别人、修理机械设备、撰稿等。

7. 基本的简历样例

如图 6.3 所示，一份完整的简历应包括概要、教育背景、工作经历、语言能力、个人技能、职业发展、活动和荣誉等方面内容。

8. 无工作经验者的简历样例

如图 6.4 所示，如果研究生没有工作经验，简历内容应包括个人基本情况、个人技能、教育经历、社区服务经历、社会参与及领导力培养、荣誉等。

(二) 个人履历的建议

1. 个人履历

个人履历和简历都可以体现求职者在个人能力、经验、教育等方面的特质，但二者在重点、格式和内容等方面又有所不同。OSU 职业服务中心指出，个人履历主要用于应聘教育、研究或其他教育相关领域的职位，因此，研究生应较多地介绍个人的学术研究经历。如果说简历以简洁为指向，那么个人履历则应完备而充实。

个人履历中常用的要项包括：个人信息，包含姓名、地址、电话号码和电子邮箱等；学术背景，包含学位、论文、头衔及荣誉等；学术研究兴趣、专业证书及教学研究兴趣；参与的学术研讨会、外语能力、社会工作等。

2. 个人履历中常用的动词

OSU 职业服务中心给出了个人履历中常用的动词：体现管理能力的动词，比如谈判、提

Resume Example
HIREOSUGRADS.com by OSU Career Services

Bi Ngo
Address　Phone　Email

Summary (look for demonstrable skills and/or abilities specific to the job for which you are applying)
- Extensive experience in . . .
- Broad knowledge of managing . . .
- Expertise in . . .

Education (do not include high school)
Master of Science in Tic Tac Toe May 2004
Oklahoma State University, Stillwater, Oklahoma (some include GPA)
Focus Area or Thesis

Bachelor of Art in Face Painting December 2000
University of Arkansas, Fayetteville, Arkansas (some include GPA)
Special Projects if there are any

Experience (try to use only the most pertinent information to the position you are applying)
Title of most recent position May 2006 – Present
Company Name City, State
- Coordinate weekly and yearly activities including weekend retreats, organizational meetings, and overseas humanitarian work
- Locate and negotiate retreat conference centers for conferences and retreats
- Create and implement curriculum for young adults

Title of next most recent position May 2004 – May 2006
Company Name City, State
- Recruited hosts for events and met with them to plan logistics and promote the events
- Prepared operating budget and monitored the spending of budgetary funds
- Conducted training program for 20 student staff members

Title of the next most recent position December 2000 – May 2004
Company Name City, State
- Assisted with the marketing strategies of XYZ company
- Designed, created and distributed ad campaigns in newspapers
- Edited research papers and marketing materials

Languages (optional)
Language – level of proficiency reading and writing
Language – level of proficiency reading and writing

Publications (optional, though often impressive)

Skills (optional)
Any computer, special software or other skills specific to being successful in the job to which you are applying

Professional Development (optional)
Any conferences attended, workshops given, and professional affiliations

Activities and Honors (optional)
Any organizations, offices held, honors received

References (do NOT include on the resume. Make a separate page for references and include name, position, address, phone, e-mail, years known. Include résumé letterhead on Reference Page. See References Example.)

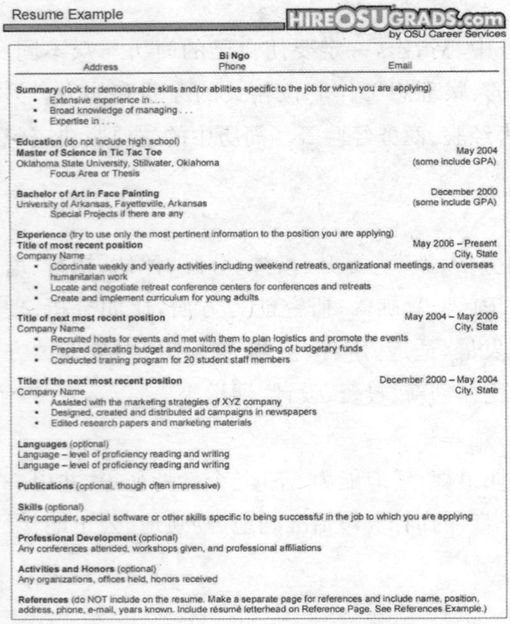

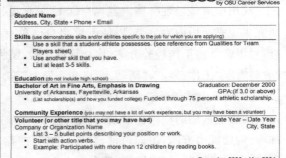

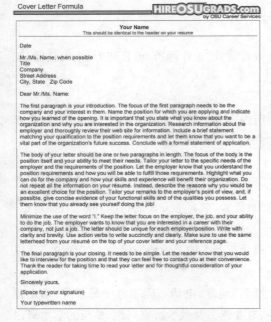

图 6.3　俄克拉荷马州立大学职业服务中心的基本简历样例

来源：http://www.hireosugrads.com/StudentsAlumni/ResumeCoverLetter-ResumeTips.aspx

Resume Example
HIREOSUGRADS.com by OSU Career Services

Student Name
Address, City, State • Phone • Email

Skills (use demonstrable skills and/or abilities specific to the job for which you are applying)
- Use a skill that a student-athlete possesses. (see reference from Qualities for Team Players sheet)
- Use another skill that you have.
- List at least 3-5 skills.

Education (do not include high school)
Bachelor of Art in Fine Arts, Emphasis in Drawing Graduation: December 2000
University of Arkansas, Fayetteville, Arkansas GPA:(if 3.0 or above)
- (List scholarship(s) and how you funded college) Funded through 75 percent athletic scholarship.

Community Experience (you may not have a lot of work experience, but you may have been a volunteer)
Volunteer (or other title that you may have had) Date Year – Date Year
Company or Organization Name City, State
- List 3 – 5 bullet points describing your position or work.
- Start with action verbs.
- Example: Participated with more than 12 children by reading books.

December 2000 – May 2004
Self employed City, State
- Fed llamas food, including supplementing for special dietary needs
- Ensured for the proper care and feeding of the llamas
- Cleaned the living space of the llamas

Community Involvement and Leadership Activities
FFA Member Month Year – Month Year
Rex Kwan Do Member Month Year – Month Year
Happy Hands Sign Language Club Member Month Year – Month Year
Wild Honeymoon Stallion Ranch Volunteer Month Year – Month Year

Honors
First Place Liger Painting in Idaho Month Year
Tetherball Champion Scholar Month Year
Happy Hands Sign Language State Champion Month Year

References (do NOT include on the resume. Make a separate page for references and include name, position, address, phone, e-mail, years known. Include résumé letterhead on Reference Page. See References Example.)

图 6.4　俄克拉荷马州立大学职业服务中心的无工作经验者的简历样例

来源：http://www.hireosugrads.com/StudentsAlumni/ResumeCoverLetter-ResumeTips.aspx

高、优化、启动、激励、预见、监控、协调等；体现沟通能力的动词，比如理解、演讲、建议、合作、展示、推荐等；体现研究能力的动词，比如分析、维持、比较、收集、解决、安置、利用等；体现教学能力的动词，比如指导、沟通、解释、告知、评估等。另外，还有体现理财能力、创造能力、服务能力、文员能力等方面的动词供选择和使用。

3. 个人履历中提及的能力

个人履历中常提及的个人素质方面的用语，比如"诚实"、"正直"方面常用到准确地、忠实地、负责任地等。这和简历中的用语基本一致。

4. 个人履历中提及的技能

个人履历中常用于表述个人技能的用语和简历一致，具体可参阅前部分内容。

（三）求职信

如图 6.5 所示，俄克拉荷马州立大学的职业服务中心提供了求职信的写作模板。

Cover Letter Formula
HIREOSUGRADS.com by OSU Career Services

Your Name
This should be identical to the header on your resume

Date

Mr./Ms. Name, when possible
Title
Company
Street Address
City, State　Zip Code

Dear Mr./Ms. Name:

The first paragraph is your introduction. The focus of the first paragraph needs to be the company and your interest in them. Name the position for which you are applying and indicate how you learned of the opening. It is important that you state what you know about the organization and why you are interested in the organization. Research information about the employer and thoroughly review their web site for information. Include a brief statement matching your qualification to the position requirements and let them know that you want to be a vital part of the organization's future success. Conclude with a formal statement of application.

The body of your letter should be one or two paragraphs in length. The focus of the body is the position itself and your ability to meet their needs. Tailor your letter to the specific needs of the employer and the requirements of the position. Let the employer know that you understand the position requirements and how you will be able to fulfill those requirements. Highlight what you can do for the company and how your skills and experience will benefit their organization. Do not repeat all the information on your résumé. Instead, describe the reasons why you would be an excellent choice for the position. Tailor your remarks to the employer's point of view, and, if possible, give concise evidence of your functional skills and of the qualities you possess. Let them know that you already see yourself doing the job!

Minimize the use of the word "I." Keep the letter focus on the employer, the job, and your ability to do the job. The employer wants to know that you are interested in a career with their company, not just a job. The letter should be unique for each employer/position. Write with clarity and brevity. Use action verbs to write succinctly and clearly. Make sure to use the same letterhead from your résumé on the top of your cover letter and your reference page.

The final paragraph is your closing. It needs to be simple. Let the reader know that you would like to interview for the position and that they can feel free to contact you at their convenience. Thank the reader for taking time to read your letter and for thoughtful consideration of your application.

Sincerely yours,

(Space for your signature)

Your typewritten name

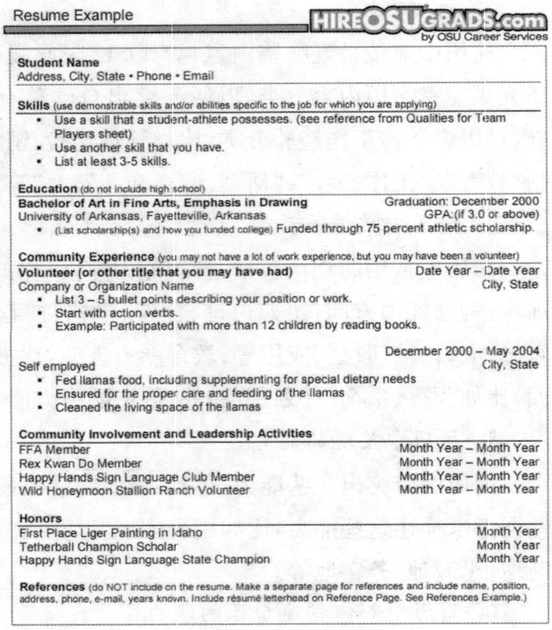

图 6.5　俄克拉荷马州立大学职业服务中心的求职信写作模板

来源：http://www.hireosugrads.com/StudentsAlumni/ResumeCoverLetter-CoverLetter.aspx

（四）推荐信

1. 基本的推荐指南

有些招聘单位还通过推荐人来进一步了解应聘者的能力和工作态度等。因此，研究生需要先列举出一些能较好地陈述自己的能力和特质的推荐人。

为了获得合适的推荐，OSU 职业服务中心为研究生提供了一些应用策略：研究生在初入大学时，就应尽量多地了解身边的教授和专家，并努力使他们了解自己，因为这些教授和专家将来很可能成为自己的推荐人；除非获得本人的准许，否则千万不要说"某某是我的推荐人"之类的话；一份合理的、平衡的推荐人名单应包括自己的雇主和学术导师；不过，现有单位的领导不可以成为推荐人，但是，他们可以适时确证自己的工作能力；"推荐人意见"应另附一些纸单独列出，并且需要使用和简历一样的纸张。

2. 寻找推荐人

寻找一个合适的推荐人是非常重要的。对此，OSU 职业服务中心建议，研究生可以直接询问："我正在找工作，您是否愿意成为我的求职推荐人？"并且，在陈述选择他（她）作为推荐人的理由时，最好强调他（她）了解自己的能力，同时，需要向推荐人陈述自己的职业生涯发展规划以及自己打算向应聘单位陈述的主要内容。此外，还需要注意一些细节，比如留一份简历给推荐人，求职过程结束向推荐人表达谢意，名字变更时及时告知推荐人等。

3. 推荐信样例

如图 6.6 所示，OSU 职业服务中心列举了一个推荐信样例，供研究生参考。

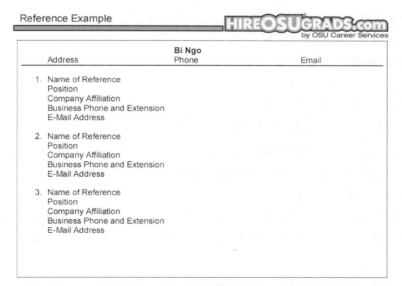

图 6.6　俄克拉荷马州立大学职业服务中心的推荐信样例

来源：http://www.hireosugrads.com/StudentsAlumni/ResumeCoverLetter-Reference.aspx

第二节　特色化的职业指导与服务

一、明尼苏达大学的研究生职业发展课程[1]

明尼苏达大学鼓励研究生在大学期间,尽早且经常利用学校提供的职业探索机会、事件和资源为自己的职业发展做准备。为此,明尼苏达大学职业服务中心(University of Minnesota Career Services,简称 UMN 职业服务中心),为研究生提供了职业发展导向的职业指导课程。

(一) 职业探索课程

1. 学术规划与探索

这是一门网络在线课程,针对性格犹豫不决和具有竞争力专业的研究生,他们将在这门课程中积极参与学术和职业决策的过程。

2. 生物学学术讨论会

这门课程主要是针对第一学年和第二学年的研究生开设的,目的是使那些对于生命科学领域有兴趣的研究生可以体验与感知很多生物学相关的学科,包括健康科学,同时了解他们可能闻所未闻的职业生涯发展的机会。这门课程还帮助研究生与教师进行联系,并开始获得研究机会。

3. 职业探索

这门课程目的在于通过研究生进行自我探索及职业生涯规划的过程,来帮助研究生建立一个进行专业选择及生涯发展路径的计划。这门课程只针对卡尔森管理学院的研究生开放。

4. 设计行业的就业和实习准备

这门课程为研究生提供在设计领域寻找一份好工作或实习所需的技能。比如服装设计、平面设计、室内设计或建筑设计等领域。

5. 生物学家的职业规划

这门网络在线课程引导研究生开始进行职业规划。研究生将会评估自己的能力和兴趣,学会探索职业,学会研究未来的发展趋势,尝试一分钟的演讲及个人简历制作,并制定一个行动计划。研究生还将参加校园活动,了解学校的资源,以助于开启职业之旅。

6. 探索专业和职业

这门课程将帮助研究生针对自己独特的兴趣、个性、价值观和技能进行广泛的评估。在课程中也会引导研究生如何全面了解不同的专业和职业,以利于研究生做出最适合自己的选择。

7. 未来的卫生专业人员潜在的卫生挑战

在这门课程中,研究生将了解到作为一名未来的卫生专业人员,自己将面临的挑战。在课程中,研究生能够了解到卫生专业人员所参与的前沿研究和创新计划。

---

[1] 本部分内容主要参考明尼苏达大学职业服务中心网站(http://www.career.umn.edu)。

8. 在科学和工程方面探索职业

这门课程通过信息性面试和行业主讲嘉宾,帮助研究生熟悉工程、科学或其他行业的信息。

9. 农业教育和扩展的简介

这门课程帮助研究生获得对农业教育学科更深的了解。

10. 科学技术交流的简介

这门课程将科学技术交流作为一门学科的概述和历史进行介绍。

11. 法学院探索

这门课程为那些预先考虑法学院的法律系研究生开设。课程内容包括法学院探索和应用过程中的各个方面。

12. 应用经济学方向

这门课程为研究生介绍课程体系、政策和程序、就业机会及应用经济学系的一些情况。

13. 临床研究方向

这门课程推荐准备进入健康与卫生领域学习的研究生去研究临床领域、道德和敬业精神、与牙科相关的临床研究、药学、公共卫生、医药、护理等。

14. 健康的职业取向

这是一门网络在线课程,为那些想探索健康科学专业和职业的研究生而设计。

15. 定向的药学培训

这门课程涵盖了药学的全部方面,包括劳动人口的问题、农村医疗卫生问题,并提供培训和实习机会。

16. 未来的医生系列课程

这门课程为了那些对医学药物领域有兴趣的研究生,以及那些积极参加和准备加入医学院的研究生而设置。

(二)实践学习课程

1. 健康经验

在这门课程中,研究生可以获得完整的卫生专业志愿者经历,并深刻了解医患关系,获取有价值的经验,获得学分。

2. 研究生院:探索、计划、申请

你想了解研究生院吗?本课程帮你了解研究生课程是怎样的,并且提供成功申请研究生院的方法指南。在课程结束时,你也将完成研究生院的申请材料,包括个人陈述、多样性声明、个人简历、推荐信计划、时间表。

3. 实习:生命学的专业经验

这门课程通过对生命科学领域的相关理论知识进行实习,提高研究生个人、人际关系和职业的发展。

4. 准备实习

雇主在做出应聘决定的时候把通常把现实世界的经验看得很重要,这也是为什么实习是研究生校园生活中很重要的部分。这是一门有丰富研究的课程,适合任何研究生,无论他们处于职业生涯的哪一个发展阶段。

5. 意味深长的社区参与

这门课程旨在培养研究生积极的公民意识和社会责任感。在课程中,研究生将有机会探索不同类型的社区工作,如直接志愿服务、社团组织、经济发展等方面的社区工作。

(三) 就业准备课程

1. 构建你的职业网络

这门课程将引导研究生如何在本领域的专业人士面前轻松地谈论自己的经验和成果。即使对自己的专业和职业并不确定,仍然可以应用这些实践策略来最大化个人的及职业的网络。

2. 实效课程及毕业生就业准备

这门课程主要是针对非学术类工作的搜索,但一些课堂内容和工作是针对研究生的学术研究和学术生涯发展的。

3. 就业和实习准备

这门课程将教会研究生在本专业领域内寻找一份好工作或实习的必要技能。讨论的话题包括简历制作及附函信撰写、有效的面试、寻找工作机会、薪水谈判等。

4. 发展你的个人品牌和在线身份

个人品牌有助于明确你是谁,你与别人的区别是什么,是什么让你与众不同。通过自我探索活动,你会发现你的个人品牌,并让你脱颖而出。不管是现在还是将来,个人品牌都可以增加你个人和专业成功的机会。

这门课程将让研究生了解如何使自己为人所知,并在职业经历、愿景和目标提升的同时教会研究生维护和提升自己的品牌。研究生将创建一个 LinkedIn 账户,课程也将在建设研究生的在线身份方面提供建议。

5. 有效的面试

这门课程教授研究生面试成功的必备策略。通过课程,研究生会提高自信心,并有效传达个人经验和优势。研究生需要准备以回答面试中通常会问到的问题,得到一些关于如何针对目标受众而定制自己的简历及封面的建议。

6. 为科学工程职业的准备

在这门课程中,研究生将学习如何研究公司、行业和与自己专业相关的职业,从而获得与职业目标相关的经验;还会发现一些用来寻找实习的资源和全职工作的机会;增加一些面试技巧;丰富自己的简历和求职信,以及自己的市场经验。

(四) 专业必修课程

1. 求职技能

这门课程主要教授简历写作、面试和人际互动等方面的技巧。该门课程只开放给卡尔森管理学院的研究生。

2. 定位在渔业,野生动物的保护,保护生物学

这门课程主要介绍渔业,野生动物的保护,以及与保护生物学相关的专业。

二、明尼苏达大学的"父母参与"①

明尼苏达大学建议研究生父母应参与研究生的职业发展过程,为实现父母对研究生职业成长和发展过程的参与,如图6.7所示,UMN职业服务中心为研究生父母提供了具体建议,开展了一系列有意义的项目和活动。

图6.7　明尼苏达大学职业服务中心的"父母项目"

来源:http://www1.umn.edu/parent/about/index.html

(一)给研究生父母的建议

UMN职业服务中心建议,研究生父母应引导研究生了解如下资源:职业咨询服务、大学辅导和咨询服务、国外学习中心、职业课程等。研究生父母应鼓励研究生参加如下活动:实习、志愿服务或者服务学习、消费合作社、工作影子计划、良师指导计划、父母同伴活动等。

(二)"父母同伴"

UMN职业服务中心的职业发展专家 Heather Fredrickson 和父母项目主任 Marjorie Savage 专门做了一个《父母同伴:职业探索和职业计划中父母角色的合理定位》(Parents as Partners:Identifying an Appropriate Role for Parents in Career Exploration and Planning)的PPT,其中对父母在研究生职业发展过程中的作用进行了展示和阐述。

(三)"经验之声"

明尼苏达大学认为,对每一个家庭来说,研究生进入大学校园的最初几周都是难忘的。无论父母是如何准备的,兴奋、孤独、抑郁和许多其他的情绪可能会出现在不同的时间。在每年的9月份,UMN职业服务中心都会就研究生在读期间可能面临的"财政状况、信用卡和支出;宿舍生活;职业选择;通勤问题;支持你的研究生;总体把握;为自己做点什么"等方面的问题,

---

① 本部分内容主要参考明尼苏达大学职业服务中心网站(http://www.career.umn.edu/parents.html)。

在父母中进行调查。其中，就"职业选择"而言，如果问父母"作为一位父母，你认为自己应该在研究生的职业选择上产生多大影响"时，大多数父母都认为自己的职业经验应该对研究生的职业选择产生很多影响。

（四）"父母项目"

明尼苏达大学的"父母项目"起源于 1993 年，时任研究生事务办公室的副主任 Marvalene Hughes 提出，应加强学校与研究生父母的联系，她要求研究生事务部门的工作人员定期向研究生父母寄发学校通讯。此举赢得了研究生父母的热烈拥护，在针对焦点小组的调查中，父母们希望参与更多，并希望安排校内联络人。为了满足父母的要求，研究生事务和大学关系部门在"父母项目"上花费了更多的时间和资源。"父母项目"的责任和使命在于，建立学校与父母之间沟通的桥梁，以支持研究生的成功，增强对学校的认同感，通过与校内各部门的合作，寻找父母在大学社区内的合适位置，帮助父母了解研究生的经历、支持研究生的学习，并鼓励研究生做出适合自己的学业选择和生活方式选择。

三、哈佛大学的"深红色的罗盘"[①]

为帮助艺术与科学研究生院（Graduate School of Arts and Sciences，简称 GSAS）的在校研究生与校友之间相互联系，哈佛大学职业服务中心（office of career services）提供了"深红色的罗盘"。

如图 6.8 所示，"深红色的罗盘"是为 GSAS 在校研究生和校友间相互联系而服务的在线通讯录。目前，已有超过 17000 名校友自愿分享了他们的专业经验和专业知识。无论是申请研究生院、转行或刚起步，"深红色的罗盘"都为 GSAS 在校研究生提供他所需要的信息链接。因此，"深红色的罗盘"往往被视为拓展就业网络的重要工具。

图 6.8 哈佛大学 GSAS 的"深红色的罗盘"注册网页

来源：https://post.harvard.edu/olc/pub/HAA/register/register.cgi

---

① 本部分内容主要参考哈佛大学校友会网站（https://post.harvard.edu/olc/pub/HAA/register/register.cgi）。

"深红色的罗盘"为成员提供的服务包括：更新个人简介；寻找同班同学或校友的通讯录；建立永久的 post. harvard 电子邮箱；向职业咨询师寻求帮助，或为在校研究生及校友提供职业指导；加入各种话题的讨论组，或者另辟一个讨论组；自己的活动和重要事项可以被其他校友获知。

四、斯坦福大学的研究生职业咨询服务[①]

　　如图 6.9 所示，斯坦福大学职业发展中心（Stanford University Career Development Center）提出"我们希冀能够通过一对一方式的咨询服务，满足你的个性化需求"。斯坦福大学职业发展中心为当前注册入学的研究生及毕业未满一年的校友，提供 15、30、45 分钟的职业咨询服务。

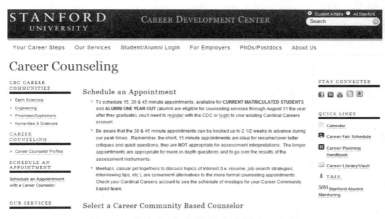

图 6.9　斯坦福大学的职业发展中心网站

来源：http://studentaffairs. stanford. edu/cdc/services/career-counseling

（一）30&45 分钟咨询

　　斯坦福大学职业发展中心指出，研究生需要注意，如果在高峰时段想要预约 30 或 45 分钟的咨询，应该提前两个半星期进行预约。一般来说，咨询的时间越长，越适合于探讨深入的问题或者分析职业评估的结果。

　　1. 服务时间

　　每周一至周五，上午 9：00—12：00，下午 1：00—5：00。

　　2. 预约流程

　　首先，研究生应在线预约职业咨询师，或者朋辈咨询师。朋辈咨询师由斯坦福大学的高年级研究生担任，他们受过系统训练，主要帮助低年级研究生解决在寻找兼职、暑期工和实习岗位等过程中遇到的问题。然后，研究生需要在 1—14 天内等待职业发展中心的反馈确认。最后，研究生根据反馈，按约定时间前往职业发展中心的咨询师办公室进行一对一

---

① 本部分内容主要参考斯坦福大学职业发展中心网站（http://studentaffairs. stanford. edu/cdc），及王丹. 美国高校开展职业咨询实务的特点与启示[J]. 中国青年研究，2011(6).

面谈。

3. 咨询目的

在职业咨询过程中，咨询师需要达到的目的包括：阐明研究生的兴趣、技能、价值观和工作风格；向研究生解释职业评估工具，通常 30 分钟的咨询时间内只能解释一个职业评估工具；与研究生一起探索各种职业选择；概述研究生的职业生涯搜索计划；提升研究生的求职策略；帮助研究生学习有效的简历写作和面试技巧；如果研究生是一名博士或博士后，帮助他获得学术类型职位的应聘技能；组织研究生参加模拟面试。

（二）15 分钟咨询

1. 服务时间

每周一至周五，上午 11:00—12:00，下午 2:00—4:00。

2. 预约流程

15 分钟的短时咨询无需预约，研究生随时可以到职业发展中心进行咨询。

3. 咨询目的

在短时咨询过程中，咨询师主要帮助研究生解决简历、求职信等修改问题，并快速解答一些简易问题，但不适用于职业测评解释。

五、密歇根州立大学的研究生职业发展服务[①]

2006 年初，密歇根州立大学的研究生院推出系统的研究生生涯和职业发展模型，即 PREP 模型（Planning，Resilience，Engagement，Professinalism），这主要是缘于以研究生院院长为首的团队，对过去的职业发展活动进行的总结与反思。

（一）PREP 模型的推出背景

在过去的十多年间，密歇根州立大学的研究生院开展了很多职业指导活动，但是这些活动能否以及在多大程度上促进了研究生的职业能力发展，并帮助他们实现就业目标？通过与研究生开展焦点小组访谈，相关人员发现研究生对"职业发展"的认知比较粗浅，他们只是把这些活动看作一系列分散的、缺乏有机联系的工作坊而已。在此背景下，密歇根州立大学推出了 PREP 模式。[②]

（二）PREP 模型提供的技能

PREP 模型的核心要义在于帮助研究生获得成功的博士或博士后经历，并顺利实现向学术、政府机关、企业或其他机构过渡中的角色转变。PREP 模型为研究生提供了四项重要的职业技能：

➢ 合理规划研究生课程，以便于识别、确定并成功实现职业目标

➢ 发展个人的弹性和韧性，以便使自己在个人和职业发展的不同阶段能得心应手

➢ 练习积极参与做出重要的人生决定，掌握必要的技能以达到职业目标

---

① 本部分内容主要参考密歇根州立大学研究生院网站（http://grad.msu.edu/prep/workshops.aspx）。
② 刘帆. 美国博士生职业发展服务创新：以密歇根州立大学为例[J]. 高等工程教育研究，2013(2).

➢ 达到在研究和教学领域的专业化的高标准

PREP 模型是围绕着研究生的事业矩阵,它允许根据每个人所处的位置和阶段来安排计划,实质是制定计划、灵活适应、主动参与和职业精神四个主题的合理安排。

（三）PREP 工作坊

如图 6.10 所示,PREP 工作坊是专为研究生和博士后设计的,这些工作坊提供了一个持续的可迁移技能,具体包括:

图 6.10　密歇根州立大学的 PREP 工作坊网页

来源:http://grad.msu.edu/prep/workshops.aspx

1. 求职系列

教授研究生和博士后在寻找学术相关和非相关工作过程中的信息收集和具体操作技能,包括岗位定位、谈判条款等。

2. 批判性思维系列

批判性思维系列工作坊提供在不同领域,比如教学、研究和专业发展等领域,学习如何开发和运用批判性思维的技能。

3. 领导力系列

在领导力系列工作坊中,研究生和博士后将学习如何去磨练自己在教学、研究、专业团体和团队项目等方面的领导力。

第七章　科研管理与学术成果转化

第一节　研究生科研管理

一、斯坦福大学的研究生学术指导[①]

斯坦福大学非常注重研究生学术能力的培养,学校为每一名研究生配备学术指导教师,有效的学术指导成为提高研究生科研能力的重要手段。

(一)研究生学术指导教师

如图 7.1 所示,斯坦福大学专门制定《研究生学位获得政策和阶段学习规定手册》,其中第三章对研究生学术指导教师作了具体规定,第五章规定了研究生因学术不合格原因被退学的相关程序,下面结合《研究生学位获得政策和阶段学习规定手册》中的相关内容作进一步介绍。

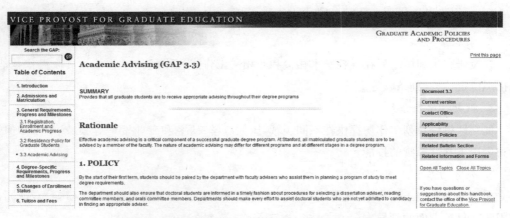

图 7.1　斯坦福大学的研究生学术政策和程序网页

来源:http://gap. stanford. edu/3-3. html

斯坦福大学在研究生第一学期开始的时候,将每位研究生与院系的教师进行配对,这位教师将帮助研究生规划今后的学习项目,以此来满足研究生学位培养的要求。院系应保证攻读博士学位的研究生及时了解选择学位论文导师、学位论文阅读委员会成员及口试委员会

---

① 本部分内容主要参考斯坦福大学官方网站(http://www. stanford. edu)。

成员的程序。同时,院系必须尽力帮助还未进入候选资格的博士生选择一位合适的导师,而研究生则必须遵循院系关于配备导师及学位论文阅读委员会成员、口试委员会成员的程序性规定。

1. 联合导师

研究生可以根据自己的判断,要求两名学术委员会成员作为自己的联合导师。如果研究生主要的学位论文导师是一位前任斯坦福大学学术委员会成员、退休教授或非学术委员会成员,则必须任命一位现任的学术委员会成员作为研究生的联合导师。

2. 导师的调换

有时研究生的研究项目可能会偏离导师所胜任的研究领域,或研究生与导师之间发生了不可调和的矛盾,在这种情况下,研究生可以要求院系调换导师。如果院系同意,则需根据规定将研究生与另一名教师配对,但这可能会引起研究生项目研究上的一些改变。

在少数情况下,研究生的论文研究达到了一个非常前沿的水平,同时论文导师不能再胜任其指导工作,院系则需要为研究生指派一名新导师,通常从研究生的学位论文阅读委员会成员中选择。当研究生导师离开斯坦福大学或退休时,该导师可以继续指导这名学生。如果该教师还将继续作为研究生论文的主要指导教师,那么必须任命一个目前在职的学术委员会成员作为研究生的联合导师。

3. 来自其他院系的学术指导教师

研究生学术指导教师原则上应从其所在院系或研究项目教师中选择,但只要该生所在院系同意,也可以选择其他院系的导师,而该院系则需要在管理名册中登记这位导师的相关信息。

(二) 学术指导教师的责任

斯坦福大学《研究生学位获得政策和阶段学习规定手册》规定了学术指导教师的责任,一般包括:

> ➤ 作为研究生知识上及专业上的指导教师
> ➤ 为学生提供有关学术及非学术政策方面的知识
> ➤ 帮助学生提高在求职方面的竞争力
> ➤ 在师生关系当中保持高度的专业性

学位论文导师通常要与研究生之间建立非常重要的关系。作为导师及学术准则的模范,论文导师在研究生成长为一名学术研究者的过程中扮演着重要角色。论文导师指导研究生进行研究,对研究生的进步情况做出评估;在很多情况下,导师被期望给予研究生研究津贴及其他经济上的支持。此外,论文导师通常会作为研究生口试委员会的成员,以及研究生博士学位论文阅读委员会的主席。由于这个职责的重要性,以及其中可能产生一些问题,院系一般安排主任或专门的研究生学习指导人员来帮助协调研究生和导师之间可能出现的各种问题。为更清楚地阐明研究生和学术指导教师之间的关系,《研究生学位获得政策和阶段学习规定手册》中还特意制定了"研究生与顾问关系最佳指南"作为附件,同时用表格的形式分别明确了院系、导师和学生的职责。

表 7.1　斯坦福大学研究生学术指导配备流程及步骤

序号	流程及步骤	职责主体
1	从第一个学期开始为每名研究生配备一个合适的学术指导教师	院系
2	确定论文指导教师及阅读委员会、口试委员会成员	学生
3	指导研究生和导师之间维持健康的关系,根据需要解决冲突	院系
4	登记每个研究生的论文指导教师、阅读委员会成员及口试委员会成员的信息	院系
5	实施学术指导的责任	导师

来源:斯坦福大学《研究生学位获得政策和阶段学习规定手册》第三章

(三)因学术原因被退学

斯坦福大学《研究生学位获得政策和阶段学习规定手册》的第五章对研究生因学术原因被退学的情况做出了明确规定。斯坦福大学的研究生入学课程具有高度的可选择性,每位研究生都被预先视为可以完成相关学位要求。对于那些不符合学术要求可能被退学的研究生,院系委员会、委员会顾问或是其他可以代表院系的教师(比如院系的研究生委员)将负有以下责任:

> 在因论文或其他问题需要警告的情况下,应尽早提醒研究生
> 详细解释原因
> 在特殊情况下需要与研究生进行深入讨论
> 如果研究生需要被退学,则至少由三名委员会顾问参与院系委员会的讨论决定,并以书面形式公布决定
> 在研究生的相关文件中记录部门决定、投票结果以及讨论情况
> 为研究生提供申诉机会,研究生有权按照学生学术申诉程序进行申诉
> 提出申诉

斯坦福大学《研究生学位获得政策和阶段学习规定手册》详细的规定了研究生在学位申请的不同阶段因学术原因被退学的程序:

1. 取得学位候选资格前

院系委员会将采取投票的形式开除那些在候选资格检查前没有达到最低学术要求的研究生。如果研究生可能通过努力符合条件时,院系委员会应该尽可能与研究生当面交流,帮助他们了解学术表现及补救的措施。

2. 审查候选人资格时

在审查候选人资格的过程中,如果院系委员会投票决定研究生不适合继续作为候选人,应将该名研究生开除。院系主席或研究生学习顾问应将院系决定书面记录下来。同时,研究生可以提交书面申请要求院系重新考虑其决定,院系委员会应该对研究生的书面申请给予答复,并可以拒绝重新考虑其原来的决定。

3. 在候选过程中

当一名研究生无法达到最低程度的学术要求或不能完成必须的研究项目时,该名研究生

的学术顾问及其他相关导师应该约见研究生进行面谈。讨论过程应被书面记录,同时应写明其学术不足的细节、补救措施及时间节点等,并存入到研究生档案中。警告到期后,院系委员会需重新审查研究生的情况并向研究生提出建议,如果研究生符合学习要求,则将被书面告知已解除警告。如果研究生仍不符合条件,院系委员会应该启动开除的程序,且应该书面通知研究生本人。研究生有权被邀请去参加一部分会议陈述他自己的情况,也可以书面的形式向院系委员会作出解释。在研究生不在场的情况下,院系委员会讨论结束后应该就开除该名研究生的问题进行投票。研究生应该收到关于会议总结的书面记录,包括院系委员会的决定以及理由。此时,研究生还可以提交书面申请要求院系委员会重新考虑,院系委员会应该予以书面答复,也可以拒绝重新考虑已作出的开除决定。

二、斯坦福大学的研究生科研制度[①]

美国大学非常注重科研制度建设,几乎所有的研究型大学都制定有《科研政策手册》,斯坦福大学也不例外,完备的科研制度为斯坦福大学高层次研究型人才的培养打下坚实的基础。

(一)斯坦福大学的《科研政策手册》

斯坦福大学的官方网站主页在显要位置标注"科学研究"栏目,点击后就进入"科学研究"页面。如图 7.2 所示,该页面内容非常丰富,包括斯坦福大学科学研究、专门研究中心、教学和科研一体化、图书馆链接等版块。值得注意的是,斯坦福大学将本科生的科研制度单独进行区分,而研究生科研制度的规定则主要包含在《科研政策手册》中。

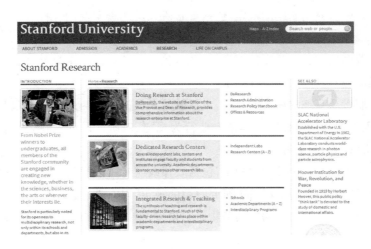

图 7.2　斯坦福大学的科学研究网页

来源:http://www.stanford.edu/research/

---

① 本部分内容主要参考斯坦福大学官方网站(http://www.stanford.edu)。

如图 7.3 所示,在斯坦福大学的官方网站上可以浏览完整的《科研政策手册》。该手册共有十八章,每一章节又包含若干小节,涵盖了研究生科研管理的方方面面。

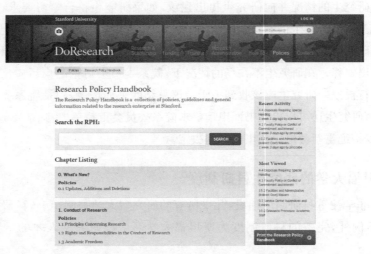

图 7.3　斯坦福大学的《科研政策手册》网页

来源:https://doresearch.stanford.edu/policies/research-policy-handbook

第一章,关于研究行为的基本原则的规定,包括研究行为中的权利和责任、学术自由、研究开放性、多位作者共同完成研究、科研不端行为、研究协议中的非歧视原则、研究数据的保留权等。

第二章,关于首席研究员制度的规定,包括首席研究员的资质及例外标准、首席研究员的研究行为。

第三章,关于首席研究员财务责任制度的规定,包括准备和提交预算计划、项目支出费用管理、有关资助提前通知及批准的特殊要求。

第四章,关于职责及兴趣的冲突的规定,包括教研人员的职责与兴趣冲突政策,学术委员会和医疗中心的人员担任校外顾问及其他专业行为规定、教研人员创立新公司政策、股权收购中的技术许可协议和远程学习等。

第五章,关于人类研究保护计划的规定,包括联邦政府对于人类研究受试者的保护政策,学生研究、实验性研究及口述历史项目中研究对象的规定,以女性、员工和实验室人员作为研究对象的规定,人类对象接受潜在的成瘾药物研究指引,受试者在科研中的自我保护,人类干细胞研究等。

第六章,关于动物实验研究规定,包括动物福利保证性承诺,在教学中使用脊椎动物,实验室动物的人道主义关怀,在斯坦福大学校园内运输、使用非斯坦福自有的实验动物等。

第七章,关于环境健康和安全的规定,包括大学安全和健康责任,化学污染、放射性危害、激光和生物危害的基本政策及紧急应对程序。

第八章,关于出口管制政策规定,包括出口管制政策背景,对外出口的许可,接受第三方限制出口的物品或信息规定等。

第九章，关于知识产权规定，包括发明、专利和许可，版权政策，政府版权政策，有形财产权，商标权和信息专利权等。

第十章，关于非教研人员的研究规定，包括科研人员任命和晋升政策，科研人员的申诉程序，博士后及访问学者规定，学生（包括博士后学者）与外部团体的关系，研究生担任研究助理等规定。

第十一章，建立和管理独立的实验室、研究所和研究中心。

第十二章，关于人类骨骼遗骸使用规定。

第十三章，关于研究协议规定，包括协议的定义和类型，资助项目的内涵及与其他形式资助的区别，资助项目的种类，赞助项目的专业类别，参与研究协议等。

第十四章，关于资助项目规定，包括资助项目准备、审核和提交程序，赞助项目学术政策规定，学校对资助项目的支持政策。

第十五章，关于资助项目管理财务规定，包括设施、管理成本及福利标准，设施和管理成本的减免、行政和技术费用标准、成本分担政策、薪资管理、研究助理津贴、赞助项目的成本转移政策等。

第十六章和第十七章，关于财产管理规定，包括应用设施的管理、审计、监管和培训要求、财产控制等。

第十八章，关于科研组织机构规定，包括斯坦福研究委员会、研究办公机构和事务管理委员会等。

（二）斯坦福大学科研制度的特点

1. 科研规定非常具体

从以上对《科研政策手册》目录的简单介绍中可以看出，斯坦福大学的科研制度非常完备、具体，包括科学研究的权利责任、学术道德规范、科研人才培养、科研管理等方方面面，甚至包括具体的科研项目申请程序、规范性文本等。比如学术道德规范方面，详细规定了人类研究保护计划，联邦政府对于人类研究受试者的保护政策，学生及实验室人员作为研究对象的规定，接受潜在成瘾药物研究的指引，受试者在科研中的自我保护，以及动物福利保证性承诺，在教学中使用脊椎动物、实验动物的人道主义关怀，在斯坦福大学校园内运输、使用非斯坦福自有的实验动物等规定。

2. 科研管理部门明确

《科研政策手册》规定斯坦福大学研究委员会有 12 名经投票选出的成员，包括大学学术议会的七名成员，一名学术人力资源研究人员，一名博士后学者，至少两名博士生，一名本科生。研究委员会的主要职责是，负责制定研究政策，检查和通过外部赞助项目，检查研究办公室主任的工作和研究政策的贯彻情况，评估研究政策对教职工研究能力和研究态度的影响。

3. 实行首席研究员制度

斯坦福大学的每一个研究项目都有一名首席研究员。首席研究员是研究项目的总负责人，其组织能力与学术水准对研究项目极为重要。首席研究员具有项目参与人员提名权与最终认可权,负责监督项目的执行情况,搜集、管理和保留研究数据,决定采用什么样的数据组织系统,与研究项目的所有成员进行交流。对于长期的研究项目,首席研究员要建立一个程序来保护研究记录和成果,以防止自然灾害和其他紧急情况对研究项目的影响。

4. 教师科研时间与教学时间的分配

在斯坦福大学,担任重要教学与科研任务的教师是不允许在校外兼任重要管理职位的,在校外兼职的教师不能在大学和公司负责相同的事情。大学学术议会的成员在校外充当顾问的时间有严格规定,一季度不得超过 13 天,一学年不得超过 39 天,以保证他们将足够的时间投入到教学和科研当中。《科研政策手册》还规定,研究和教学的任务始终重于专利方面的考虑,大学的研究方向不应建立在专利和个人收入的基础上,也不应受其不利的影响,这样的制度规定约束了教师的利己动机,对保障教学和科研质量是非常必要的。

(三)研究生参与科研的规定

斯坦福大学的《科研政策手册》规定,斯坦福大学的研究生以及博士后学者,可以和外界实体如私人公司或非营利组织建立关系。这种关系包括在院系和外界实体之间建立的正式教育项目中学习,也包括在外界实体进行实际的研究和学术活动,还可以在独立的非本校学术项目的外界实体中担任顾问。斯坦福大学认为,这些关系对于研究生来说具有可观的教育价值,为研究生提供了独特的教育和研究资源,使研究生在实践中熟悉了私人公司和非营利性组织的工作环境。当研究生参与学校的研究项目时,学校为其配备一名学术指导教师来帮助其开展项目研究,并负责评定该名研究生的论文是否适当。斯坦福大学实行研究生助理奖学金制度,《科研政策手册》规定,研究生助理的薪酬包括工资和学费,同时规定了不同研究项目的薪酬标准、发放时间和要求,用以激励研究生参与科学研究,有助于研究生的学术和专业发展。

三、哈佛大学的研究生科研经费管理[①]

高水平的科研产出需要有充足的科研经费做后盾,哈佛大学是全美乃至全世界最卓越的研究型大学,哈佛大学在科研经费来源、使用及发挥科研经费最大效用方面有一套非常有效的管理经验。

(一)哈佛大学科研经费的主要来源

哈佛大学的赞助项目办公室(Office For Sponsored Programs,简称 OSP),是学校主管科研的管理部门,负责制定学校科研财务政策,对学校所有科研项目进行全过程管理,通过提供专业化的资金拨款管理、优良的客户服务,有效地协助哈佛大学研究与学术团队开展各项科学研究活动。如图 7.4 所示,赞助项目办公室每年定期发布年报,对哈佛大学的科研资助来源、使用及管理情况进行详细的报告。

如表 7.2 所示,根据哈佛大学赞助项目办公室的 2013 年报,哈佛大学的总运行费用超过41.6 亿美元,其中科研资助经费为 8.2 亿美元,占总运行费用的 19.7%。

---

① 本部分内容主要参考哈佛大学官方网站(http://www.harvard.edu)。

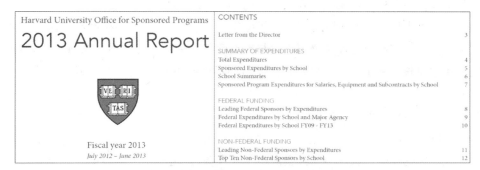

图 7.4 哈佛大学赞助项目办公室 2013 年报网页

来源：http://osp.fad.harvard.edu/

表 7.2 哈佛大学过去五年的科研资助支出情况（单位：百万）

财政年度	联邦资助	非联邦资助	总资助支出	学校总运行费	资助支出占总费百分比
2009	$554.5	$150.5	$705.1	$3734.7	18.9％
2010	612.2	157.4	769.6	3729.6	20.6％
2011	677.7	155.5	833.2	3853.5	21.6％
2012	656.1	167.2	823.3	4000.4	20.6％
2013	639.0	182.2	821.2	4160.3	19.7％

来源：哈佛大学赞助项目办公室 2013 年报

　　如表 7.3 所示，从学院来看，医学院、公共卫生学院、科学与艺术学院、工程与应用科学学院获得的科研经费最多。2013 年度，超过 60％的研究经费用于医学院和公共卫生学院的科研奖励。跨学科动议项目包括威斯研究所及干细胞与再生生物学研究院，在 2012 财政年度最大涨幅达 33％。除了这几所学院外，其他学院的资助经费都相对较低。

表 7.3 哈佛大学过去五年的学院科研资助支出情况（单位：百万）

学院	FY09	FY10	FY11	FY12	FY13	百分比变化 FY12－13
医学院（包括牙医）	$254.8	$285.1	$313.6	$295.3	$282.8	－4.2％
公共卫生学院	238.5	240	246.7	229.3	228.4	－0.4％
科学与艺术学院	122.4	146.8	163.6	178.5	176.0	－1.4％
工程与应用科学学院	36.3	42.2	50.2	58.7	68.4	16.5％
教育学院	13.3	17.7	20.7	26.2	30.3	15.6％
肯尼迪学院	25.9	25.3	25.8	21.1	18.6	－11.8％
跨学科动议项目*	0.0	15.2	27.8	41.6	55.1	32.5％
其他	13.9	12.4	12.7	14.2	16.7	17.6％
总计	$705.1	$769.5	$833.2	$823.3	$821.2	－0.3％

来源：哈佛大学赞助项目办公室 2013 年报

医学院和公共卫生学院是培养研究生的专业学院,其所涉及的健康科技、生物医药和生命科学事关民生大计,是最为前沿的科学领域之一,更是各国抢占科技制高点的关键领域和核心技术。美国联邦政府尤其是美国卫生与人类服务部持续聚焦这些学科领域,提供的研究资助经费额度增长非常迅速,也使得哈佛大学医学院、公共健康学院成为科研经费最多的两大学院。

哈佛大学科研经费的两大来源:

1. 联邦政府机构

联邦政府机构是哈佛大学科研经费的最主要来源,也是哈佛大学科研经费增长的主要源泉。在2013财政年度,联邦资助达6.39亿美元。如表7.4所示,最大的联邦资助来自于美国卫生与人类服务部、国防部以及美国国家科学基金会。卫生与人类服务部占哈佛大学总资助的76%,国防部资助在六年里连续增长并且超过国家科学基金会,成为哈佛大学研究资助经费的第二大来源。

表 7.4   哈佛大学 2013 年度联邦及非联邦资助变化表(单位:百万)

联邦资助	FY09	FY10	FY11	FY12	FY13	资助占总量比例
卫生与人类服务部	$462.9	$509.6	$550.9	$488.9	$485.5	76.0%
国防部	21.7	24.6	33.1	44.0	53.9	8.4%
国家科学基金会	38.3	42.1	49.2	50.2	48.1	7.5%
能源部	7.4	9.5	12.1	13.5	15.4	2.4%
美国宇宙航行局	7.2	9.5	9.9	11.4	12.2	1.9%
教育部	3.0	5.1	8.8	9.2	10.4	1.6%
环保署	3.9	3.4	2.7	2.6	2.8	0.4%
国务院	2.7	2.3	2.5	2.4	3.0	0.5%
国际开发署	1.1	1.0	1.2	1.0	1.9	0.3%
其他联邦资助	6.3	5.0	7.3	32.9	5.8	0.9%
总费用	$554.5	$612.1	$677.7	$656.1	$639.0	100%

来源:哈佛大学赞助项目办公室 2013 年报

2. 非联邦研究基金

2013 年财政年度,哈佛大学非联邦研究基金资助金额显著增长 9%,达到 1.82 亿美元。其中,基金会资助 1.07 亿美元,占非联邦研究基金的 58.8%。比尔与梅林达·盖茨基金会、罗伯特·伍德·詹森基金会连续多年是哈佛大学非联邦研究基金中提供最多经费的赞助者。

同时,国外研究经费也成为哈佛大学科研经费不可缺少的组成部分。哈佛大学与世界多个国家的政府、社会组织、公司企业、大学机构等开展广泛的科研合作,其科研活动的国际参与范围之广,合作伙伴之多,科研经费增长之快,足以显现哈佛大学作为世界顶级学府在全球的影响与作用。

（二）哈佛大学科研经费的管理模式

1. 科研经费管理机构

哈佛大学赞助项目办公室由办公室主任全面负责，向学校首席科研监察官负责并汇报工作。OSP下设四大部门：科研项目管理部、成本分析与执行部、财务服务部和行政事务部。其中，科研项目管理部专职管理除公共健康学院、医学院以外的其他学院（主要是文理学院）的科研项目经费，配备生命科学、自然科学、人文社会科学、质量评价与业务流程、合同与谈判等4支工作团队；公共健康学院、医学院的科研项目管理则由财务服务部具体负责，兼有现款管理职能，并相应配备3支工作团队。上述7支工作团队均由拨款、合同等事务专家和高级财务分析师、普通财务分析师组成。在科研项目管理部、财务服务部之外，成本分析与执行部专门就科研项目经费支出与使用状况进行适时财务分析与监督；行政事务部则具体处理OSP正常运行的日常行政事务。

2. 科研经费管理方式

OSP对科研项目经费实行专人负责的全环节、全过程管理。从管理环节来看，OSP对科研经费的管理环环相扣，囊括了寻找资金、申请、立项、项目管理、结项等全部环节，并就每一环节都规定了详尽的内容要求与明确的业务程序，还提供了大量的指导信息。

（1）寻找项目资金

OSP及时搜集联邦机构、基金会等校外机构或组织的大量信息并通报科研人员，同时，配合密尔顿基金等哈佛大学社区赞助人、学校教务长办公室等部门完成校内竞争性科研资金的申报与评审工作，并协助被提名人办理立项拨款前的一系列相关手续。

（2）项目申请

OSP协助申请人完成申请文案，审核申请文案必备的组成部分：核心内容，比如封面、摘要、目录、研究计划陈述、预算及理由、其他信息、简历、其他支持条件、主要参考文献、选购图书单；赞助人具体信息；大学基本情况说明书；学院院长或研究中心主任批准表等。

（3）促成科研项目立项与拨款

OSP在"立项与赞助人拨款前—赞助人拨款后—现款到账后"这一全过程中承担全部的合同谈判、财务分析与管理、质量保证等科研管理责任，每一项任务都做到由专业人员专项负责，在这个过程中，OSP强调对学校科研人员相关权益的维护，并通过协助科研人员合理使用科研经费，确保经费赞助人的利益与未来的持续投入。

3. 科研经费管理理念

OSP根据成本管理原则实行成本管理，将项目科研经费预算划分为直接成本与间接成本两大类。

（1）直接成本

直接成本通常包括科研项目参与人员、研究助手的薪水以及以占薪水一定比例计算的附加福利，还有完成研究项目所需的设备、物质、日用品、出版费用、差旅费、顾问费用以及分包合同费用等。

（2）间接成本

间接成本主要包括设施与管理费用和成本分摊。设施与管理费用包括科研所需设施的使用和折旧费、水电费、绿化物的种植与维护费以及科研所须承担的必要的大学行政管理费用，包括学院和大学行政人员为科研所做的工作，科研辅助人员服务费，以及图书馆、网络中心各项服务费等；成本分摊则包括那些不是由赞助者造成的项目费用。间接成本的提取比例由学校或学校的科研机构根据本单位的情况自行决定，同时根据科研经费来源的性质不同，科研项目经费的成本分配比例也有不同。

第二节　学术成果转化

一、哥伦比亚大学的研究员计划[①]

哥伦比亚大学（Columbia University）是美国著名的综合性私立大学，研究生比例高达70%以上，哥伦比亚大学在全美高校学术成果转化方面所取得的成绩名列榜首，学校设立专门的科技风险投资公司（Columbia Technology Ventures，简称CTV），让既懂科研又懂市场运作的专业人士来从事学术成果转化工作，负责将包括研究生在内的研究人员的学术成果转化成为商品。

（一）哥伦比亚科技风险投资公司

哥伦比亚科技风险投资公司建立于1994年，是哥伦比亚大学负责学术成果转让的专门机构，其前身"科技发展办公室"是全美高校中从事技术转让较早组建的机构之一。如图7.5所示，哥伦比亚科技风险投资公司的官方网站主页介绍了其主要职责，包括学校知识产权的评估、申请与保护；协助技术发明人寻找风险投资公司和管理人才，创办高技术公司；提供技术咨询服务，发布新技术发明成果，吸引风险投资公司及大企业前来合作开发等。

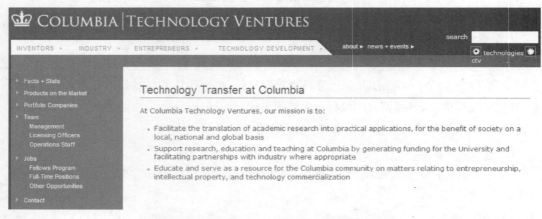

图 7.5　哥伦比亚科技风险投资公司官方网站

来源：http://techventures.columbia.edu/

---

① 本部分内容主要参考哥伦比亚大学官方网站（http://www.columbia.edu）。

哥伦比亚科技风险投资公司的管理人员由科学家、工商管理人员和律师三部分人员组成,他们中的绝大多数人已获得工商管理硕士学位或专业博士学位。其中有不少人曾在大公司、企业从事过商品营销、专利保护等工作,有些人还拥有自己的技术专利,具有丰富的实践经验。他们认为,高技术转让从研制到开发需要相当长的时间,因此,管理人员须具有发掘新技术的慧眼,了解新技术的潜在市场。同时,科技管理人员还须具备较强的社会活动能力,熟知专利转让、产品营销等商业活动,加大企业对学校科研活动的了解,树立起高度的服务意识,为学校科研和产业部门牵线搭桥,当好科技开发的媒人。

如图7.6所示,哥伦比亚科技风险投资公司平均每年管理超过330项发明,70项许可交易及创立15家新公司,涉及45个学科,覆盖哥伦比亚大学两个校区的所有研究人员。目前,科技风险投资公司拥有超过1200项可供授权的专利资产,横跨生物、IT、清洁技术、纳米技术和材料科学等研究领域。

图7.6 科技风险投资公司官方网站对其成就的表述

来源:http://techventures.columbia.edu/about/facts+stats

哥伦比亚大学还专门制订了相应的规定和鼓励措施,使学校、学院、发明人都能从中受益。哥伦比亚大学规定,凡技术转让所得收入在10万美元以下,技术发明人可以从中获得50%的收入,大学获得25%的收入,剩余的25%收入由院、系对半分配;如果技术转让所得收入逾10万美元,校方在分配其中的10万美元时,技术发明人仍然获得50%的收入,超额部分由大学和发明人各按25%的比例分成。由于较好地处理了个人与集体的关系,包括研究生在内的科研人员的积极性得以充分发挥,哥伦比亚大学的高新技术这块"蛋糕"越做越大,高技术转化为生产力的步伐也随之加快。

（二）为研究生提供远程兼职的研究员计划

哥伦比亚科技风险投资公司面向哥伦比亚大学的研究生提供远程兼职的研究员计划,为研究生深入体验大学技术转移和技术商品化提供了独特的机会,既有助于研究生了解哥伦比亚大学技术的商业潜力,又为研究生提供了宝贵的教育经验。如图7.7所示,哥伦比亚科技风险投资公司研究员计划面向所有哥伦比亚大学的研究生,特别是攻读临床、科研、技术和商业

图 7.7　哥伦比亚科技风险投资公司官方网站关于研究员计划的介绍

来源：http://techventures. columbia. edu/about/jobs/fellows

学科的研究生，比如生命科学、工程、化学、计算机和商业专业的研究生。应聘研究员的研究生必须承诺每周工作 10 小时，且可以远程完成工作任务。

研究员计划的主要工作内容是评估新发明的商业可行性，甄选潜在的被许可人或投资者，撰写市场营销材料及专利文献分析等。研究员计划通常每年进行一次招募，应聘者应具备一定的条件，比如较强的科研、技术背景，愿意接受新的挑战，有从事技术转让工作的兴趣，承诺每周工作 10 小时（最少一年），有相关经验等。研究员计划每小时兼职的薪酬为 20 美元，参与研究员计划的研究生毕业后，大多从事科学、技术、商业和法律等富有潜力的职业。

二、剑桥大学的研究生创业服务①

剑桥大学作为世界名校和著名的研究机构，在高科技开发和研究领域处于世界顶尖水平。剑桥大学在科学技术商业化方面做得非常出色，"剑桥企业"（Cambridge Enterprise，简称 CE）就是一个科研与商业完美结合的典范。

（一）专业的服务机构"剑桥企业"

剑桥大学的高层管理部门主要有八个部门，包括学术部、固定资产管理建设部、财务部、健康安全部、信息管理部、人事部、研究服务部和秘书处。"剑桥企业"就是研究服务部下的一个重要部门，它把剑桥大学现有的各种科技商业化资源整合在一起成为一个专门的组织，其宗旨就是帮助剑桥大学的科技人员把他们的想法、技术和发明商业化，通过成功的商业运作把科技转换为生产力，营造一个社会经济、发明人和剑桥大学多方共赢的局面。

"剑桥企业"于 2006 年 12 月成立，是剑桥大学全资控股的科技转化公司。如图 7.8 所示，CE 作为一个商业机构，主要由技术授权和技术咨询两部分构成。公司定期在各个系和实验室进行知识产权的普及宣传，让科研人员了解更多关于知识产权的知识，鼓励大家科技创新，

---

① 本部分内容主要参考剑桥大学官方网站（http://www. cam. ac. uk）。

图 7.8 "剑桥企业"的官方网站主页

来源:http://www.enterprise.cam.ac.uk/

并申请专利。而且部分院系还配有专门的联系人,他们能够快速而专业地给发明人提供帮助。这样的服务体系极大地鼓舞了科研人员发明创造的积极性。

当一个发明、概念或者想法产生以后,首要的任务就是申请专利,以保护这些发明、概念和想法的知识产权。在 CE,在专利申请代理和知识产权方面具备丰富经验的律师会帮助发明人填写有说服力的专利申请报告。CE 在收到报告当天就会给予回执,一周内专家开始评审所提交的报告,一个月左右就能够得到评估结果。他们将对此发明进行价值评估、市场调查和商业策划,如果遇到法律问题,还有知识产权领域的资深律师出面帮助解决。CE 经手的专利授权协议范围很广,涉足众多行业。

同时,CE 会帮助研究人员寻找和发现潜在的技术购买者,为新技术寻找合适的目标市场,并允许研究人员以其希望的方式参与到科技商业化的过程中来。在剑桥大学官方网站首页上有一个"商业服务"链接,其中有关于如何获取技术授权的介绍,同时鼓励有兴趣的公司向他们咨询,共同实现高新科技的商业化。

(二)为研究生提供全方位的科技创业服务

剑桥大学的创业服务是非常有名的,有很多成功的范例,剑桥科学园的很多高科技企业都是在剑桥大学创业服务的帮助下发展起来的。CE 为研究生创业者提供一系列无微不至的支持和协助,经验丰富的专家会为研究生创业者量身设计一条高新科技商业化的最佳途径,使得新的事业能够发展得健康而迅速。除了专业的发展规划以外,还有创业的办公地点、供应商的联系目录、创业导师的单独辅导、新企业的专家门诊、各个阶段的运营经费等方面的服务,都考虑得细致而周到。剑桥学生创业的指导手册《创建一家科技公司》(Starting a Technology Company),其中对研究生创业的整个流程,以及能够从大学得到的支持和帮助都作了详细的介绍,而且对每一个阶段能够提供帮助的专家都有介绍,包括专家的专长和照片。研究生在创业过程中,一旦出现问题,就能轻而易举地找到最好的指导教师。

研究生创业首先需要创业空间,"孵化空间"就是 CE 在创业初期为创业者提供的创业空间,其中包括舒适的办公环境和完善的基础设施。CE 还为研究生创业者提供完善的《供应商目录》,也为创业者提供了诚信可靠的供应商信息,这些供应商大多跟剑桥大学保持着长期的良好合作关系,服务的质量有保障。通过 CE 的帮助,研究生创业者能够分享剑桥大学多年经营的巨大商业资源。

研究生创业还有一个最大的问题就是创业资本。CE 本身就有一个独立的风险投资基金,叫做"剑桥企业种子基金"(The Cambridge Enterprise Seed Funds,简称 CESF),由"大学挑战基金"(The University Challenge Fund,简称 UCF)和"风险基金"(The Venture Fund)两部分组成。如图 7.9 所示,按不同阶段的用途,"大学挑战基金"分为三种:第一,探索基金(PathFinder Funding),最多 1 万英镑,用于最初的市场调查、专利审查、营销策略研究等方面;第二,"概念基金"(Concept Funding),最多 6 万英镑,用于商业应用的研究和市场的调查;第三,"种子基金"(Seed Funding),最多 25 万英镑,用于建立新的企业。

图 7.9 "剑桥企业种子基金"介绍网页

来源:http://www.enterprise.cam.ac.uk/university-community/seed-funds/

CE 还设计了一个"商业指导计划",给每位研究生创业者指定一个商业经验丰富的指导教师,他们会帮助创业者在商场上实现自己的想法,就像导师指导学生一样,为新企业的健康发展提供最好的支持。对于一些特别需要帮助的企业,他们还会提供更多的协助。CE 还定期召开大型会议,比如"剑桥企业大会",一年一度的"商界联谊晚宴",所有这些都是为了增进交流,帮助创业者建立商业网络,创造商业机会,促进合作。

三、麻省理工学院的研究生创新精神激励[①]

麻省理工学院凭借其在高科技教学研究领域的顶尖水平,在全球享有盛誉,该校将创新

---

① 本部分内容主要参考麻省理工学院官方网站(http://www.mit.edu)。

和创业作为精神传统,数十年来构建了一套较为成熟的"孵化器"体系,从而推动大批高素质的研究生积极参与创新和创业。

(一)提供创业教育

麻省理工学院的创新创业氛围浓厚,成效显著。该校的各级校友在美国创办了 2 万余家企业,每年收益总计超过 2 万亿美元,每年新办企业数百家。过去半个世纪以来,麻省理工学院已逐渐发展出一套比较成熟的创新技术创业教育及孵化体系,并形象地将其命名为"创业生态系统"。麻省理工学院的管理层认为从创新到创业的产学研转化过程主要包括 7 个阶段,即创意阶段、技术发展阶段、商业化计划阶段、企业计划阶段、形成企业阶段、早期成长阶段以及高速增长阶段。为迎合不同阶段的创业需求,麻省理工学院先后建立了 6 个独立运行、有效互补的机构。

1. 创业中心面向研究生提供创业教育

早在 20 世纪 60 年代,麻省理工学院就开设"新企业课程",为高技术人才提供与创业相关的培训。20 世纪 90 年代,该课程进一步发展为跨学院的创业教育项目。随着需求和影响力的不断扩大,1996 年麻省理工学院创业中心正式成立,由校方提供固定办公地点。2011 年,该中心接受马丁信托基金赞助及冠名,并进一步升级中心运作系统、扩大和更新办公区域。该中心目前挂靠在麻省理工学院颇具盛名的斯隆管理学院名下,面向研究生提供创业教育。除了由斯隆管理学院提供创业相关课程之外,创业中心还邀请多位知名企业家和成功校友举办讲座,为研究生创业提供指导。

2. 德什潘德技术创新中心为研究生创业提供资金支持

德什潘德技术创新中心创建于 2002 年,现有工作人员 400 余名,主要任务是推动麻省理工学院各实验室所产生的前沿技术扩大市场影响力,为有潜力的项目提供研究资金、创业启动资金和孵化支持。如图 7.10 所示,该中心将工作重心放在培育新兴技术的产学研一体化层

图 7.10　麻省理工学院德什潘德技术创新中心官方网站主页

来源:http://deshpande.mit.edu/

面,主要涉及生化、生物医学、信息技术、新材料、能源创新等领域。除了资金支持以外,该中心还推出"创业催化计划",严格筛选出一批具备创新技术研发和创业经验的培训师,为校内高技术人才提供更有针对性的创业指导,并帮助创新技术与天使投资、风险投资等投资方接洽联络。自创建以来,该中心已为 90 余个项目提供 1100 万美元的资金支持,其中 26 个项目已发展成熟,进入实际商业运作层面,吸引共计超过 3.5 亿美元的投资。

3. 技术许可办公室提供知识产权相关服务

由于麻省理工学院得学生创业领域主要集中在以知识创新为基础的高新技术产业领域,因此技术保护、专利申请、技术转让等至关重要。为此,麻省理工学院专门成立了技术许可办公室为研究生创业提供服务。据该办公室提供的数据,2011 财政年度,该办公室共见证 632 项发明诞生,进行 153 项专利认证,发放 79 家企业许可证、110 项商标许可证。

4. 创业顾问服务中心为创业者提供咨询

该中心聘请"创业导师"为研究生提供创业指导,内容主要集中在创业的实际操作层面。

5. 勒梅尔森项目鼓励发明创造

麻省理工学院的管理层认为,发明是创新和创业的动力之源,因此,鼓励发明是推动学生创业的必要前提。目前,该项目设立的"勒梅尔森—麻省理工学院"大奖已成为学校最重要的发明大奖。

6. 莱加顿发展及创业中心关注与发展中国家合作

莱加顿发展及创业中心成立于 2007 年,主要任务是推动创新技术造福发展中国家或贫困国家及地区,包括为有潜力的项目提供启动资金、市场调研、前期研究、计划落实等方面的支持和指导;举办创业及投资全球论坛,吸引发展中国家、特别是新兴市场国家的企业家等前来参与;为有志于此的麻省理工学院学生、毕业生以及研究人员提供奖学金。

(二)"10 万美元创业大赛"项目

麻省理工学院的学生积极参与各种创业组织和活动,包括创业工作坊、创业俱乐部等。如图 7.11 所示,最具影响力的当属"100K 创业大赛",即 10 万美元创业大赛,已成为全美高校中最著名的学生创业竞赛。大赛创立于 1989 年,最初由麻省理工学院创业俱乐部和斯隆商学院新企业联合会共同创办,旨在把学校理工专业和商科专业学生的优势相结合,将创新理念转化为实际运用并投入市场。

大赛共分为三轮:第一轮是创意类竞赛,参赛者在 60 秒内向评审团推销自己的创意,胜出者将获得 5000 美元的奖励;第二轮是参赛者就自己创业想法的现实可操作性进行演示,胜出者将获得 3.5 万美元的创业基金;第三轮是商业计划竞赛,考察参赛者为成立企业所做的实战准备,胜出者将获得 10 万美元的奖金。

在竞赛过程中,主办方为学生提供平台供其发布创业构想,招募团队成员。同时,还为学生创业团队提供指导和培训以及媒体宣传、法律咨询和人脉等方面的支持,并吸引毕马威国际会计师事务所、汤森路透集团等国际知名企业和机构赞助。

图 7.11 麻省理工学院官方网站有关"100K 创业大赛"的新闻报道网页
来源：http://web.mit.edu/newsoffice

第三节 强化产学研融合

一、斯坦福大学的产学研结合范例"硅谷模式"①

（一）"斯坦福孵化硅谷"的模式

斯坦福大学始建于 1885 年，当时的加州在美国人眼中还是荒凉闭塞的边远西部，斯坦福大学还是一个办学规模较小、名不见经传的学校，人们称呼它为斯坦福"农场"。在 1951 年，斯坦福大学的特尔曼教授创建了世界上第一个科技园—斯坦福研究园（Stanford Research Park）。随着美国西海岸"高科技带"的兴起，斯坦福大学依托学校雄厚的教学和科研力量，将研发重点放在半导体这一新兴技术上，为整个区域发展构建了一个产业化生态系统。在推动生态系统发展的同时，为斯坦福大学在信息技术领域建立一流的研究模式提供了支持。斯坦福研究园被科技集团与企业重重包围，并不断向外发展扩张，形成美国加州科技尖端、精英云集的"硅谷"。

在硅谷，大约80％的高科技公司是由斯坦福大学工学院的师生创立的，如惠普、雅虎、太阳微、思科、甲骨文、安捷伦、苹果电脑等多家年销售收入均超过或接近百亿美元的世界性的跨国企业。斯坦福大学通过创新人才培育、科技成果转化、科技企业的成功孵化形成集教育、科研、产业于一体的产业化发展思路。学校的科研成果和专利技术，能迅速地被企业接纳和认可，以最短的周期转化为产品，释放出巨大的生产力和创造企业奇迹。斯坦福大学在向社会输送人才的同时，也用自己的科研成果为社会进步、经济发展服务。

---

① 本部分内容主要参考斯坦福大学官方网站（http://www.stanford.edu）。

（二）为研究生提供与众不同的创业教育体系

1. 学以致用的"实用教育"办学理念

"实用教育"成为斯坦福大学的教育理念。在办学过程中,斯坦福大学始终贯彻"人尽其才、物尽其用"的思想,包含着学以创业、学以致用的精神。斯坦福大学以人的发展、成长为教育理念,反对把大学办成一个脱离实际的"象牙之塔",鼓励着每一位有理想的研究生去创业、去突破。

2. 与众不同的创业教育教学体系

在师资队伍的建设方面,斯坦福大学广泛网罗理论与实践能力都极强的一流教师,为研究生创业教育提供了重要的保障。在完善创业课程体系方面,斯坦福大学将文理科相结合、教学与科研相结合、文化教育与职业教育相结合,体现了创业教育的基本要求。在基础课方面,斯坦福大学注重拓宽基础性课程,减少专业课,打破二者之间人为的壁垒,从而把基础课与专业课结合起来,把创业教育渗透到课程教学中。斯坦福大学有完善的教育实践体系,重视培养研究生的科研能力和职业技能,通过实践活动、学生社团活动、产学研途径等提高研究生的兴趣和能力。

3. 实用、创新、创业的校园文化氛围

斯坦福大学拥有 40 多个诺贝尔奖获得者,上千名国家工程院和科学院院士,几万名工程师,诞生了许多著名的企业家。学校要求研究生对将来可能从事的行业有系统而深入的了解,掌握实际和理论知识。斯坦福大学校风开明、敢于打破常规,校园文化具有浓厚的创业氛围。一方面,学校在政策上、经费上、时间安排上等给予创业的支持。另一方面,营造出一种实用、创新、自由的创业环境,极大地激发了师生的创新精神和创业热情,形成了良好的校园创业文化氛围。

二、德国慕尼黑工业大学的"创业型大学"建设[①]

德国慕尼黑工业大学(Technical University of Munich)是德国老牌的理工科名校,在德国大学综合排名中名列前茅。慕尼黑工业大学自 1995 年起实施一系列教育改革,并启动了"创业型大学"计划,旨在培养与现代工业社会相适应的创业和创新人才。

（一）创业教育培养研究生的综合能力

慕尼黑工业大学提出"创业型大学"理念,其核心要义是调动一切力量,着重培养学生的适应力、学习力和实践力。学生需要掌握的不仅仅是课本知识,更重要的是职业视野和方向感、团队合作能力以及发现和解决实际问题的能力。创业教育是一个系统工程,它不是设立一个部门或办公室就能解决的问题,而是涉及教学实践、跨学科研究、行政管理等方方面面。同时,创业教育是一个长期过程,不能通过运动式的、应景式的短期行为来实现。

慕尼黑工业大学的管理层认为,创业文化应渗透到教学生活的各个环节。在该校,无论是生命科学、机械制造还是医学专业,学生从大一开始就有创业和专业概览课程,由资深教授和

---

① 本部分内容主要参考德国慕尼黑工业大学官方网站(http://www.tum.de)。

企业界人士向学生就职业前景和专业前沿情况进行讲解。研究生进入硕士和博士阶段,创业课程不仅培养学生对职业前景和创业路径方面有一个宏观把握,同时研究生阶段的创业教育也会针对专业更加细化和具有可操作性。不少课程由企业中层管理人员主讲,不仅带来工业界的最新动向,还为有意创业的学生提供创业咨询。

在课余时间,慕尼黑工业大学还有独具特色的"师徒配对"项目。每年,一些企业界退休不久的老员工、老校友会到学校进行登记,表示愿意与学生结成"对子",给予课余指导。而学生也会递交意向书,学校根据供需信息进行配对。师徒间建立联系后,便可自主组织活动。

(二)建"孵化器"呵护研究生创业萌芽

2002 年,慕尼黑工业大学成立创业中心(图 7.12),主要任务是提供创业咨询和开发培训项目,目前有一个 20 多人的专业团队承担工作。慕尼黑工业大学的研究生可以到创业中心自由选修相关课程,并计入学分。创业中心的教师来自各个院系,还有一些客座教授和企业界人士。针对创业各个阶段所面临的不同问题,这里都有成体系的课程。

图 7.12　慕尼黑工业大学创业中心官方网站

来源:http://www.wi.tum.de/? id＝90

对于即将毕业的研究生,如果他们有创业或将科研成果商业化的想法,可以到创业中心寻求全面帮助,包括制定商业计划、提供法律服务、调研分析市场、联络潜在的合作公司等。对于特别出色的项目,慕尼黑工业大学还会动用专门的创业基金,向研究生提供一笔数千到几万欧元不等的启动资金。

(三)产学研融合培养研究人才

慕尼黑工业大学与宝马、大众、西门子等公司常年合作,聘请这些公司的中高层人员开设课程,或担任客座教授。每年,大批慕尼黑工业大学的学生到有关企业实习,参与一线生产。慕尼黑工业大学的绝大多数理工科硕士生、博士生的论文都是在企业实习期间确立选题并最终完成。

慕尼黑工业大学还与不少企业签订了联合研发协议。许多研究生在导师带领下参与技术攻关,在得到全方位锻炼的同时,也能感受到工业界的真实脉动,为日后创业或就业打下基础。近年来,慕尼黑工业大学还向一些美国大学学习,强化了"校友联盟"。"校友联盟"不仅为学校带来可观的捐赠,还能够强化大学与产业界的联系,校友的工作经验和职场资源通过"校友联盟"传导给学生,有助于学生成才。

此外,慕尼黑工业大学还加强了跨学科建设与人才培养。自2006年起,该校相继成立了高等研究院、研究生院和工程学院,旨在打破门派分割带来的学术封闭状态,为研究生提供多个跨学科的研究和学习平台。

三、加拿大滑铁卢大学的"速度之城"创业孵化平台①

在加拿大的大学中,位于安大略省西部的滑铁卢大学(University of Waterloo)在创业教育和文化方面可谓首屈一指。该校为学生建立了一系列创业机制和平台,其中最具特色的就是名为"速度之城"的学生创业孵化器计划。该计划开展近4年来,已孵化出数十家高技术创新企业,成为名副其实的下一代企业家摇篮。

(一)"速度之城"营造研究生创业氛围

2008年9月,以帮助研究生创建通讯和传媒技术公司为使命的"速度之城"计划启动。该计划最有创意的部分是建立"速度之城"宿舍楼,即让一群有志于在IT和通讯领域自主创业的研究生集中住在一栋宿舍楼里,为他们学习、交流和合作创业提供机会和平台。当然,有志于创业的本科生,经过选拔,也可以入住"速度之城"宿舍楼,此外,入住者中,还有一些毕业校友。

"速度之城"宿舍楼坐落在滑铁卢大学校园里,能容纳70人入住。他们来自不同专业,经过严格的申请和面试程序才被批准入住。由于名额有限,竞争激烈,只有那些被认为是思想活跃、富有创造力和创新精神的学生才有机会入住。

除了70间单身宿舍和相应的生活设施之外,"速度之城"还配备了一些特别设施,为学生创业提供便利条件。其中包括:先进的无线通讯实验室,内有可供学生使用的各类无线通讯器材,可以无线上网和召开远程视频会议;功能齐全的报告厅,用于举行各类创意演示会、学术讲座和报告会;公共活动区,方便入住学生进行交流、讨论和合作。

"速度之城"还配备专业的管理团队,管理者大都具有工商管理的学术背景,与学术界和工商界保持密切联系。他们为入住学生提供的服务主要包括:

提供科研创新创业的培训和咨询,让学生对如何组建团队、如何创办公司有比较完整的了解;为学生举办多种形式的研讨会,帮助学生组建自己的科研创新团队;邀请教授、学者、企业家、风险投资者、创业成功校友等人士举办各类讲座,向学生介绍科技最新动态、创业经验、投资趋势以及营销策略等,帮助学生调整创业的定位和方向;在学期末举办创新成果报告会,邀请学术界和工商界人士参加,以此作为学生与工商界及潜在投资人相互了解和联系的平台。

---

① 本部分内容主要参考滑铁卢大学官方网站(http://uwaterloo.ca)。

入住学生除了正常上课之外，可以说是浸泡在"速度之城"所营造的创业氛围之中。他们的居住期限一般为一学期，即4个月。如果一学期结束时，学生的创意还无法实施或没有进展，就必须搬出。如果项目和创意经评估有所进展，则可申请延长居住时间。

（二）学校政策为研究生创业提供支持

"速度之城"计划的成功在很大程度上得益于滑铁卢大学鼓励创新、支持创业的一系列具体举措。鼓励不同专业背景的学生参与创业。虽然"速度之城"计划旨在促进创建通讯和传媒技术公司，但滑铁卢大学鼓励不同专业背景的学生参与创新和创业，认为广泛的专业，无论是工程、心理、法律、会计都能提供多元化视角，是创新的基础。

1. 保护学生创造的知识产权

滑铁卢大学对参与"速度之城"计划的学生实行了和教职人员相同的政策，即学生所创造的知识产权和价值完全归开发者和创办人所有，学校不提取任何成果转让费用。这项政策被认为是推动校园科研创新项目成功商业化的引擎。

2. 成立高科技企业孵化机构

滑铁卢大学拥有加拿大大学中最大的科技园区，以及如图7.13所示，拥有自己的高科技企业孵化机构加速器中心。对于在"速度之城"计划支持下形成的创新公司，滑铁卢大学将帮助其转入加速器中心，以促使公司进一步发展。同时学校还利用与业界的关系，帮助"速度之城"计划与包括微软、谷歌等在内的众多高科技公司结成合作伙伴。

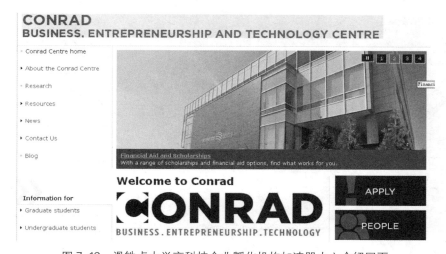

图7.13　滑铁卢大学高科技企业孵化机构加速器中心介绍网页

来源：https://uwaterloo.ca/conrad-business-entrepreneurship-technology/

（三）研究生创业成功者回馈学校

"速度之城"计划成就了研究生的创业梦想，而不少成功创业的研究生又回馈学校，使滑铁卢大学得以加大对研究生创业的支持力度。2011年3月，Kik互动公司创办人泰德·利文斯顿宣布向滑铁卢大学捐赠100万加元（约合630万元人民币）。Kik互动公司是迄今为止"速度之城"计划孵化出来的最成功公司。该公司开发的应用程序能让不同种类的无线通讯设备实现信息的即时共享，目前该公司的用户已超过 1000 万。利用利文斯顿的这笔回馈资金，滑铁卢大学新建了"速度之城"风险基金，作为研究生创业的种子基金。在今后几年里，该基金将陆续向全校范围内通过竞赛评选出来的 30 个研究生创新企业项目，提供每个项目 2.5 万加元的资助，为期 4 个月的免费办公场所，以及与创业相关的咨询、服务和指导。

第八章　富有特色的研究生活动

第一节　研究生入学教育与毕业典礼

一、纽约大学的研究生入学教育[①]

纽约大学(New York University,简称 NYU)的研究生管理部门称为文化、教育、人类发展学院,该部门和纽约大学的各个院系合作,主要负责纽约大学研究生的管理与培养,包括研究生入学教育。纽约大学被称为没有围墙的大学,其图书馆、教学楼、宿舍楼、办公楼等建筑楼宇,散布在纽约城的各个地方,因而,纽约大学的研究生入学教育从学生新社区、学生健康中心、激活账号、国际学生、学术咨询、课程注册、支付学杂费、NYU 确认、开课准备等九个方面,系统介绍研究生的学习、生活、资源等各方面内容,旨在让研究生全面了解学校的资源,充分利用学校的资源、服务和活动进行学术研究,使他们在读期间可以完善个人的人生目标和职业生涯规划。

(一) 学生新社区

关于研究生入学教育,学生新社区(New Community)为研究生新生提供了尽快融入纽约大学校园生活的基本信息和途径。如图 8.1 所示,NYU 学生新社区官方网站主页介绍了研究生的教育、国际研究生新生研讨会、研究生可使用的资源、研究生迎新会、研究生迎新周等活动信息。研究生可先与自己的导师联系,了解更多关于学生新社区的情况。

1. 关于研究生的教育

纽约大学认为,无论是从一个地区还是从全球的角度来看,研究生教育在各自的领域,引领着一个不断变化的世界。纽约大学对研究生进行高质素的教育,这些知识和技能丰富了研究生多样化的人生阅历,使研究生在面临人生的各种挑战时具有解决问题的勇气和能力。在纽约大学,研究生可以充分利用一系列广泛的研究和跨学科学习的机会。几乎所有的研究生教育程序都基于现场学习、广泛的城市网络实习、实地考察或者将研究生教学设置为以相关理论和概念为基础的考试。纽约大学的研究生可以在课堂上与同学和教师进行批判性、探索性的对话,也可以在实验室中、在应用研究和实践环境中与指导教师进行团结协作和讨论学习。纽约大学的研究生教育目标是培养下一代的学者、研究人员、社会从业人员和领导人,并一直朝着这个方向努力。

[①] 本部分内容主要参考纽约大学官方网站(http://www.nyu.edu)。

图 8.1　纽约大学学生新社区官方网站主页

来源：http://steinhardt. nyu. edu/advisement/masters

2. 国际研究生新生研讨会

国际研究生新生研讨会，主要是为国际研究生新生提供入学的相关咨询以及专业学术的指导。2013 年，纽约大学的国际研究生新生研讨会议题如下：关于注册，国际研究生新生必须在他们入校的第一学期进行注册；关于考试，如果某门课程考试不及格，则将该门课程作为修读非学分的课程；关于专业，探讨专业问题并提供进一步的介绍和指导；关于学校的其他要求，国际研究生新生应到研究生招生办公室进行咨询。

3. 可供使用的资源

纽约大学通过研究生公告栏、校园网络课程搜索等途径，为研究生提供学术资源。

（1）研究生公告栏

如图 8.2 所示，纽约大学研究生公告栏列出了对研究生新生的学位要求、院系课程及课程介绍等。研究生可以通过浏览研究生公告栏，了解到学位和课程的相关信息。

（2）校园网络课程搜索

纽约大学的研究生校园网络课程搜索，给研究生新生提供了他们这一学期的所有课程。纽约大学某个院系的学业管理部门会在校园网络课程搜索里列出这些课程，研究生新生可以通过校内网络进行课程搜索，也可以通过校外网络搜索到自己的所有课程。

4. 研究生新生欢迎会

纽约大学研究生新生欢迎会的主要目的，是让研究生新生尽快熟悉同学、了解学校的学习政策与学习资源等，以尽快融入纽约大学的学术文化氛围。下面是 2013 年纽约大学研究生新生欢迎会的公告内容。

（1）题目

《认识你的同学，了解有关指导研究生学习的政策和程序，了解学习资源》

图 8.2　纽约大学研究生公告栏网页

来源：http://steinhardt. nyu. edu/bulletin/

（2）时间与地点

2013 年 8 月 29 日,周四下午 6:00—7:30,在汤普森街 238 号全球学术和精神生活中心,C95 礼堂;2013 年 9 月 3 日,周二下午 3:00—下午 4:30,在华盛顿广场东 82 号约瑟夫紫普勒斯人民大会堂三楼学生休息室。

5. 研究生迎新周

如图 8.3 所示,在每学年开学时,纽约大学会为来自全球各地的研究生新生举办为期一周的校园环境和研究生生活区介绍活动,目的是让研究生新生了解纽约大学,加深对纽约大学的好感,使其更快地融入到校园的学习生活中。

迎新周内,纽约大学在春天广场举办各式各样的节目、研讨会、招待会以及各种有趣的活动,旨在欢迎和带领研究生新生进入纽约大学。研究生新生将有机会看到其他新生和返校的老生,准备好自己在华盛顿广场的第一学年,并浏览这个令人兴奋的新地方。

2013 年的纽约大学研究生迎新周,是由纽约大学文化、教育、人类发展学院主办的,举办时间是在研究生新生开学的第一周,即从 2013 年 8 月 26 日到 8 月 30 日。

6. 纽约大学新生入门活动

纽约大学新生入门活动主要由各院系举办,旨在让研究生新生更快地了解自己所学的专业、所在院系的师资情况、学术资源等。下面是 2013 年纽约大学音乐系研究生新生入门活动的公告内容。

（1）题目

《音乐系研究生新生入门活动》

（2）时间与地点

2013 年 8 月 26 日,在西四街 35 号 Loewe 剧院。

图 8.3　纽约大学迎新周网页

来源：http://www.nyu.edu/life/events-traditions/welcome-week/Graduate.html

（3）要求

　　仅对音乐系的研究生新生开放，所有音乐系的研究生新生必须在上午 9：30 进行研究生新生的理论和听力测试，然后是有关音乐系、音乐等相关内容介绍的讲座。要求音乐系的研究生新生必须全部出席。

（二）学生健康中心

　　根据纽约州法律和纽约大学的规定，新录取的研究生必须完成一些与健康有关的检查，这项工作由纽约大学学生健康中心承担。纽约大学学生健康中心获得了美国日间保健认证协会的认可，是全美大学中的顶级健康中心，它的职责是通过提供高质量、方便的治疗、预防和健康教育，支持纽约大学研究生教育目标的实现。

　　学生健康中心的发展远景之一，是把提高健康作为研究生读书经历的至关重要的一部分。对于纽约大学的研究生来说，学生健康中心是一个校园资源和服务中心，通过不断提高自身的医疗水平与健康教育水平，学生健康中心对所有研究生提供普遍的、以免费预约为基础的、无成本或者低成本的医疗和咨询服务以及全面的保险覆盖，以保障研究生的健康和安全。

（三）激活帐号

　　所有纽约大学的研究生都配有一个在 NYU 首页可以登录的电子邮箱，这个邮箱对学生是免费的，研究生新生可以登录该电子邮箱查看学校发送给他们的相关邮件，该邮箱是研究生在读期间与学校进行沟通的至关重要的渠道。研究生可以从学校周围的计算机实验室或者家用电脑登录自己的纽约大学电子邮箱。研究生新生入学后，必须在第一时间上网登录激活自己的邮箱账号，否则将会影响学校和自己之间的信息沟通。

（四）国际学生

1. 强制性登记

纽约大学赞助的持有 F-1 签证①和 J-1 签证②的研究生新生必须到全球服务办公室进行登记。美国国土安全部要求，当持有 F-1 签证和 J-1 签证的研究生新生到达美国时，应尽快进行强制性登记，如果未能及时进行登记可能会危及他们继续留在美国的合法性。

2. 英语水平

研究生必须精通英语，才能满足研究生期间学术研究、课程学习的要求。如果研究生新生的母语不是英语，或者不是毕业于英语为必修课的大学，则必须参加英语水平考试。无论英语水平如何，研究生院要求所有的国际研究生新生必须参加英语水平考试，参加过托福考试的学生也不能免除这类英语水平考试。

国际研究生新生的入学英语考试在位于东 12 街 7 号 821 室的美国语言学院进行，考试当天他们必须支付 20 美元的考卷费。由于考试空间是有限的，所以国际研究生新生必须预约才能参加考试，他们可以登录研究生网站，点击英语考试链接，选择参加考试的日期和时间。

3. 国际研究生新生信息会

国际研究生新生信息会主要介绍纽约大学对国际研究生新生的学业要求、具体政策、学生可享受的资源和其他的一些具体信息。

4. 研究生新生研讨会

研究生新生研讨会对国际研究生新生来说是一个好机会，通过这个研讨会可以与其他新同学取得联系，获取有关校内校外工作、研究资源、图书馆信息等。2013 年入学的国际研究生新生可登录纽约大学文化、教育、人类发展学院的 2013 年国际研究生新生研讨会网站查询详细信息。

（五）学术咨询

纽约大学为每名研究生新生配备一名课程导师。研究生课程导师将提供专业化的服务，包括：帮助研究生新生更好的理解纽约大学研究生的学位要求、选修课以及学术方向选择；帮助研究生新生设计自己的课程表；评估研究生新生的学术进度；了解研究生新生的学业进展等。

如果研究生新生需要在学术上寻求建议和指导，可以联系自己的课程导师。在纽约大学文化、教育、人类发展学院官方网站的导师目录网页上就可以找到导师的联系方式。

（六）课程注册

研究生新生在 NYU 首页上进入个人账户，通过个人账户主页的"学术"链接进行网上课程注册。在和自己的课程导师取得联系，并得到指导的前提下，研究生新生可以准备课程注册。在课程导师没有给出建议之前，最好不要进行课程注册。

（七）支付学杂费

有关学杂费付款，研究生新生可以去纽约大学总务处（西四街 25 号）支付本人的学杂费，

---

① F-1 签证是签发给在美国政府认可的学校全日制就读的外国学生的一种签证。F-1 签证有效期长，一般为 5 年有效，持该签证一旦进入美国，只要保持注册学生身份，居留期可长达 8 年。

② J-1 签证是美国移民局发给外国人来美学习、进修或从事研究工作等的签证种类之一。美国政府规定，凡持 J-1 签证来美的人员，在美停留期满后必须返回原所在国居住两年。

或者登录纽约大学研究生付费系统,进行网上支付。

(八) NYU 确认

如图 8.4 所示,纽约大学的研究生校园卡对研究生来说是非常重要的,研究生在校学习期间,任何时候都要携带它。它具有身份认证和其他很多用途,比如在纽约大学的书店购买书籍、在纽约大学健康中心、票务中心、复印中心、化学实验室、校园邮政服务、校内网络中心等校园设施使用过程中,均可以通过校园卡进行费用支付和身份确认。同时,它也可以在纽约大学周边的 150 多个店铺中支付费用,购买商品。总之,纽约大学研究生校园卡可以让研究生非常方便地在学校学习、生活,无论研究生有什么需求,只要手头拥有校园卡,都可以享受到一年 365 天、一天 24 小时的服务。

图 8.4　纽约大学 ID 卡网页

来源:http://www.nyu.edu/nyucard/

研究生新生可以到位于拉斐特街 383 号的 NYU 卡中心,获取自己的校园卡。

(九) 开课准备

如果研究生新生已经完成了学生新社区、学生健康中心、激活账号、国际学生相关事项、学术咨询、课程注册、支付学杂费、NUY 确认等各项研究生新生入学的必要工作,就可以登录纽约大学的学习管理系统网站,了解更多关于 NYU 课程的情况,还可以在纽约大学书店的实体店铺或网络店铺购买书籍和学习用品,准备接受纽约大学的研究生课程教育。

二、牛津大学的研究生入学教育[①]

牛津大学研究生入学教育的最大特色,在于其有专门针对欧洲及国际学生的入学教育。考虑到欧洲及国际学生是第一次来到英国学习,牛津大学专门为本科生和研究生准备了一系

---

① 本部分内容主要参考牛津大学官方网站(http://www.ox.ac.uk)。

列的入学教育活动,其中研究生入学教育活动主要包括入学教育安排、入学常见问题解答、定向博客和学校相关资源介绍等四项。

(一)2013 年的入学教育安排

牛津大学研究生新生的主要入学教育安排一般会在每年的九月或十月举行,当然,在接下来的几个学期里,学校也会有一些相关的教育安排,帮助研究生更好地融入牛津大学。

牛津大学的研究生入学教育安排涵盖了研究生在牛津大学中学习、生活的方方面面,学校希望通过这些安排,可以让研究生有足够的信心去结识新的朋友、适应新的环境。入学教育安排中,研究生新生会遇到来自超过 100 个不同国家的同学,现场还有牛津大学的志愿者和工作人员为同学们提供帮助和建议。

1. 2013 年入学教育安排时间表

如果研究生已经在线注册,那么可以下载入学教育安排的时间表副本,这样研究生可以根据自己的需求决定参加哪几项活动。在入学教育时,研究生也能够得到一份入学教育安排时间表的小册子。

2. 2013 年新生入学教育时间安排

10 月份的主要入学教育安排如下:

2013 年 10 月 3 日 9:30—17:00,仅限社会科学系的研究生新生。

2013 年 10 月 4 日 9:30—17:00,针对除社会科学系的其他学院研究生的迎新活动。

在夏季,所在学院会给研究生新生发送重要的入学教育安排信息及登录注册代码,研究生新生可以运用登录注册代码在牛津大学网站进行登录注册,注册后,研究生新生可通过网络向校方咨询关于入学教育安排的详细信息和其他有关的信息。

(二)2013 年的入学常见问题解答

1. 如何进行新生在线注册

在六月或七月份,所在学院将会给研究生新生发送一个在线注册的验证码,注册成功后,研究生新生可以在入学教育前三周之内,在网上下载一本小册子,里面包含了入学教育的具体细节和时间安排。牛津大学也会通过发邮件的方式提醒研究生新生提前进行注册。

2. 在线注册过程中的座谈会信息

作为一名牛津大学的研究生新生,生活上、文化上存在的差异关系到很多不可避免的非常实际的问题,比如就业、移民和签证系统、健康和安全等。对此,牛津大学的学生服务部门包括计算机中心、语言中心、学生服务中心等,会在研究生新生进行在线注册时提供针对这些问题的座谈会信息,研究生新生不必出席所有座谈会,可以根据自己的兴趣或者自己可能会遇到麻烦的一些问题,有选择地参加相关的座谈会。

牛津大学学生服务部门提供座谈会信息的目的,在于解决国际研究生新生在入学时可能会遇到的问题,例如签证调整问题、适应在牛津或英国的生活等。此外,研究生新生也可以单独到所在学院的学生服务部门进行登记与咨询。

3. 怎样激活银行账户

英国财政法规定,如果研究生新生想要在银行办理开户业务,则需要向银行提供具体的档案,这给一些国际学生带来麻烦。对此,在研究生新生入学教育的现场,五所英国银行会提供很详尽的信息并帮助新生开户。如果国际研究生新生想要得到更进一步的信息,可以查阅《欧洲与国际学生银行开户指南》,其中介绍了账户的种类和开户需要的文件清单。

4. 徒步游览活动

牛津大学的学生助理可以组织研究生新生开展城市步行之旅活动。这些游览活动并不是参观历史建筑,而是可以让研究生新生知道一些食品店、商场、银行、邮局等地方的具体位置。在入学教育时,研究生新生应该在这些徒步游览项目上签字确认。

5. 住宿和膳食安排

为了在入学教育时就可以解决好食宿问题,研究生新生应该尽快与牛津大学取得联系来做这些事情。所在学院需要知道研究生新生将会在什么时候到达牛津大学。

6. 参加入学教育安排的花费

尽管所在学院会收取食宿费用,但是研究生新生出席入学教育安排的各项活动是不需要缴费的。

7. 如果之前在英国学习、生活过,那么还需要参加入学教育吗

之前在英国学习和生活过的研究生新生仍然需要参加入学教育活动。但是可以选择更适合自己的一些座谈活动。另外,研究生新生最好参加联谊活动,因为通过联谊活动,可以有机会与家乡同学甚至来自世界各地的同学进行深入交流。

8. 如果错过报到时间会怎么样

如果一名研究生新生错过了安排在10月3日、4日的入学教育安排,他可以参加学校在10月7号举行的本科生新生入学教育相关事务说明会。但是一些讲座不可以参加,因为座位数量有限制。

针对到校更晚的研究生新生,他们可以参加学校在10月18日(星期五)举办的本科生新生和研究生新生入学教育会议。研究生新生不仅可以得到迎新礼包,而且有问题还可以直接询问当天的工作人员。

9. 伴侣/配偶可以出席入学教育安排的各项活动吗

由于会场空间有限,研究生新生的伴侣或配偶不可以参加入学教育安排的各项活动,但是学校会组织一些针对研究生新生伴侣的活动,这些活动将在10月7日下午举行,详细信息可以查阅入学教育安排小册子。

10. 通过谁可以获得更多信息

对于研究生新生入学教育安排,可以发邮件至牛津大学学生信息官方邮箱获得更详尽的信息。

(三)定向博客

在开始自己的学业之前,了解更多关于牛津大学学术或学校社区生活的信息是必要的。针对入学教育座谈中研究生新生提出的主要问题,定向博客会提供参考答案。

1. Sarah Norman 的定向博客

牛津大学各种条款的名称是什么?研究生科研助理应该做什么?Sub-fusc是什么意思?在哪里可以找到讲座和研讨会的时间?如果研究生新生想要解决以上问题,如图8.5所示,可

国外高校研究生事务管理实务

208

What are the names of Oxford terms? What does a Graduate Studies Assistant do? What is sub-fusc? How do I find lecture and seminar times?

Watch video from Sarah Norman, Graduate Course Coordinator, Gray Institute for Radiation Oncology & Biology

图 8.5　Sarah Norman 的定向博客

来源：http://www.ox.ac.uk/students/living/

以浏览辐射、肿瘤和生物研究中心的研究生课程协调员 Sarah Norman 的定向博客。

2. Afsie Sakobhar 的定向博客

学校的考试是什么形式？怎样得到讲座信息？应该多久见一次自己的导师？形成性评估与总结性评估之间的区别是什么？研究生课程授课成功的关键是什么？如果研究生新生想要解决以上问题，如图 8.6 所示，可以浏览骨科、风湿病学、肌肉骨骼学纳菲尔德研究生学习部门主任 Afsie Sakobhar 的定向博客。

What will my exams be like? How do I find lectures? How often should I meet with my supervisor? What is the difference between formative and summative assessment? What is the key to success on a taught graduate course?

Watch video from Afsie Sakobhar, Director of Graduate Studies Nuffield Department of Orthopaedic, Rheumatology and Musculoskeletal Sciences

图 8.6　Afsie Sakobhar 的定向博客

来源：http://www.ox.ac.uk/students/living/

3. Jonathan Black 的定向博客

为什么在就业之前需要了解就业服务信息？应该如何帮助国际学生？如果研究生新生想要解决以上问题，如图 8.7 所示，可以浏览就业服务中心主任 Jonathan Black 的定向博客。

Why do I need to know about the Careers Service before I have even started? How do you help International students?

Watch video from Jonathan Black, Director of the Careers Service

图 8.7　Jonathan Black 的定向博客

来源：http://www.ox.ac.uk/students/living/

（四）2013 年的学校相关资源介绍

　　针对来自欧洲及世界各地的研究生新生的学校相关资源介绍活动,主要目的是帮助新生们尽快熟悉牛津大学,并且为他们在牛津大学学习生活中遇到的各方面问题提供建议。如果对这一活动有疑问,研究生新生可以联系学校的工作人员或学生志愿者。新生报到期间,研究生新生还会遇到很多的人工咨询平台,可以进行咨询。另外,在入学教育后,研究生新生如果还有需要解决的问题,可以直接到学生信息中心去进行咨询。

　　1. 关于学生信息中心

　　学生信息中心的职责是帮助解决困扰学生的基本问题,包括移民、延长签证期限等问题。对于研究生新生而言,学生信息中心相当于将入学教育延长了一整个学期,在这个学期中,学生信息中心会安排一些研讨会及演讲,给研究生新生提供在牛津大学读书学习期间遇到所有问题的支持和指导。研究生新生也可以发电子邮件到学生信息中心进行咨询。

　　2. 入学教育场地

　　如图 8.8 所示,牛津大学研究生入学教育将在考试楼(可以在入学手册中地图手册的第

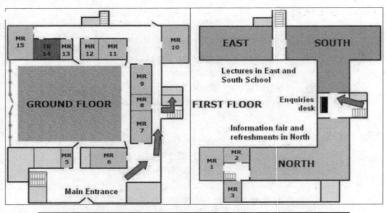

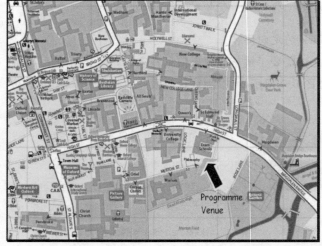

图 8.8　牛津大学研究生入学教育场地安排

来源:http://www.ox.ac.uk/students/living/ousu/

国外高校研究生事务管理实务

13页上找到具体位置）举办，进入这栋大楼，在主入口的右侧楼梯可以看到指示牌。残疾人通道专用入口在牛津大学街区的侧门，可以通过升降梯到所有楼层。

3. 讲座时间安排

研究生新生不必参加学校举办的入学教育期间的所有讲座，可以根据自己的兴趣有选择的参加。讲座的具体开始时间在入学教育时间安排表中都有标注，如果选择参加，那么应保证在活动开始前进入会场，迟到者没有机会再进入会场。如果错过一场自己感兴趣的讲座，可以在入学教育活动结束一周后在新生入学教育新闻网页上下载该讲座的导读。

4. 公共信息及个人咨询

每天下午都会有工作人员在公共信息办公室工作，研究生新生可以去咨询以下信息：申请一个银行账户、租用学术袍、图书馆信息、就业建议、签证及移民忠告、语言中心、美国贷款及毕业生基金建议、牛津大学学生辩论社团俱乐部、牛津大学学生会等。

5. 网络服务

牛津大学网络服务中心会在10月4日上午10：00到下午5：00期间开放，研究生新生可以使用那里的笔记本电脑。中心的工作人员会帮助学生进行在线注册，并且设置自己的无线账号。

6. 银行账户：在入学教育当天激活账户

与牛津大学合作的主要银行代表将会在研究生新生入学教育当天下午出席现场，解答关于银行开户的一些问题。他们可以为新生激活账户或者接受一周内的预约。但是汇丰银行不会出席。

在这之前，研究生新生可以在《新生入学手册》上查阅到关于激活银行账户的相关信息。如果自己的迎新口袋中没有银行信息册，一定要及时联系学生信息中心的工作人员。激活银行账户需要准备护照或者欧洲联盟身份证以及注册证书上的学校印章。如果研究生新生在入学教育当天没有激活银行账户，可以后期直接到银行柜台进行账户激活。

7. 毕业生基金

牛津大学毕业生基金会的成员10月4日下午3：30到5：30到达入学教育现场，解答研究生新生关于申请基金的疑问，而且会提出很有价值的建议。研究生新生需要在学年开始前就申请基金，如果在到达牛津大学之前没有提出申请，那么将错过这次机会。牛津大学将会有一个综合性的服务系统，为研究生新生申请基金或者个人贷款提供帮助。

8. 茶点和午餐

在10月4日上午及午休时间，入学教育各会场中的咖啡、茶水、果汁和点心全部免费提供给研究生新生，但是不提供午饭。不过学校周边的一些三明治商店、饭店、咖啡馆都会营业，为学生准备午餐。如果需要关于饭店的详细信息，研究生新生可以在会场询问学生志愿者。

9. 其他信息

入学教育当天，会场提供国际新闻报纸供学生们翻阅。研究生新生也可以详细了解牛津大学的艺术文化，以及关于保险、银行账户和旅行建议等更实用的信息。

10. 延迟报到

如果研究生新生不能在规定时间内到校报到，可以参加本科生入学教育，届时可以参加有关贷款、图书、职业生涯规划服务、学生社团等专场咨询。如果场地足够大，也可以参加感兴趣的会谈，不过那时候将会是本科生优先进场。10月18日和10月25日，牛津大学仍然会有面向延迟报到学生准备的入学教育安排，延迟报到的研究生新生的问题将在那时得到解决。

牛津大学在10月5日安排了一些供研究生新生选择的主题活动，非常欢迎研究生新生参加。大多数活动需要在入学教育当天决定是否参加并且进行登记，如果研究生新生的家属或者配偶感兴趣参加某项主题活动，需要发邮件至学生信息官方邮箱提前进行登记。

可选择的主题活动有：参观牛津大学、文化意识会谈、女性与研究生世界讲座、如何成为一个有发展前途的学生等。

牛津大学在10月7日安排了一些面向学生家长、配偶的活动，感兴趣的新生家长、配偶可以去参加。他们也可以发邮件到学生信息官方邮箱询问活动的相关细节。

三、剑桥大学的研究生毕业典礼①

要了解英国高校毕业典礼的精髓，必须要从剑桥大学的毕业典礼开始。剑桥大学的研究生毕业典礼具有传统的英式高校特色，庄重而古典、严谨而高雅，内容丰富、过程严谨，堪称世界高校毕业典礼的典范。典礼的主要内容包括：毕业资格、学位服、典礼日期、来宾、毕业典礼、学位授予仪式、成绩单、校友工作等。

由于剑桥大学实际上是一个组织松散的学院联合体，各学院高度自治，剑桥大学只负责考试与学位颁发，而招收学生的具体标准则由各学院自行决定，并自行招生。剑桥大学的校长是由学校参议院选举产生的，一般都由社会上受人尊敬、有名望的人担任。校长一职是象征性的，校长很少介入大学事务，剑桥大学第344任校长是英国女王的丈夫菲利普亲王，现任校长也即第355任校长是来谢克·博里塞维奇博士。真正负责学校日常事务的是副校长，副校长由剑桥大学的大学会议提名，剑桥大学的摄政院投票任命。副校长下面还有多位助理副校长，负责专门的领域，协助副校长主持日常工作。因此，剑桥大学研究生毕业典礼是由副校长出席，并颁发学位证书。

剑桥大学摄政院是学校的最高立法与权力机关，由各学院的教职人员组成，有大约3000名成员。他们可以制订或修改学校规章、章程，投票任命副校长、大学会议成员、颁发学位证书和荣誉学位证书。摄政院每年6月份召开4次会议，核准学位证书的颁发。此外，如果剑桥大学需要颁发荣誉学位证书，摄政院也需要开会进行表决。

剑桥大学研究生毕业典礼主要由参议院负责，出席的人员包括：副校长、各学院院长、总学监、学监、讲师等组成。总学监，即剑桥大学教务主任，由于剑桥大学是书院制管理模式，各学院负责招生、培养，校教务部门负责最终的考核和决定学生是否符合学位要求，因此，剑桥大学教务主任有点类似中国高校分管教学的副校长。学监，即校教务部门的管理工作人员。讲师，即各学院的出席嘉宾。

（一）毕业资格

每一名想要在剑桥大学毕业的研究生，他（她）的学位必须获得学校的学位主管部门——

----

① 本部分内容主要参考剑桥大学官方网站（www.cam.ac.uk）。

摄政院的批准。为了能够毕业,研究生必须要满足即将被授予学位的资格标准,包括居留条件、考试结果和学生登记处的研究生毕业资格认证等条件。每个专业的毕业资格都有自己的特殊要求,所有专业的详细资格要求都列在剑桥大学的各项法令里面。

(二) 学位授予仪式的时间安排

剑桥大学研究生学位授予仪式的时间安排比较自由,每学年的三个学期都分别有学位授予仪式安排,每个学期会有 2—4 次的学位授予仪式安排。下面简单介绍 2013—2014 学年剑桥大学研究生学位授予仪式的时间安排。

1. 2013 年的秋季学期

2013 年的秋季学期,剑桥大学共有三场研究生学位授予仪式,具体时间安排如下:

10 月 1 日,星期二,上午 9:30;

10 月 26 日,星期六,上午 11:00;

11 月 30 日,星期六,下午 2:00。

2. 2014 年的春季学期

2014 年的春季学期,剑桥大学共有四场研究生学位授予仪式,具体时间安排如下:

1 月 25 日,星期六,下午 2:00;

2 月 22 日,星期六,下午 2:00;

3 月 22 日,星期六,上午 11:00;

3 月 29 日,星期六,上午 11:00。

3. 2014 年复活节学期

2014 年的复活节学期,剑桥大学共有两场研究生学位授予仪式,具体时间安排如下:

4 月 26 日,星期六,上午 11:00;

5 月 17 日,星期六,上午 10:00。

但是,2013—2014 学年度的研究生毕业生需要注意,不是所有学院都会在摄政院所规定的研究生学位授予时间给出毕业生名单。参与研究生学位授予仪式的具体时间要根据各学院的安排进行,毕业生可提前与所在学院研究生学位主管部门取得联系,确认自己参与研究生学位授予仪式的具体时间。

(三) 典礼礼服要求

如果研究生毕业生选择亲自参加学校的毕业典礼,需要在典礼上穿着剑桥大学的学位礼服。对于硕士学位申请者,可以穿戴着剑桥大学最高学位的礼服和帽子,如果还不是剑桥大学的研究生,也可以穿戴着文科学士或者文科硕士的礼服和他即将获得的最高学位的帽子。

1. 学位礼服出租

参加研究生学位授予仪式的毕业生,可以在下列任何一家剑桥大学供应商那里租用或者购买学位礼服:

(1) 公司名称:Ede & Ravenscroft

地址:Trumpington 街 70—72 号,剑桥 CB2 1RJ;

网址:www. gownhire. co. uk or 01223 861854;

购买咨询:01223 350048（shop）or 01223 861854。

（2）公司名称:Ryder & Amies

地址:国王阅兵场 22 号,剑桥 CB2 1SP;

网址:www. ryderamies. co. uk;

邮箱:enquiries@ryderamies. co. uk。

（3）公司名称:A. E. Clothier

地址:彭布洛克街 5a 号,剑桥 CB2 3QY;

网址:www. aeclothier. co. uk;

邮箱:sales@aeclothier. co. uk。

2. 毕业典礼着装要求

剑桥大学的毕业典礼是一个非常正式的场合,要求接受研究生学位授予者必须穿着得当。毕业典礼对于毕业生的下半身着装要求很严格,如果毕业生不能够遵守,将不允许参加毕业典礼。导师和学位推荐者将向毕业生提供详细的穿着建议。

（1）男士着装要求

男士的着装要求如下:一件小礼服或者黑色的、深灰色的或者深蓝色的普通西装,这些衣服的颜色都必须足够深,不要与黑色礼服产生明显反差;一件平整的有领子的白色长衬衫;正式的黑色鞋,不允许穿凉鞋;无图案的黑色或者深灰色袜子;必须佩戴白色领带。

（2）女士着装要求

女士的着装要求如下:一件黑色、深灰色或深蓝色西服裙或者裤子,或者一件不配夹克的深色裙子,或者一件深色的长连衣裙,这些衣服的颜色都必须足够深,不要与黑色礼服产生明显反差;一件平整的白色长衬衫或者宽松上衣;正式的黑色鞋,不允许穿凉鞋;无图案的黑色、近黑色或者天然色素的袜子;须佩戴白色的领结。

另外,可以用黑色的教士袍代替深色西服和衬衫,但必须佩戴一条黑色领带或者教士服的衣领。

（3）其他要求

➢ 学位帽

即将毕业的学生可以选择穿戴广场帽或学位帽参加毕业典礼。如果毕业生决定在当天穿戴学位帽,在典礼现场大厅必须要脱下帽子并且用左手拿着。

➢ 首饰

参加毕业典礼的毕业生不允许佩戴明显的首饰和头饰。

（四）来宾安排

1. 校外来宾安排

因为毕业典礼现场的座位有限,所以,毕业生亲友必须有入场券才可以入场。入场券是由毕业生所在学院免费发放的,毕业生需要直接与自己的学院联系来获得毕业典礼的入场券。

2. 本校来宾安排

参加典礼的各学院嘉宾成员（讲师）可以不用入场券就能参加毕业典礼,但前提是那天还有多余的位置。这种直接参加典礼的特权对荣誉学位授予仪式是不适用的。

所有大学成员在参加典礼时都必须要穿着礼服。一般情况下，只能穿剑桥大学的制服，帽子可以根据自己喜好决定。但只有参加毕业典礼的军官才能够在室内戴帽子。

3. 对来宾在典礼上的要求

来宾在整个毕业典礼过程中不能随意走动和退出会场。来宾在典礼现场不允许拍照，移动电话和寻呼机都必须调到静音或者关机状态。

4. 来宾到校路线

到达剑桥大学的路线信息，可以在剑桥大学校园网指南的"游客部分"在线查看大学的地图。

5. 来宾住宿

剑桥大学校内和周边的旅馆和其他住宿信息可以在剑桥大学校园网主页的"访问剑桥"部分查看。

（五）学位授予仪式

1. 入场

当剑桥大学副校长身穿礼服，手握代表剑桥大学最高权力的权杖，带领身着礼服的校长助理、各学院院长、总学监，以绅士的仪仗官队列进入参议院时，学位授予仪式正式开始，现场所有人必须起立。当副校长和校长助理到达典礼的讲台时，观众坐下，学校官员仍然站立。

当学监们穿过参议院，到达他们在典礼讲台上的位置时，会议正式开始。学监们会把剑桥大学的教育法典放在面前的桌子上。

2. 现场表决

在副校长致欢迎词结束后，总学监会提出有关个别毕业生的特别介绍，之后，每一名学监对摄政院成员核准的学位情况进行表决，也就是说可以否决摄政院的投票权。如果学监们没有否决摄政院成员核准的学位情况，也即每一名学监说"赞成"，表示对摄政员投票权的默许。所有的正式程序重复继续进行。

总学监提出以下致辞：

"那些名字已经由教务处张贴在参议院旁边拱廊街公告栏上的，且众议院、副校长没有删除的虔诚的学位申请人，他们可以获得自己应得的硕士学位。"

如果没有异议，学监们可以说"赞成"。

3. 学位授予过程

第一步，副校长站到讲台前面的主席位，学位授予仪式正式开始。更高学位的候选人最先出列，紧随其后的是荣誉学位获得者。

第二步，讲师通过举起他们的右手来赞同可以成为学位候选人的毕业生，且要陈述："最杰出的整个大学的副校长，我将向你展示我所知道的这个人的特色品质作为通过硕士学位的要求，因为我对你承诺是我对这个大学的信仰。"

第三步，被叫到的毕业生，他们要在副校长面前，一步一步向前跪下。

第四步，副校长紧握这些毕业生的手说道："凭借我被授予的权力，我以圣父圣子的名义，授予你此学位。"

第五步,获得学位的研究生起立,对副校长鞠躬,退出,穿过参议院的博士通道去接收他们的学位证书。

当更高学位候选人和荣誉学位获得者的学位授予仪式结束后,学位授予仪式由各个学院开始,由于英国国王在剑桥大学成立时定制的学位授予仪式习俗,三一学院和圣约翰学院的毕业生排在最前列,其次是按学校的规定认可的其他学院。各学院毕业生学位授予的程序与高等学位是一样的。但讲师可以一次提出相同的四个学位候选人的陈述。在第一组提出同样的学位陈述后,后面通常使用简略陈述内容:

"这些我也给你同样的承诺。"

然后,副校长以同样简略的陈述说:"我也以同样的程度承认你。"

4. 学位授予仪式结束

最后一个毕业生获得学位承认后,全体起立。副校长说:"祝贺你们!"宣告结束。以副校长为首的队伍首先离开,紧接其后的是总学监、学监。其他人仍然站立,直至前面的队伍离开,参议院成员才可离开。

(六)典礼上的摄影工作安排

1. 典礼上的摄影工作

如果毕业生亲自来参加毕业典礼,在授予学位时刻的摄影工作将由剑桥大学的摄影和图片服务处帮助学生完成。毕业生可以通过学校摄影和图片服务处网站提前预定,或者在当天填写学校提供的纪念品中的相关表格。

应当注意的是,来宾在参议院是不允许私自拍照的。

2. 典礼后的摄影工作

在典礼开始之后,学校摄影和图片服务处将有员工会在参议院的大院里为毕业生和其家人提供拍摄服务。肖像拍摄安排在服务处的服务站点,不需要提前预定。

(七)有关文科硕士学位的信息

在大多数的英国高校里,文科硕士是通过考试授予的。在剑桥大学,如果学生没有剑桥大学的文科学士学位,至少需要六年的时间来攻读文科硕士学位,如果学生有剑桥大学的文学学士学位,至少需要两年的时间来攻读文科硕士学位。

文科硕士学位获得者或者剑桥大学的其他专业的硕士生和博士生,将有机会成为学校的参议院成员。学校参议院成员有下列权利:参加讨论(剑桥大学的部分决策制定程序);投票选举新的校长和司法干事;从学校图书馆借书;许多学院还给本学院的校参议院成员提供每年一定次数的在贵宾席就餐的机会。

牛津大学和都柏林大学也以同样的方法授予文科硕士学位。

(八)学位证书和成绩单

1. 学位证书

学校对在本校继续攻读更高学位的学生获得的学位证书,是免费发放的。如果毕业研究生参加了参议院举行的毕业典礼,那么证书将在学生被授予学位后立即颁发。剑桥大学摄影和图片服务处提供学位证书框架。如果学生没有毕业,证书会被暂时保留在学生所在学院。

2. 毕业生成绩单

毕业生可通过登录剑桥大学成绩自助服务系统网站查询自己的非官方的成绩单。但非官方成绩单只供查询，不能作为成绩证明开具给毕业生。硕士研究生考试成绩只收集了自2006年以来的。

剑桥大学的成绩自助服务系统是一个安全的电子公文数据系统。该系统让学生和毕业生可以在线访问他们的成绩单，由剑桥大学的安全网站来验证这些电子成绩单的真实性。成绩单使用数字化的签名使其合法有效及防止被篡改，且能更快更有效地验证是否是真实的成绩单。在校学生和毕业生均受益于此，毕业生可以在世界的任何地方轻松发送正式电子成绩单，在发送成绩单时，可指定谁可以访问和验证电子成绩单，以确保电子成绩单的合法有效和不被篡改。

（九）校友关系办公室

学生一旦从剑桥大学毕业，将会成为全球200000名剑桥大学校友团体的一份子，剑桥大学校友关系办公室使毕业生与剑桥大学以及每一个校友保持长期联系。

剑桥大学的校友福利包括一个终生服务的电子邮箱，随时免费访问剑桥大学官方网站的机会以及其他学校提供的更多福利。校友可以通过访问剑桥大学校友办公室网站获得更多关于校友关系办公室的信息。

四、耶鲁大学第312届研究生毕业典礼[①]

（一）毕业典礼简介

2013年5月20日，是耶鲁大学第312届毕业生毕业典礼举行的日子。各学院在5月20日左右举办自己的毕业典礼。

在5月20日这天，有超过3000位耶鲁学子被授予学位。其中有10个荣誉学位授予已毕业的校友和社会知名人士，包括美国最高法院大法官索尼亚·索托马约尔、1979级法学系校友；联邦快递的创始人弗雷德里克·史密斯、1966级校友；美国作曲家约翰·亚当斯。另外，还有一个人文主义文学博士学位授予耶鲁大学前任老校长理查德·C·莱文，这成为当天仪式的一个巨大惊喜。图8.9展示了毕业典礼的现场情况。

图8.9　毕业典礼现场图片

来源：http://www.yale.edu/gateways/students.html

---

① 本部分内容主要参考耶鲁大学官方网站（www.yale.edu）。

（二）各院系毕业典礼的具体安排

1. 耶鲁学院的毕业典礼安排

耶鲁学院作为耶鲁大学最大、也是最重要的学院之一，2013年的毕业典礼共安排了4天，耶鲁学院的毕业典礼，不仅仅是个仪式，更是耶鲁学院一年一度最热闹、最隆重的庆典活动。具体安排如下。

（1）2013年5月17日的毕业典礼安排

18：00，耶鲁大学交响乐团音乐会，在巴泰澳教堂举行，无需门票。

20：00，耶鲁大学戏剧协会音乐剧"第25届普特南郡拼音比赛"初赛，在学校大剧场举行，纽约街222号。

（2）2013年5月18日的毕业典礼安排

11：00，毕业典礼现场礼仪、着装指导服务，在德怀特·霍尔教堂举行。

11：00—13：00，由耶鲁学生国际中心，为国际毕业生及他们的家人提供早午餐服务。地点：庙街421号。

12：00—13：00，钟琴音乐会，由耶鲁钟乐器演奏家协会演奏，是来自主校区最好的享受。

14：30—15：30，毕业班寄语，每场一个小时，周日进行两场，在格鲁夫街和学院街转角的梧希音乐厅举行。由莱文校长进行演讲，由耶鲁学院院长进行点评。

16：00—18：00，莱文校长夫妇接待资深学者，地点：高瓴路43号。

20：00，耶鲁大学欢乐合唱团毕业典礼音乐会，在斯普拉格纪念馆举行，学院路470号。普通门票每人12美元，学生门票每人10美元。

20：00，耶鲁戏剧协会音乐剧"第25届普特南郡拼音比赛"复赛。

20：00—23：00，由高年级理事会举办的保龄球活动，在佩恩惠特尼体育馆兰曼中心举行。这是一项能够让毕业学生和家庭成员共同参与享受的活动。

（3）2013年5月19日的毕业典礼安排

9：30—10：30，对于资深学者以及来自伯克利、卡尔霍恩、达文波特和以斯拉斯泰尔斯学院的客人们的致辞活动，于梧希音乐厅举行。

11：00—12：00，对于资深学者以及来自布兰福德、爱德华、西利曼以及特朗布尔学院的客人们进行的致辞活动，于梧希音乐厅举行。

14：00—16：00，班级日活动，在主校区举行。包括一个著名的演说家的演讲、毕业生奖项的颁发、耶鲁大学传统的庆典活动，下午13：15，高年级学生身着学术长袍和学士帽聚集在十字校园。今年班级日的演讲嘉宾是纽瓦克市市长科里布克，法学院1997级校友。

16：30，由硕士及联合硕士在宿舍楼接待资深学者及访客。

16：00，耶鲁音乐学院毕业音乐会，斯普拉格纪念馆，学院街470号，免费入场。

19：00，耶鲁大学管乐团《暮光之城》的音乐会，主校区。风雨无阻，免费入场。

20：30，耶鲁戏剧协会音乐剧"第25届普特南郡拼音比赛"决赛。

20：30，威芬普夫斯"奇想的节奏"音乐会，在格鲁夫街和学院街转角的梧希音乐厅举行。

（4）2013年5月20日的毕业典礼安排

9:15,毕业生着学位服,聚集在校园游行至十字校园。

10:00,从十字校园出发走向主校区。

10:30—11:45,校级毕业典礼,在主校区举行。

12:00,在住宿处或学院自由活动。

13:30,在住宿处用餐,每年的三月份左右,学生家长就可以得到售票信息。参加毕业典礼的高年级学生及资深学者不需要购票。

2. 文理学院的毕业典礼安排

(1) 2013 年 5 月 19 日的毕业典礼安排

14:00,研究生会议,在研究生研究大厅的庭院帐篷里举行,地点:纽约路 320 号。

15:00,院长接待,主要接待当年的学位获得者及其家属,现场音乐及点心提供,地点:研究生研究大厅麦克道戈尔中心。

(2) 2013 年 5 月 20 日的毕业典礼安排

9:00,毕业学生着学位服,聚集在校园游行至十字校园。大约在十点左右开始走向老校区。

9:40,学位候选人在十字校园集合,学位签字。

10:30,毕业典礼,在主校区举行。访客无需凭票入内,但所有学位候选人在 5 月 1 日前需要上交出席表格。

12:15,证书颁发仪式,在格鲁夫街和学院街转角的梧希音乐厅举行。

(3) 参加文理学院学位授予仪式的注意事项

第一,文理学院的学位授予仪式将被录像并上传至文理学院毕业典礼网站首页。鼓励没能参加学位授予仪式的朋友和家人能够在线看到这一仪式。

第二,哲学博士、哲学硕士、文学硕士、理科硕士和工程硕士的学位证书,由院长和教师代表分为每个部门或项目进行授予。

第三,所有学位候选人必须填写毕业典礼出席表格,以确认是否将出席学位授予仪式,该出席表格只能在线访问。出席表格提交的截止日期是 5 月 1 日。这个日期前没有进行回复的学位候选人可能无法参加学位授予仪式,或者可能无法与他所在的小组坐在一起。

第四,学位候选人将根据不同的部门分组坐在前排位置,并在仪式进行过程中将被请上台,从院长的手中接受学位证书。现场嘉宾需要找靠近两边或阳台的位置落座。学位候选人与嘉宾都不需要凭票进入。

第五,梧希音乐厅的残障通道在白洁广场处。

第六,接受耶鲁麦克米伦国际区域研究中心和经济增长中心硕士学位的毕业生,需要在卢斯大厅举行的毕业典礼上领取毕业证书,地点在高瓴大道 34 号。其中包括非洲研究、东亚研究、国际经济学、国际关系与发展、欧洲和俄罗斯的研究的硕士学位候选人。

第七,免费午餐和耶鲁国际区域研究中心的接待工作在卢斯大厅展开。

第八,无论是在梧希音乐厅还是卢斯大厅举行的学位授予仪式,每位毕业生在接受学位授予时都会有专业的摄影师进行拍摄,毕业典礼的照片,作为一项商业服务,将通过邮件告知学位候选人如何购买他们的照片。学位候选人也可以直接联系毕业典礼照片处获得。

第九，5月20日下午13:30为梧希音乐厅的学位候选人和嘉宾提供了院长午餐，场地设置在研究大厅的庭院帐篷、会议室、餐厅内。现场提供肉类、蔬菜以及儿童食品。如果学位候选人和嘉宾想要参加这场院长午餐，须在线填写出席表格。

3. 建筑学院的毕业典礼安排

9:40，所有的学位候选人，穿学位服，在十字校园附近集合，代表建筑学院签字。

10:30，毕业典礼，在主校区举行。

12:00，建筑学院的学位授予仪式将在礼堂街1111号耶鲁大学艺术画廊玛格丽特和安格斯雕塑花园举行。玛格丽特和安格斯雕塑花园的午餐将在毕业典礼后进行，无需凭票进入。

倘若遭遇下雨的情况，学位授予仪式将在耶鲁大学艺术画廊的罗伯特·麦克尼尔讲堂进行，礼堂街1111号。午餐则将在保罗·鲁道夫大厅的走廊上供应。

4. 艺术学院的毕业典礼安排

9:40，所有的学位候选人，身着学位服，在十字校园附近集合，代表艺术学院签字。

12:00，在主校区参加完毕业典礼后，毕业生们将由教员、学生代表带领，前往艺术学院的霍尔库姆·格林大厅进行学位授予仪式（风雨无阻）。在学位授予仪式之后，毕业生及其家庭成员的接待活动在格林大厅主会厅举行。艺术学院位于礼堂街1156号。

5. 神学院的毕业典礼安排

（1）2013年5月19日的毕业典礼安排

16:00，毕业仪式礼拜，在英式神学四方院举行。教职人员与毕业生佩戴学术勋章。下雨天的备用场地：马昆德教堂，传道仪式则在埃米莉汤斯教堂举行。

之后的活动：毕业生和嘉宾接待，在英式神学四方院举行，无需凭票进入。

（2）2013年5月20日的毕业典礼安排

7:00—9:30，欧洲大陆式早餐，在神学院公共休息室供应，无需凭票进入。

8:00，毕业典礼圣餐，在马昆德教堂举行。由威利斯詹金斯担任牧师；司仪神父由朱莉凯尔西和戴尔·彼得森担任。

9:00，从英式神学四方院出发去主校区，教职人员与毕业生需要佩戴学术勋章。

10:30，学校毕业典礼，在老校区举行，教职人员与毕业生需要佩戴学术勋章，无需凭票进入。

12:30，学院毕业典礼（学位授予仪式）在英式神学四方院举行。若遇下雨的情况，改在马昆德教堂举行。随后，进行相关接待活动，无需凭票进入。

6. 戏剧学院的毕业典礼安排

9:00，学位候选人及教职人员，身着学位服，在纽约街222号集合，出发至十字校园。

9:40，学位候选人及教职人员，在十字校园附近集合，代表戏剧学院签字。

10:30，主校区毕业典礼，在纽约街222号校剧场举行。戏剧学院毕业典礼随后举行，包括院长致辞、毕业证书及奖项的颁发。

13:00，毕业生和嘉宾午宴在礼堂街1156号新剧场举行。

7. 工学院的毕业典礼安排

15:30，学位获得者和嘉宾招待会，在前景街1号谢菲尔德英镑斯特拉斯科厅114房间举行。

17:00,学士、硕士毕业生及嘉宾的接待活动在前景街 15 号贝克顿工程中心咖啡广场举行,届时提供免费点心。

8. 资源环境研究学院的毕业典礼安排

9:00,学位候选人身着学位服在克鲁恩大厅,前景街 195 号集合,出发至十字校园。

9:40,学位候选人及教职人员,在十字校园附近集合,代表资源环境研究学院签字。

10:30,学校毕业典礼,在主校区举行,无需凭票进入。

12:30,毕业生从圣贤厅回克鲁恩大厅。

12:40,资源环境研究学院学位授予仪式,在前景街 195 号克鲁恩大厅南庭院举行。仪式内容包括:院长致辞,教职人员颁奖,代表发言和学位授予。

13:45,毕业生和嘉宾的招待活动及午餐,在克鲁恩大厅举行,无需凭票进入。

9. 法学院的毕业典礼安排

(1) 2013 年 5 月 19 日的毕业典礼安排

17:00—19:00,毕业生与嘉宾的接待活动,由罗伯特院长主持举行,在耶鲁法学院庭院举行,无需凭票进入。人数不限,在四月期间前往注册办公室索取邀请函。

(2) 2013 年 5 月 20 日的毕业典礼安排

9:40,法学院学位候选人及教职人员在十字校园法学院附近集合报到。

10:30,学校毕业典礼,在主校区举行,无需凭票进入。

12:00,法学院毕业典礼在惠特尼体育馆兰曼中心举行,无需凭票进入,人数不限,在四月期间,前往注册办公室索取邀请函。法学院毕业典礼一般在当天下午 14:30 左右结束。

14:30,校园接待活动,在耶鲁法学院庭院举行,无需凭票进入。

随后耶鲁法学院的食堂提供自助午餐,餐票可在入口处购买,19 美元/人。

10. 管理学院的毕业典礼安排

(1) 毕业典礼安排

9:30,学位候选人及教职人员,身着学位服,在十字校园管理学院附近集合报到。

10:30,学校毕业典礼,在主校区举行,无需凭票进入。

12:45,学位授予仪式在前景街 135 号特雷斯庭院举行,无需凭票进入。

(2) 参加管理学院毕业典礼的注意事项

第一,学生接受证书授予的时候都会有专业的摄影师进行拍摄,毕业典礼的照片,作为一项商业服务,通过邮件告知学位候选人如何购买他们的照片。学位候选人也可以直接联系毕业典礼照片处获得。

第二,在授予仪式后,有自助午餐供应,该自助餐在四月底开始接受预定。嘉宾需要事先与相关毕业生联系安排。

第三,若天气不佳,证书颁发仪式移至梧希音乐厅举行,下午 15:00 左右开始。

11. 医学院的毕业典礼安排

(1) 毕业典礼安排

10:30,学校毕业典礼,在主校区举行。10:00 开始,杉木街 300 号。嘉宾若不想参加主校区毕业典礼,可通过转播中心的转播观摩毕业仪式。

12:30,医学院学位授予仪式,在位于雪松大街和华盛顿街转角的雅米斯泰德公园举行。

(2) 参加医学院的毕业典礼注意事项

第一,若遭遇极端天气,学位授予仪式将移至玛丽哈克尼斯礼堂举行,名额有限(每名毕业生限三张票,包括毕业生本人在内)。玛丽哈克尼斯礼堂坐落于雪松街 333 号医学院英式大厅。所有不能参加现场典礼的其他嘉宾,被邀请去观看学位授予仪式的实况转播可以前往:雪松街 300 号转播中心礼堂;雪松街 310 号布雷迪礼堂;以及雪松街 330 号圆形剧场。

第二,驾车的嘉宾可把车辆停放到庙街车库;或空中车库,纽约街 40 号。残疾人用车可停在主校区的雅米斯泰德车库。

第三,学位授予仪式结束后,在爱德华哈克尼斯大厅举办毕业生及亲友嘉宾的接待活动。

第四,学生与嘉宾参加任何一场活动(除遇极端天气的情况)都无需凭票,但学生需要提前向学生事务处提供参加的嘉宾人数。每位学生最多可有八个嘉宾名额(包括学生本人在内),如需更多的嘉宾名额请联系学生事务办公室的工作人员吉尔奥伦蒂。

12. 音乐学院的毕业典礼安排

(1) 2013 年 5 月 19 日的毕业典礼安排

音乐学院的毕业典礼将会以免费音乐会的形式,来庆祝 2013 届学生所取得的音乐成就,音乐会在斯普拉格大厅的莫尔斯独奏厅举行,在学院街和威尔街的转角处。音乐会于下午 16:00 开始。

(2) 2013 年 5 月 20 日的毕业典礼安排

音乐学院的毕业典礼将在主校区的学校毕业典礼后,在斯普拉格会堂举行,无需凭票入场。

13. 护理学院的毕业典礼安排

(1) 2013 年 5 月 19 日的毕业典礼安排

11:30—14:00,毕业典礼礼仪培训,早午餐地点相关信息联系弗雷德里和卡格兰特。

(2) 2013 年 5 月 20 日的毕业典礼安排

8:00—9:15,在毕业典礼前,博士生和他们的嘉宾被邀请参加玛格丽特院长的早餐。

12:30,护理学院的学位授予仪式将在学院街 247 号舒伯特剧场举行。授予仪式结束后,毕业生及家属的接待仪式在庙街 155 号耶鲁欧尼纽黑文酒店举行。学位授予仪式及接待活动都需要凭票入场。

如对护理学院毕业典礼相关信息有所疑问,包括入场券信息,联系学院学生事务办公室。

14. 公共健康学院的毕业典礼安排

(1) 2013 年 5 月 19 日的毕业典礼安排

13:00—15:00,毕业生及家属嘉宾的院长接待活动,由保罗克利瑞院长主持,地点待定,无需凭票进入,人数不限。

(2) 2013 年 5 月 20 日的毕业典礼安排

9:00,学位候选人及教职人员,身着学位服,在位于雪松大街的医学院门口集合,前往十字校园,学位候选人也可直接前往十字校园集合,在公共健康学院签字处集合报到。

10:30,学校毕业典礼,在主校区举行。

12:30—14:00,公共健康学院午餐招待在榆树街155号毕业生俱乐部举行,招待各位毕业生及其嘉宾。需凭票进入,5月1日起,一周内到学生事务处索票。

14:30—16:00,公共健康学院毕业典礼在贝特尔教堂举行,位于榆树街与学院街的转角处。毕业典礼对外开放,无人数限制,无需凭票进入。

第二节　理论与实践并重的研究生学术活动

一、耶鲁大学的研究生院长茶会[①]

耶鲁大学的研究生教育分布在耶鲁研究生院(开设例如生物、西方经典、英文、基础科学、工程、历史、数学、社会学、政治学和经济学等课程)以及统称专业学院的建筑学院、法学院、医学院、艺术学院、神学院、音乐学院、护理学院、管理学院、森林环境学院和公共卫生学院。其中耶鲁法学院、音乐学院、艺术学院等在美国研究生教育界首屈一指。每所学院有一位院长(Master)和一位学监(Dean),分别负责学生的社交活动和学习生活。各院院长每周还会邀请各个领域的著名人士举办茶会,称为"院长茶会"(Master's Tea),研究生都可参加,受邀的名人包括美国和世界政界、商界、体育界、娱乐界、社会公益界等领域的著名人物。

(一)研究生院长茶会:一种更为紧密和开放的交流模式

每个学期,耶鲁大学的十二所研究生院,都会通过举办每周一次的研究生院长茶会,为学生提供一场场不同主题、不同角度的思维"盛宴"。图8.10展示了院长茶会热烈的现场气氛,图8.11展示了出席院长茶会的部分嘉宾。

图 8.10　院长茶会现场图片

来源:http://oyc.yale.edu/

---

① 本部分内容主要参考耶鲁大学官方网站(www.yale.edu)。

图 8.11 部分院长茶会嘉宾的照片

来源:http://oyc.yale.edu/

正如西利曼学院的院长布朗奈尔教授在结束他的任期之后所总结的那样:"院长茶会为学生们提供了一个机会来了解那些光鲜的社会成功人士,作为一个个鲜活具体的个人是怎样生活着的。"不同于格式化的讲座、演讲,院长茶会让研究生们能够有机会和这些成功人士进行面对面的交谈,来了解是什么驱动着他们不断前行,是什么让他们不断思考和探索,想要进入他们所在的社会领域又需要做些什么,这些问题的答案,才是真正的无价之宝。

耶鲁大学研究生院长茶会也已经成为了研究生教育中浓墨重彩的一笔。学院会通过许多不同的方式来邀请这些交流对象,包括邮件邀请、电话邀请和当面邀请等。受邀者往往来自不同的社会领域,拥有不同的社会身份,他们大多和耶鲁大学有一定的关系,或者与院长本人,或者与耶鲁大学的学生具有一定的社会关系。院长茶会的嘉宾包括社会知名的作家、政客、演员、音乐家等等。研究生们可以旁听院长与受邀嘉宾的对话交流,或者直接跟受邀者进行面对面的交流。在大多数情况下,各个学院的院长茶会对全校所有的学生开放,无论学生的院系类别,都能够参与到不同学院的院长茶会当中。可能今天学生还在电视上关注着一位影星或政客,而明天,他或她可能就将成为在耶鲁大学研究生院长茶会上与学生面对面交流的交谈对象。

(二) 2011 年院长茶会概览

1. 赫特博士院长茶会

时间:2011 年 10 月 6 日

嘉宾:Robert Hecht

嘉宾简介:赫特博士担任美国银行发展部门总经理,他负责投资项目的组合分析,包括分析与艾滋病、疫苗融资、卫生筹资等与改革相关的政策壁垒和解决方案,赫特博士还负责帮助发展中国家走向全民医疗覆盖,提高发展中国家的医学研究开发和获取新型卫生技术的能力。

2. 摄影记者院长茶会

时间:2011 年 10 月 18 日

嘉宾:Michael Garden & Marie Carleton

嘉宾简介:迈卡和玛丽作为独立的摄影记者,他们花费数年的时间记录了近年来战争对于伊拉克古代遗址的破坏。最近,他们刚刚完成了一组关于埃及国内运动及其影响为主题的拍摄,记录下了埃及刚刚经历的这一场国内运动。这段历史由一段长达八分钟的纪录影像在院长茶会上呈现,迈卡和玛丽在院长茶会上进行开放式的讨论,21 岁的耶鲁大学生物学专业

国外高校研究生事务管理实务

毕业生珊玛作为嘉宾参与这场讨论,并发表自己的意见。2011 年,珊玛大部分时间都在埃及的大街上,参与埃及人民对政府的抗议示威活动。

3. 丽萨院长茶会

时间:2011 年 10 月 19 日

嘉宾:Lisa Lee

嘉宾简介:丽萨是一家亚裔美国社区杂志《连字符杂志》的发行人,杂志的主要内容包括公众健康、传媒及种族问题等。另外,丽萨还创立了"厚饺子皮"论坛,该论坛致力于讨论亚裔美国社区的社区形象和社区居民的饮食失调问题。最近,丽萨还获得了旧金山 APA 遗产奖。同时,她还在脸谱网的产品操作部门从事相关工作。该茶会由美籍华人学生协会协办。

4. 尼尔·夏皮罗院长茶会

时间:2011 年 10 月 27 日

嘉宾:Neal Shapiro

嘉宾简介:尼尔·夏皮罗,纽约公众媒体集团(WNET)的总裁兼首席执行官,作为纽约公众电视十三频道的母公司,纽约公众媒体集团掌握着纽约电视台和新泽西州的州际公共电视网络。在调职到纽约公众媒体集团之前,夏皮罗先生在 2001 年到 2005 年期间担任(美国)全国广播公司新闻台的总裁,在任期间他推动了(美国)全国广播公司新闻部门在全球业务的发展。

5. 佩里院长茶会

时间:2011 年 10 月 28 日

嘉宾:Thomas Perry

嘉宾简介:托马斯·佩里是 19 部神秘小说的作者,其中包括《简怀特·菲尔德》系列、《死亡与赠与》、《追求》系列等,同时他也是金靴奖最佳小说奖的获得者。他的小说《屠夫的男孩埃德加》和《莫扎克的狗》被纽约时代杂志评选为 2010 年度最佳推荐小说。独立的神秘小说书商协会将他的小说《消失的行为》列为"100 年来 20 世纪最受欢迎的神秘小说"之一,而他的小说《夜生活》则被评选为纽约时报 2009 年度的最佳畅销书。

6. 简·斯特恩院长茶会

时间:2011 年 11 月 7 日

嘉宾:Jane Stern

题目:《塔罗牌读者的自白:实用的建议和超越》

嘉宾简介:简·斯特恩是一位作家,同时她也是一位塔罗牌的爱好者,著有《塔罗牌读者的自白:实用的建议和超越》以及回忆录《急救女孩:如何成为自己的内科急救医生》等。该回忆录已被翻拍成电视剧《急救女孩》,由凯西·贝兹主演。同时简·斯特恩还是多部旅游、美食、人口文化书籍的联合作者之一。

7. 亨利·芬德院长茶会

时间:2011 年 11 月 10 日

嘉宾:Henry Finder

嘉宾简介:亨利·芬德,作为翻译杂志的执行总编,自1997年起担任《纽约人》杂志的编辑总裁,主要居住在纽约及普林斯顿。同时,他也是耶鲁大学的校友(1986级)。该茶会由耶鲁大学新闻学波因特奖学金联合举办。

8. 查尔斯·贝利院长茶会

时间:2011年11月16日

嘉宾:Charles Bailey

嘉宾简介:查尔斯·贝利是阿斯彭研究所的研究项目"越南橙调查计划"的主管。从1998年起他就开始着手探索解决越南战争遗留的脐橙中含二恶英的问题。2006年他在这个课题上取得了突破性的成果,2007年10月他回到美国对该问题进行了深入研究。贝利先生作为一个福特基金的执行长和东非、南非、南亚研究的著名学者,在职期间33年,他都致力于"越南橙调查计划"和亚非问题的研究,直到2011年5月离职。该茶会由越南学生协会联合举办。

9. 法比奥院长茶会

时间:11月29日

嘉宾:Fabio Scano

嘉宾简介:作为一位医学博士和公众健康专家,法比奥负责世界卫生组织在中国的结核病控制项目,承担着世界上最大的国家的耐多性结核病控制的沉重负担。2001年法比奥正式加入世界卫生组织结核病防治部门,帮助中低收入国家制定、发展结核病及艾滋病的诊断及治疗方法。同时,法奥比与阿斯彭研究所合作研究意大利的人才问题,旨在缓解意大利的人才流失现象,这一现象具体是指年轻有才华的意大利人离开这个国家去欧盟或其他国家寻找更好的机会。

10. 理查德院长茶会

时间:2011年12月1日

嘉宾:Richard Skolnik

嘉宾简介:理查德是乔治华盛顿大学全球健康计划项目的讲师,是《全球卫生101》的作者以及《全球健康必需品》的第二版作者。理查德曾担任国家人口资料局国际项目副总裁,哈佛大学公共卫生学院在博茨瓦纳、尼日利亚和坦桑尼亚的艾滋病治疗计划的执行董事。他同时还任职于世界卫生组织的健康咨询部门、哈佛人道主义行动组织、哈佛大学妇女健康发展计划项目以及耶鲁大学全球健康领导机构等。

(三)2012年院长茶会概览

1. 纳特院长茶会

时间:2012年1月19日

嘉宾:Samantha Nutt

嘉宾简介:萨曼莎·纳特博士是一位医学博士,是加拿大战争的孩子组织的创始人和执行董事。战争的孩子组织的宗旨是让儿童和年轻人在他们的社区里快乐成长,克服生活、疾病、种族冲突带来的挑战。15年来,纳特博士一直战斗在世界上许多重大危机事件的最前线,包括在伊拉克、阿富汗、索马里、刚果和达尔富尔地区等。这些经历让她对于现代战争的残暴

国外高校研究生事务管理实务

有着更深的认识,包括战争的起因、战争的代价以及如何制止一场战争的发生等。最近纳特博士还被全球杂志评选为加拿大 25 位最有影响力的人物之一,同时,她也被时代杂志评选为加拿大 5 大领袖人物之一。另外,她还被世界经济论坛评选为全球 200 位年轻领导者之一。纳特博士也是《该死的国家》一书的作者,该书结合她 15 年来在许多世界重大危机事件中所经历的真实情况撰写而成。同时,她还是多伦多女子学院医院的护理人员,以及多伦多大学医学院的助理教授。

2. 苏珊·施瓦兹院长茶会

时间:2012 年 1 月 23 日

嘉宾:Susan Schwartz

嘉宾简介:苏珊·施瓦兹是美国广播公司新闻台"世界新闻和黛安·索耶"节目的金牌制片人,在此之前她也曾是美国广播公司黄金时间"转折点"节目和美国公共电视网儿童电视车间节目的制片人。作为"世界新闻和黛安·索耶"节目的制片人,施瓦兹通过医学新闻单元,来剪辑播报由首席医学约翰逊博士、高级医学编辑查德·白瑟博士和医学记者约翰·麦肯齐整理剪辑的医学、健康小故事。苏珊·施瓦兹修读并获得了耶鲁大学公共健康学院的健康硕士学位以及乔治城大学护理学院的科学学士学位。

3. 基思·麦卡洛院长茶会

时间:2012 年 2 月 7 日

嘉宾:Keith McCullough

嘉宾简介:基思·麦卡洛是亨德格耶风险管理公司的首席执行官。在成立亨德格耶公司之前,麦卡洛为凯雷蓝色波股份对冲基金、磁星管理资本、道森赫尔曼管理资本建立了一套成功的避险基金管理模式。在获得了耶鲁大学经济学学士学位之后,他在瑞士信贷第一波士顿公司开始他的一份企业实体销售分析工作。在耶鲁大学学习期间,麦卡洛作为耶鲁大学曲棍球队队长,屡次出战常春藤联盟的曲棍球冠军联赛。同时,麦卡洛也是消费者新闻与商业频道的一位特约电视编辑、《财富》杂志特约作家以及一位《对冲基金经理的日记》的作者。

4. 汉斯·奥拉夫汉高院长茶会

时间:2012 年 2 月 13 日

嘉宾:Hans-Olaf Henkel

嘉宾简介:汉斯·奥拉夫汉高先生,是国际商业机器公司(IBM)欧洲、非洲和亚洲区域的前任首席执行官,前德国工业联合会的主席,并且他在其他许多方面都有着非常多的杰出贡献。作为一位杰出的经济学家,他曾经是欧元的坚实支持者。现在,奥拉夫汉高先生作为曼海姆大学的客座教授,也是多家公司的监事会成员,包括法兰克福的新濠锋酒店、勒沃库森的拜耳集团、汉诺威市的大陆集团、慕尼黑的戴姆勒航空航天集团等。同时,他与德国前总统罗马赫尔佐格一起,加入到了"Konvent 为了德国"项目当中,旨在改善德国的政治决策系统。他也是国际特赦组织中一名非常活跃的成员。

5. 乔治·纳什院长茶会

时间:2012 年 2 月 22 日

嘉宾：George Nash

嘉宾简介：乔治·纳什博士是一个独立的学者、历史学家、二十世纪美国政治史和思想史专业的讲师，是哈佛大学历史系美国政治史和思想史专业的博士学位获得者。他能够非常流利地说出、写出有关美国保守主义的历史和目前的发展方向；赫伯特·胡佛的生活；罗纳德·里根的传奇故事；美国的开国元勋在教育界的作为等。作为研究美国前总统赫伯特·胡佛的权威作家，纳什博士出版了三部关于胡佛的学术传记，包括：《赫伯特·胡佛的生活》《自由的背叛》《赫伯特·胡佛二战秘史》。同时，纳什博士也是美国公共电视网纪录片"滑坡"中一位十分有特色的被采访者，该片是一部描述胡佛总统形象和美国大饥荒的纪实影片。纳什博士的文字涉及各种社会问题，在美国各大刊物广泛刊登，这些杂志包括美国观众、克莱尔蒙回顾书籍、大学回顾、摩登时代、国家评论、纽约时报书评、政策评估、大学学者，华尔街日报等出版物。纳什博士也在一系列的知名会议上作了相关的演讲，包括：美国国会图书馆会议、国家档案馆会议、赫总统图书馆会议、杰拉尔德·福特总统博物馆会议、胡佛研究所会议、美国传统基金会会议、麦康奈尔中心会议等，他的足迹遍布美国和欧洲的大学讲坛和各种会议场所。2006年和2007年纳什博士受到美国驻布鲁塞尔使馆的邀请前往比利时，作了与胡佛相关的一系列讲座。

6. 彼得·米院长茶会

时间：2012年2月28日

嘉宾：Peter Meehan

嘉宾简介：记者彼得·米在《纽约时报》工作，负责"25美元"专栏的撰稿工作。最近，他在纽约发起了被命名为"喂草"的一系列城市可持续生活和饮食运动。目前，彼得·米担任《幸运桃子》杂志的联合编辑，每季度会推出纽约饮食届知名厨师戴维推荐的新品。该茶会由耶鲁大学可持续食品项目联合举办。

7. 艾瑟曼院长茶会

时间：2012年9月17日

嘉宾：纽黑文市警察局前局长艾瑟曼

嘉宾简介：艾瑟曼警长曾任纽黑文市的助理警察局长。1991年—1993年间，他在康乃迪克州实施了社区警察计划，建立了国家第一个联邦政府资助的惩治贩毒团伙的特遣部队，在城市范围内大大地降低了犯罪率。1993年至1998年，艾瑟曼警长担任北部地铁警察部门的警察局长，该警察部门的总部设在纽约。1998年，艾瑟曼警长被正式任命为康涅狄格州警察局的总警长。2002年，艾瑟曼警长回到纽约，加入撒切尔协会。之后，他在罗得岛担任了8年多的警察局长，直到2011年6月1日退休。

8. 丽塔·吉卡曼院长茶会

时间：2012年10月4日

嘉宾：Rita Giacaman

嘉宾简介：丽塔·吉卡曼教授任职于勃莱特大学社区和公共卫生研究所，研究所坐落于巴勒斯坦西岸勃莱特大学的西校区，丽塔·吉卡曼教授也是该研究所的创始成员之一。作为一个研究者和实践者,丽塔·吉卡曼教授亲自参加了巴勒斯坦的社会健康运动,旨在构建和发展巴勒斯坦居民的初级卫生健康模式,然后帮助巴勒斯坦建立基于社区的残疾康复网络。她的工作关注于了解战争冲突带来的影响,以及暴力对于巴勒斯坦人健康和福祉的影响。她是《阿拉伯国家公共卫生》杂志的联合编辑之一。

9. 安丽丝·奥菲莉娅院长茶会

时间:2012 年 11 月 8 日

嘉宾:Annalise Ophelian

嘉宾简介:安丽丝·奥菲莉娅博士是一位来自旧金山的临床医生、顾问和反战主义者。奥菲莉娅博士获得了法律心理学的博士后学位,其工作是提供心理评估、精神卫生和物质治疗的私人服务,为近期被监禁的缓刑或假释人员提供相关咨询和治疗服务。她曾在全国各地高校进行演讲,并且在关于"替代医疗"和"心理健康性问题"的临床医疗能力研讨会上发言。奥菲莉娅博士拥有加州大学伯克利分校民族研究专业的学士学位,以及加州伯克利大学莱特学院临床心理学专业的硕士和博士学位。最近,她拍摄了自己的首部纪录片《诊断差异》,主要关注了变性人在性别方面的差异。

10. 罗伯特·斯特恩院长茶会

时间:2012 年 12 月 6 日

嘉宾:Robert Stern 院士

嘉宾简介:罗伯特·斯特恩,是纽约建筑学院霍平建筑系的教授,对纽约建筑学院有相当深远的影响;罗伯特·斯特恩是纽约建筑师公司的创始人和公司高管、美国艺术文学院成员。曾获国会雅典娜奖,以及国家建筑研究所颁发的古典建筑奖,是第 10 位受到国家建筑博物馆颁发的文森特史高丽奖得主,也是古典传统和都市生活建筑奖得主。

(四) 2013 年院长茶会概览

1. 科拉塔院长茶会

时间:2013 年 1 月 28 日

嘉宾:Gina Kolata

嘉宾简介:科拉塔是纽约时代报纸的一位高级记者,负责报道科学版块和医学版块的内容。曾在 2000 年和 2010 年两次入围普利策新闻奖。同时,科拉塔出版了多本专著,包括《瘦身反思:科学减肥和节食的神话与现实》(2007 年出版)等。

2. 阿米蒂·什莱斯院长茶会

时间:2013 年 3 月 28 日

嘉宾:Amity Shlaes

嘉宾简介:阿米蒂·什莱斯是《柯立芝》一书的作者,这是一本全面的、令人瞠目的人物传记,记录了美国第三十任总统柯立芝的生平。阿米蒂·什莱斯是乔治·W·布什研究所经济增长研究项目的项目主管,也是彭博新闻社的知名专栏作家。她还为《金融时报》、《华尔街日报》、《福布斯》、《纽约客》、《财富》、《国家评论》、《新共和国和外交事务》等出版物撰写文章,担任社评编辑。

3. 克莱夫·明纬院长茶会

时间：2013年4月2日

嘉宾：Clive Meanwell

嘉宾简介：克莱夫·明纬，是一位药品创新者，也是一个公开承认的、曾经的瘾君子。他曾是一名英国癌症医生，在瑞士和美国的罗氏公司就职。后来，克莱夫·明纬与人合伙创立了艾斯兹卡医药公司——该公司致力于精神类药品的生产和研发——他现在仍然担任企业的董事长兼首席执行官。

二、新加坡国立大学的研究生计算机协会[①]

新加坡国立大学研究生计算机协会是隶属于新加坡国立大学和美国计算机协会的学生兴趣团体，该协会旨在通过召集对计算机感兴趣和有一定研究能力的新加坡国立大学研究生，开展与计算机科学有关的各项活动，锻炼学生的计算机理论和实践能力，服务社会和国家。本节将在简单介绍美国计算机协会的前提下，介绍新加坡国立大学研究生计算机协会的宗旨、构成和活动项目。

（一）美国计算机协会简介

美国计算机协会（The Association for Computing Machinery，简称 ACM）成立于1947年，即世界上第一台电子数字计算机问世的第二年，是世界上第一个、也是最大的计算机科学教育组织，同时是世界上代表计算机方向专业人士的权威机构。它的创立者和成员都是数学家和电子工程师。成立该组织的初衷是为了让计算机领域和新兴工业的科学家和技术人员能有一个共同交换信息、经验知识和创新思想的场合。

美国计算机协会是一个世界性的计算机从业人员的专业组织，成员大部分是专业人员、发明家、研究员、教育家、工程师、管理人员，他们都对创造和应用信息技术有着极大的兴趣。有些最大、最领先的计算机企业和信息工业，以及一些世界知名高校的计算机协会或计算机兴趣小组，也是美国计算机协会的成员。几十年的发展，美国计算机协会的成员们为今天的"信息时代"做出了杰出贡献。他们所取得的成就大部分出版在美国计算机协会的印刷刊物上，他们也获得了由美国计算机协会颁发的在计算机各个领域中的杰出贡献奖。

美国计算机协会每年都出版大量计算机科学的专门期刊，并就每项专业设有兴趣小组。兴趣小组每年举办世界性讲座及座谈会，供会员分享他们的研究成果。近年来，美国计算机协会积极开拓网上学习的渠道，供会员在空余时间或家中提升自己的计算机水平。

美国计算机协会就像一个伞状的组织，为其所有的成员提供信息，包括最新的尖端科学的发展，从理论思想到应用的转换。正如建立时的初衷一样，美国计算机协会一直保持着发展"信息技术"的目标，要成为一个永久的最新信息领域的源泉。美国计算机协会颁发图灵奖给计算机领域做出杰出贡献的人士。该奖项被称为计算机领域的诺贝尔奖。2000年，华人姚期智凭借在计算理论方面的贡献获得美国计算机协会颁发的图灵奖。

---

① 本部分内容主要参考新加坡国立大学官方网站：www.nus.edu.sg

（二）新加坡国立大学研究生计算机协会简介

新加坡国立大学研究生计算机协会隶属于美国计算机协会总部,旨在实现计算机科学学习的重要目标,其会徽如图 8.12 所示。为了激发出协会成员的计算机科学天赋,该协会积极组织了很多有趣的赛事、交流会和研习班等活动,致力于创建拥有众多的学习机会的环境,和开发应用于实际工作生活的应用类计算机技术,从而为学校和社会的发展做出贡献。

图 8.12　新加坡国立大学研究生计算机协会会徽
来源:http://www.nusacm.org/

新加坡国立大学研究生计算机协会的常规活动包括:计算机操作场所的车间活动、承担企业和学校的各类关于计算机技术的实践项目、类似于专业交流会性质的技术座谈、编程马拉松竞赛等。

新加坡国立大学研究生计算机协会的成员包括执行委员会成员、事务委员会成员、原因码项目成员。其中执行委员会和事务委员会是常设机构,负责协会的日常运作和事务管理;原因码项目是针对协会承担的某项任务而临时设立的。三个机构的成员有时是重叠的。

（三）原因码项目

原因码项目是新加坡国立大学研究生计算机协会的成员组,这个成员组在 2012—2013 学年建成,该项目组旨在创造一种环境,即通过在虚拟空间开展现实生活中的各项活动来创造一个有大量学习和应用编程技术的虚拟环境,新加坡国立大学研究生计算机协会希望通过开展满足非政府组织的技术性要求和为社会企业提供计算机技术支持的项目来为社会的发展做出贡献。

（四）作为巴格城市中心球体的官方合作伙伴

新加坡国立大学研究生计算机协会是巴格城市中心球体的官方合作伙伴,目前,正在从事一个称为“巴格城市中心球体”的社会企业试点项目。这个公司的目标是培养菲律宾农村地区的高校毕业生成为客服中心的员工,新加坡国立大学研究生计算机协会正在帮助他们创建一个虚拟的学习环境,这个虚拟的学习环境将使训练过程变得更加高效。

1. 培训计划

巴格城市中心球体的培训计划面向大学本科毕业生或者高中毕业生,通过该项目的培训使他们获得更多的工作机会。

2. 培训内容

（1）英语沟通

培养受训者日常工作交流的英语能力,经过培训,让受训者达到可以明确的表达自己的思想和观点,可以很流畅的用英语与人交流沟通。

（2）生活技能

帮助受训者树立信心,提高生活能力,让他们可以自己处理现实生活中面对的种种问题和压力,让受训者学习如何制定一个良好的财务预算计划来管理自己的财产,并学习如何合理的运用财务预算计划来实现目标。

（3）受训者的活动

在巴格城市中心球体参加培训是有趣的,受训者可以通过学习来参与各种演讲比赛、角色扮演和每周的其他一些比赛。

（4）专家训练

在巴格城市中心球体,由首屈一指的客服中心培训师对受训者进行培训,以及英语中心卓越的高级训练师对受训者进行培训。

（五）其他活动

1. 开发者周末项目

开发者周末项目是类似于编程马拉松的实践技术研讨会,以此来鼓励热情的编程初学者,以及通过开发系统平台的机会,帮助他们锻炼编程知识并从中得到实践经验。开发者周末项目有指导员以及裁判员,他们会在整个周末的时间里在不同的开发节点给编程初学者指导。所有新加坡国立大学的学生都可以参加到开发者周末项目中。该项目活动在周末举办,因此被称为开发者周末项目。

图 8.13　手把手速成课海报

来源:http://www.nusacm.org/

2. 手把手速成课

新加坡国立大学研究生计算机协会通过快速反馈、测试驱动、增量交付以及自动部署等过程,教授对计算机感兴趣的学生一些网络游戏制作小技巧。如图 8.13 所示,2012 年 10 月 22 日,手把手速成课的借助工具是太空入侵者,这是一个受人喜爱的经典游戏。

3. "谷歌的逻辑"讲座

在最初创建的时候,谷歌公司需要搜集全世界的信息,这是一个巨大的任务,而他们仅仅依托斯坦福大学创建的算法开发而获得成功,这被认为是令人惊讶的谷歌公司的逻辑。今天,谷歌公司已发展成为一个营销巨头,它在搜索引擎、社会资源、展示广告、移动数据等方面获得了巨大的成功。这次讲座讨论使谷歌成为最有用的搜索工具的基本逻辑。

如图 8.14 所示,"谷歌的逻辑"讲座海报中的嘉宾,理查德·戴耶任快乐营销员公司的股东,他是 2006 年 1月新加坡首个获得由谷歌公司认可的市场营销资格的营销专员。2009 年,他成为新加坡第一个合格的市场营销分析顾问。理查德是一直关注谷歌公司营销的企业家,在过去的两年里,他参与了 80 多个市场营销和数据分析方面的项目,成为为数不多的在谷歌公司数据分析年度会议中发言的非谷歌公司员工之一。另外,来自于超过 500 家公司的超过 2000 名数字营销人员都听过理查德充满激情的数字营销课,这些营销人员来自于新加坡最领先的航空公司、连锁

图 8.14 "谷歌的逻辑"讲座海报

来源：http://www.nusacm.org/

饭店、门户网站、教育机构以及服务行业。

第三节　提供广阔活动空间的研究生会

一、新加坡国立大学研究生会的"建设你的梦想"项目

"一个人的理想只是梦想，共同的理想才会成为现实——约翰·列侬"，这是新加坡国立大学研究生会官方网站上的一句话。新加坡国立大学非常重视培养研究生的全面素质，在研究生培养过程中实施"建设你的梦想"项目。该项目的活动形式多样，既有学习计划，也有社会实践活动，目的是为研究生学业成长和自身发展创造平台。下面简单介绍"建设你的梦想"的相关活动。

（一）疾病管理项目

疾病管理项目由新加坡国立大学的一个研究生团队负责，联合新加坡 KK 妇幼医院和新加坡国立大学医院设计了"疾病管理"项目，为患有糖尿病和肾功能衰竭的青少年和儿童提供了一个充满乐趣的教育平台，旨在告诉每一位参与者，只要坚持追求梦想，梦想终将实现。

疾病管理项目以一种非常规的方式开展，它不是进行演讲或散发材料，而是共同建立一个社区，为罹患疾病的孩子和家长们创造一个开放而又积极的环境，供他们互相学习和鼓励。在 2013 年 3 月的假期，该项目利用两个周六举行活动，以使更多的青少年和儿童参与其中。通过各种小游戏、座谈会，如沙塔建设（如图 8.15 所示）和个人发展研讨会，向参与者传授对糖尿病和肾功能衰竭进行自我管理和照料的知识，鼓励参与者采用更自信的生活态度去对待自身的疾病，强调自信的重要性，鼓励参与者更好地掌握自己的人生，在追求梦想的道路上一路向前。

图 8.15　疾病管理项目沙塔活动图片

来源：http://www.nus.edu.sg/campuslife/cl-story61.php

（二）研究生龙舟队

参加新加坡国家龙舟节，是新加坡国立大学研究生龙舟队的一个固定不变的旅程。一个心脏，一个灵魂，一个思想和一个桨，只要带上它们，就可以开始新加坡国立大学研究生龙舟队的旅行！渴望胜利是新加坡国立大学研究生龙舟队所有成员的理想，教练和队员们都经历了艰苦的训练，心理的磨练、意志的锻炼使队员们明白，只有坚持理想，梦想才能实现。

2013 年，在面临短缺赛艇运动员、烟霾情况达到非常不健康的水平而无法训练、并且在比赛现场的训练机会有限的情况下，新加坡国立大学研究生龙舟队发挥出顽强的拼搏精神，研究生龙舟女队夺得总理挑战杯特等奖和最负盛名奖（如图 8.16 所示），而研究生龙舟队男队排在总理挑战杯的第二名，比特等奖队伍落后不到 30 秒。

图 8.16　新加坡国立大学女子龙舟队

来源：http://www.nus.edu.sg/campuslife/cl-story61.php

（三）虚拟校园"里奇猫"项目

想要飞得更高，从来没有这么简单！现在，只需按下一个按钮，新加坡国立大学的每一名学生都可以飞得更高。如图 8.17 所示，通过新加坡国立大学的虚拟校园项目，学生们可以不受到任何的限制与束缚，参与到校园的任何虚拟活动中去，通过参加这些虚拟活动，使自身综合素质得到很大程度的提高。新加坡国立大学的学生们代表了一个更伟大的理想，在那里，一所大学校园可以由学生共同创造、共同拥有、共同建设。这就导致了新加坡国立大学"里奇猫"的产生，这是一个完全由研

图 8.17　一名学生在新加坡国立大学虚拟校园虚拟实景中的化身

来源：http://www.nus.edu.sg/campuslife/cl-story61.php

究生经营操作的虚拟校园项目。

2007年底,新加坡国立大学计算机中心开始实施虚拟校园项目,主要依靠在校研究生,通过招募研究生志愿者,组成虚拟校园团队,学校提供资金和技术指导,让研究生充分发挥自己的想象,按照自己的兴趣爱好去设计、建造一个虚拟的校园空间。全体项目成员在教师的指导下,经过8个月的共同努力,新加坡国立大学虚拟校园"里奇猫"项目第一次正式开始运作。虚拟校园团队认为大学不只是给人一条鱼或教他如何钓鱼,而是超越、革新整个捕鱼业,希望把新加坡国立大学虚拟校园建设成为一个综合性的空间,一个支持生态多样性的统一和自我维持的新加坡国立大学虚拟社区。

新加坡国立大学虚拟校园"里奇猫"项目蕴含着一种激发式教育的精神,它整合各种利益相关者,把学习方式改变为参与式学习,让学生主动参与到项目中,参与到校园文化建设中,研究生不仅可以参与丰富多彩的虚拟活动,更重要的是通过这些活动,主动去学习一些新的知识、新的技术。同时,能了解不同的文化思维方式、不同的学习方式和不同的生活方式。虚拟校园"里奇猫"项目不仅彰显了新加坡国立大学教育方式的转变,推动研究生们走向知识型学习时代,让学生形成一种在团队合作交流和分享的基础上获得知识的思维,还拓宽了教育的范畴。

图8.18 无罪项目的创立者:丹尼尔

来源:http://www.nus.edu.sg/campuslife/cl-story61.php

(四)无罪项目

无罪项目是新加坡国立大学研究生刑事司法俱乐部、新加坡法律协会、新加坡刑事律师协会之间协作、共同开展的活动。该项目于2010年首次提出,其创立者如图8.18所示,通过招募热爱正义、具有法律知识的在校研究生充当志愿者,旨在为被错误定罪的个人提供法律咨询和援助服务。项目的宗旨是"我们对于正义的渴望是与生俱来的。为了争取它,不需要任何理由!"

无罪项目的宗旨和它应该履行的职能,一直在不停地发展。无罪项目面临的挑战,也来自于它自己的宗旨。首先,项目成员之间达成一致是至关重要的。无罪项目对于项目成员来说是一个骄傲,因为它是大家共同渴望正义的具体实现。这是对新加坡国家刑事司法系统的一个雄心勃勃的尝试,以一种之前从未在新加坡存在过的形式进行的最新的尝试,即通过这些源源不断的无罪项目研究生志愿者的不屈不挠的努力,给刑事司法系统注入新的活力,项目最终希望这些努力会对追求正义有所贡献。

(五)快乐服务项目

2012年,新加坡国立大学3名研究生创办了快乐服务项目,目的是为贫困地区的人们提供力所能及的帮助,在帮助他人中感受到服务带给自己的快乐。该项目每半年为贫困地区的人们提供一次服务。项目的成员大多是来自新加坡国立大学医学院的研究生。

2013年5月份,快乐服务项目在菲律宾举办了一系列活动。这次活动的成员由9名医学院的研究生组成,富旺朝控股公司、新加坡百乐公司和波顿公司提供了资金和物资支持;如图8.19所示,菲律宾马尼拉当地的合作伙伴也给予非常大的支持。这次活动一共进行了10天,在10天的时间里,快乐服务项目组成员不仅拜访了民都洛岛的芒延部落、三描礼士省的阿塔司部落,还考察了菲律宾的北边公墓、马图图母部落的民宅遗迹和古代建筑群,重点是通过免费医疗诊断和疫苗接种服务使当地穷人有权享受医疗保健服务,通过常用医疗知识传授和保健知识灌输,使当地穷人了解基本的医疗健康知识,能够管理自己的健康问题。除此之外,为了满足他们的物质需求,在赞助公司的支持下,项目组成员为当地穷人提供了现金福利和教育大礼包(主要包含学习用品),一部分项目组成员还为当地穷人分发了食物。

图8.19 快乐服务团队和马尼拉当地的合作伙伴
来源:http://www.nus.edu.sg/campuslife/cl-story61.php

社区拓展活动是项目组成员在项目实施10天里最珍贵的回忆,同当地小孩一起玩耍和挨家挨户拜访当地居民,使项目组成员和当地人民建立了良好的互动关系。医疗服务、社区拓展和分发礼物等活动加深了项目组成员对当地居民的生活和处境的理解。当地居民向快乐服务项目组成员展示了他们对于项目组的欢迎和热爱,握手、拥抱等简单的动作对于双方来说都意味着很多东西。在项目组成员得知了当地居民生活、工作的困难后,都非常痛心,也使大家深入思考该如何更好地面对和处理此类问题。尽管该项目对当地居民的帮助是非常微小的,但是当地居民用眼泪和感谢的语言表达了他们对项目组成员友好无私帮助的鼓舞和感谢。

（六）中东学习之旅

中东地区是一个在文化、历史和经济方面都非常具有特色的区域。在全球化进程中,中东地区不断协调现代化和传统文明之间的矛盾,使其处于平衡发展的经验值得很多国家学习。新加坡国立大学研究生的中东学习之旅,主要目的是引导研究生游览卡塔尔、沙特阿拉伯和阿拉伯联合酋长国等国家,通过联合项目、教育研讨会、企业参观、游览生态城市等活动,鼓励研究生去探索和体验中东地区关于未来可持续发展和绿色技术的学术课题。研究生可以通过沉浸式课程去培养对于阿拉伯文化和社会的理解。该项目的主要活动内容包括:参观中东市集(市场)、参观国家发展成果、体验中东文化和传统地区的风俗。

2012年,该项目的具体活动包括:参观和考察奇特的阿尔梅基亚画廊市场;参观位于多哈的费萨尔本该阿勒萨尼酋长博物馆;参观作为文化、历史和伊斯兰教信仰中心的卡塔尔。

二、剑桥大学研究生会的"精神财富运动"项目[①]

精神财富运动(Mental Wealth Campaign)是剑桥大学研究生会的重要项目之一。该项目通过一系列活动，帮助研究生认识自我，认识精神中存在的问题，关注研究生的心理健康问题，使研究生以更健康的精神状态投入到自己的学习、生活、工作中。精神财富运动的成员大多来自剑桥大学医学院，同时也有部分成员来自剑桥大学的其他学院，成员构成的多元化有利于活动丰富多彩的开展。精神财富运动的会徽如图8.20所示。

图8.20　精神财富运动的会徽
来源：http://www.cusu.cam.ac.uk/campaigns/

（一）精神财富运动的目标和做法

1. 精神财富运动的目标

基于英国社会缺乏开放性和对心理健康问题的理解不够全面公正，剑桥大学研究生创立了精神财富运动，精神财富运动创立的理念是把心理健康看作频繁出现的问题。这意味着任何人都可能偶尔发作抑郁症，甚至有人会服用药物以防自己的精神疾病发作。每个人都会有心理健康问题，而且，每个人要像关注自己的生理健康一样去关注自己的心理健康。作为剑桥大学研究生会的主办项目，精神财富运动的目标是积极推动健康校园建设，旨在建立一个全国性的精神财富网络，每名成员所做的有关精神财富方面的事情都要在网络上公布，大家开放思想、相互理解，达到人与人观点的分享、精神财富资源的共享。

精神财富运动通过创建舒适的环境，寻找相应话题来进行相互交谈，帮助学生学会控制心理健康中一些常见的问题。精神财富运动提出了三个具体目标：首先，提高对普遍存在的心理健康问题的认识；其次，正视和承认心理健康问题的存在；第三，告诉更多的剑桥学生，精神财富运动项目可以帮助他们解决心理健康问题。

2. 精神财富运动的做法

通过和剑桥大学的学生组织、学生服务机构和校外组织合作，精神财富运动在学校范围内为需要的学生提供帮助。在精神财富运动中，可以找到更多关于精神财富的方法、观点和意见。项目成员通过加强对同学的了解来给同学们提供更多、更详细、更贴切的服务，为每一名接受服务的研究生提供一个支持的、非批判性、丰富的空间，并把这个空间作为给该名研究生提供有用信息和资源的一个桥梁。

精神财富运动的具体做法如下：通过拓展计划和谈判来鼓励学生讨论和学习精神与心理方面的知识；通过参与精神财富活动来寻找快乐；通过鉴定书来证明心理问题存在的普遍性；组织专家来讲述心理健康问题；通过海报或者传单等方式进行心理健康问题宣传；举办关于心理健康问题的论坛或者辩论赛；举办关于精神和心理健康问题的演讲；鼓励新生把心理健

---

① 本部分内容主要参考剑桥大学官方网站(www.cam.ac.uk)。

康讲座纳入他们的新生入学周计划表。在实施时,还会邀请精神研究领域的教授做现场指导,也会根据实际情况制作一些小的方案,比如舞台剧、微电影等,这些多样化的精神财富运动形式可以吸引更多的学生参与其中,能更好地实现精神财富运动的主旨。

(二)精神健康周活动

精神健康周活动是精神财富运动的一项重要活动,一般会在每年的 2 月份举办,为期一周时间,活动内容包括讲座、歌剧、辩论赛、亲身体验等,形式多样、内容丰富,为研究生提供了全方位的精神健康服务。如图 8.21 所示,2013 年精神健康周活动的主要内容包括:

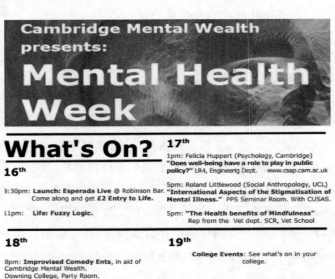

图 8.21　精神健康周活动封面

来源:http://www.cusu.cam.ac.uk/mhw%20programme%20poster.pdf

2 月 17 日 13:00,讲座题目:"公共政策是否是一个发挥作用的福祉";主讲人:费利西亚·于佩尔,剑桥大学精神病学系心理学教授;地点:特兰平顿街工程系教学楼。

2 月 17 日 17:00,讲座题目:"国际因素对精神病患者的影响";主讲人:罗兰悟,社会人类学教授;地点:西米那大楼。

2 月 18 日 20:00,即兴喜剧"剑桥精神财富运动项目的援助!"地点:唐宁学院。

2 月 20 日 13:00,讲座题目:"混沌与控制:广告精神科和非精神科药物学";主讲人:朱丽叶·福斯特,剑桥大学心理学教授;地点:西米那大楼研讨室。

2 月 21 日 19:30,小组讨论"心理健康诊断是否适用于一切环境?";嘉宾:大学辅导服务中

国外高校研究生事务管理实务

心的马克菲彭,精神卫生中心的杰夫·谢泼德,剑桥大学心理学系的朱丽叶·福斯特;地点:蓝厅联盟。

2月22日11:00—17:00,内容:免费按摩,冥想课程。地点:国王学院,切特·温德大楼。

2月22日18:30,讲座主题:"自我伤害";地点:临床学院,威廉·哈维演讲厅。

(三)精神财富运动的总结和教训

在运作过程中,根据活动开展的情况,精神财富运动项目定期召开成员座谈会,讨论活动开展过程中存在的问题及需要总结的教训。

1. 第一次会议内容

2013年的第一次总结会上,经过成员们的热烈讨论,提出了很多需要总结和修改的地方。

(1)项目成员对改变项目结构的思路

针对自身而言,精神财富运动以往的活动形式需要改变。会议的时间不应该过长,最好是简短而有效率,不要在乎会议的形式,应该更重视会议的内容;在活动中,要重视项目成员的感受,给项目成员更多的支持和经费;对待本校学生和外校学生要有相同的标准。

针对学校而言,要进行辅导员的培训活动,重视辅导员的心理健康问题;要对导师培训工作更大的投入和关注,改进导师培训的现有方式和思路。

针对一些助人为乐的活动而言,要为有需要的人提供服务,而不是给所有人提供服务;要直接为不同学院和专业的学生服务,而不是间接服务;项目成员要有服务意识,要有帮助别人的主动意识和主动性。

针对其他活动而言,要多举办一些非竞争性活动;要优化网络条件,使项目组的网络可以同时支持链接为两个以上的人提供服务;要扩大项目在剑桥大学研究生会的知名度和空间;要提高项目在学校内外的空间和知名度;要经常性地在公共场合为学生提供服务。

(2)项目成员对转变项目观念的思路

针对精神财富运动的观念而言,需要在宣传上改变原有观念,加强对项目的宣传。包括:为在剑桥大学或者校外的活动设计传单和海报;借助 YouTube 视频网站,通过讲故事的方式帮助有需求的学生,并建立一定的联系;通过学生报纸宣传精神财富运动的各项活动;通过 T恤衫上的口号,例如:"让我们谈论它!"来宣传精神健康周活动;通过精神财富运动的内部竞争机制,例如,项目负责人通过竞选上岗等方式,提高内部成员的活力;通过英国大学校园的网络论坛、校园广播等方式宣传该项目;通过海报、书签、贴纸、传单等广告方式,引起人们对精神财富运动项目的注意,提高项目的影响力。

(3)项目以外学生提供的建议

在氛围方面,剑桥大学的一些学生患有幽闭恐惧症,但是精神财富运动项目并没有帮助他们;在服务意识方面,精神财富运动部分成员的服务意识不够好,没有达到学生的要求;在活动方面,有学生认为精神财富运动举办的活动太冗长、太枯燥,浪费时间,是否可以缩减时间,精炼活动的内容;在专家指导方面,有些学生认为精神财富运动请来的专家并不能给自己提供很专业的帮助;在服务内容方面,有学生需要明确知道什么内容才是最有用的,项目成员需要进行更详细的解释;在公平方面,要在不同的学院开展精神财富运动开展的活动,提供始终如一的高品质的服务和帮助,满足学生的需求。

2. 第二次会议内容

在第二次总结会上,项目组成员就培训、发展、新思路、资金、广告、新目标等问题达成了一致意见,这些意见为项目活动的开展提供了新的思路和前进的方向。

(1) 培训

培训内容包括:如何评估精神疾病的风险;如何提供面对面支持;什么情况下需要转诊;提供培训证书;如何处理心理问题。

(2) 广告

广告方式包括:书签;博客宣传;腕带＋精心设计的 T 恤衫/袋/笔/贴纸;报纸宣传。

(3) 新思路

新思路包括:导师计划;新生会谈;在线资料查找。

(4) 资金

资金来源包括:喜剧之夜晚会等筹款活动;福利开发团队的资助;当地企业赞助。

(四) 精神财富运动项目的成绩和荣誉

2011 年,精神财富运动项目被评为剑桥大学"马修·艾尔维奇最受信任团队"。

2011 年,精神财富运动项目在全英国的精神财富活动中被评选为"最佳新组织",获得 300 英镑的奖金。

附录　美国《学生事务工作者专业能力标准纲要》^①

美国高校学生人事工作协会（American College Personnel Association，简称 ACPA）与美国国家学生人事管理者协会（The National Association of Student Personnel Administrators，简称 NASPA），是美国最大、最具有代表性的两个综合性学生事务专业协会。ACPA 致力于提升和拓展大学教育对象的价值、品格、潜力与独特性；NASPA 致力于提升对学生的服务和教育，并且努力推动学生事务作为一项专业工作的发展。2009 年夏天，ACPA 与 NASPA 携手合作，建立了一套学生事务工作领域广泛认可的专业能力标准的纲要性文件——《学生事务工作者专业能力标准纲要》（以下简称《纲要》），阐明了学生事务工作者共同的专业能力领域，并制定了由初级、中级到高级不同水平的能力标准，以此适用于所有美国的学生事务工作者，或给予国际上的学生事务工作者提供参考。

一、《学生事务工作者专业能力标准纲要》的制定目的

《纲要》的制定目的主要有两方面：一方面，指明学生事务工作者需要掌握的学生事务管理相关的多元的专业知识技能，阐明学生事务工作者对待学生态度的预期表现。另一方面，希望通过可转化为特定课程的构思或者培训机会的方案，向学生事务工作者展示其专业发展空间的规划。如果学生事务工作者期待在某个特定领域有所建树，他们可以参照《纲要》，对中级水平和高级水平的预期知识和技能进行自我检测。

二、《学生事务工作者专业能力标准纲要》的受益人群

《纲要》的受益人群主要是美国的学生事务工作者，关于学生事务工作者的能力标准介绍在一定程度上也适用于国际上的学生事务工作者，这些能力标准介绍是为了给学生事务工作者提供专业的发展规划，而不仅仅是提供关于如何完成学校任务、理解学校组织架构或是如何完成专业领域任务的介绍。对此，欢迎国际上的学生事务工作者接受并应用到实际工作中，以帮助他们制定职业发展目标。《纲要》为学生事务工作者在工作岗位上获得成功提供额外的教育培训或监督，也可以被监督人员用来创建工作案例或绩效评估。

此外，毕业班学生事务管理课程可以参考《纲要》进行开发或完善，以更好地为学生事务工作者们服务，使他们获得所期望的能力。《纲要》有助于面向毕业班学生的学生事务工作者，帮助他们协助毕业生完成角色的转变及职业发展规划的制定。

---

① 本节内容主要参考美国国家学生人事管理者协会（NASPA）官方网站（http://www.partneragents.com）。

三、学生事务工作者的专业能力领域

ACPA 与 NASPA 的学生事务联合工作组认为，学生事务工作的专业能力领域是非常广泛且不断变化的，总体来说，学生事务工作者的专业能力领域可以分为以下十个方面：

（一）咨询与帮助

咨询和帮助的能力领域给出了对个人和集体提供关于咨询和建议的相关支持、指导方向、反馈意见、批评方式、参照标准以及相关指导等方面的知识、技能和态度等内容。咨询和帮助的能力领域分为初级、中级和高级三个标准。

（二）评价、评估及研究

评价、评估及研究（Assessment, Evaluation, and Research, 简称 AER）能力领域专注于设计、实施定性批判和定量 AER 分析的能力，通过使用 AER 流程及结果管理组织，建立有关推广 AER 流程的校园文化氛围并在校内应用。评价、评估及研究能力领域分为初级、中级和高级三个标准。

（三）公平性、多样性和包容性

公平性、多样性和包容性（Equity, Diversity, and Inclusion, 简称 EDI）的能力领域包括创造学习环境所需的知识、技能和态度，这个领域会随着多样化的观点和任务的改变而拓宽。它也旨在建立一种制度的思潮来接受和赞美人与人之间的差异，有助于解除人与人之间的任何误解和偏见。公平性、多样性和包容性能力领域分为初级、中级和高级三个标准。

（四）职业道德规范实践

职业道德规范实践能力领域涉及到一个人在工作中需要理解并应用的关于道德标准的知识、技能和态度，既然道德作为所有能力领域中一个整合的组成部分，该能力领域的重点涵盖了从道德整合到自我及专业实践的各个方面。职业道德规范实践能力领域分为初级、中级和高级三个标准。

（五）历史、哲学和价值观

历史、哲学和价值观能力领域是对个人现有专业实践中与历史、哲学和价值观方面的知识、技能和态度等相关内容的说明，这一能力体现了行业当前和未来的研究方向和实践领域。历史、哲学和价值观能力领域分为初级、中级和高级三个标准。

（六）人力和组织资源

人力和组织资源能力领域涉及选择、监督、推动和正式评估员工、冲突解决、组织性演说等政策管理方面，以及在经济资源、设备管理、资金筹集、技术应用、危机管理、风险管理和可持续性资源有效利用等方面所需要的知识、技能和态度。人力和组织资源的能力领域分为初级、中级和高级三个标准。

（七）法律、政策和治理

法律、政策和治理能力领域包括以下内容：技能和态度，即关于多种背景下的政策发展过程，法律构造的应用以及了解政府结构和它们对个人职业实践影响方面的知识、技能和态度。法律、政策和治理的能力领域分为初级、中级和高级三个标准。

（八）领导力

领导力的能力领域包括对领导者的要求，无论是对上级领导还是对平级同事，通过个人能力和在如何有效地去设想、计划效果上体现出的领导力，来改变组织或应对内部和外部问题的过程中所需的知识、技能和态度。领导力的能力领域分为初级、中级和高级三个标准。

（九）个人基础能力领域

个人基础能力领域涉及的知识、技能和态度包括保持情绪、身体、社会、环境、关系、精神和智力健康，自我指导和自我反思，保持卓越、诚信的工作，乐观面对工作；知道自己基础能力领域的实力和发展方向；有激情的工作并保持好奇心等方面内容。个人基础能力领域分为初级、中级和高级三个标准。

（十）学生学习与发展

学生学习与发展的能力领域指出了学生学习与发展理论的概念和原则，这包括运用理论指引和提升学生事务实践，同时也包括理解教学与培训的理论和实践。学生学习与发展能力领域分为初级、中级和高级三个标准。

四、学生事务工作者专业能力领域的具体标准

（一）咨询与帮助

1. 初级标准

学生事务工作者在咨询与帮助方面应达到的初级标准是：

➢ 应具备主动聆听的技巧，例如：掌握沟通时言语中的隐含意思，通过对话进行动机检查，学会总结，质疑，鼓励，避免打断，澄清等技巧；

➢ 与学生、工作团体、同事以及其他学生事务相关工作人员建立良好的关系；

➢ 具备反思能力以积累丰富而有意义的经验；

➢ 理解和使用适当的非语言沟通，比如一个拥抱给予信任；

➢ 通过与学生交谈达到多个目标，在交谈的同时掌握策略；

➢ 具备解决问题的能力；

➢ 具备决策和目标设定的能力；

➢ 有效地怀疑并鼓励学生或同事；

➢ 掌握了解和参考技能，例如，从其他办公室、外部机构获取专业知识来源，并表现出在寻求专家协助时的技能；

➢ 在实施适当的危机管理和干预前，需找准时机并掌握对象的具体情况；

➢ 注意适当保密，并能找到相关法律或条款作为依据，这有利于互相信任，保护学生的隐私；

➢ 与他人交流时，承认自己世界观的优势及局限性，例如，言语措辞是如何适用于不同性别、不同性取向、不同能力和文化背景的人；

➢ 积极寻找机会扩展自己的知识面、提高自己的技能，以帮助需要特殊关照的学生，例如有自杀倾向的学生，积极寻找更有利于接触大学环境中的特定人群的机会，例如，学生

中的精英、学生退伍军人等特定人群。

2. 中级标准

学生事务工作者在咨询与帮助方面应达到的中级标准是：

➤ 感知和分析群体中的潜在动机；

➤ 具备训练群组决策、目标设定以及过程制定能力；

➤ 具备进行个人职业发展需求评估及组织需求集体评估的能力；

➤ 掌握识别个人心理健康关注的行为模式；

➤ 管理冲突；

➤ 调解个体之间或个人与群体之间的差异；

➤ 会适当指引学生及工作人员；

➤ 展示适当的体现人文关怀的咨询、帮助、指导等策略；

➤ 启动危机干预响应及流程；

➤ 在大学里制定和实施有效的预防和拓展方案，包括心理健康宣传、营销策略等；

➤ 借助多媒体解决学生的心理健康问题，例如使用网站、社交网络、视频剪辑、博客等方式的宣传及正确引导；

➤ 为遭遇人为暴力的幸存者提供辩护服务；

➤ 建立并散布有益于学生与教职员工心理健康的相关信息；

➤ 开拓各种渠道，鼓励学生参与促进心理健康、消除精神病歧视等项目，例如创建学生心理咨询委员会、举办同伴教育项目、向学生提供心理健康咨询组织；

➤ 咨询精神卫生专业相关工作人员；

➤ 从事心理健康问题的研究和参与出版物的编辑。

3. 高级标准

学生事务工作者在咨询与帮助方面应达到的高级标准是：

➤ 提供有效的个人和团体咨询服务；

➤ 评估辅导干预的反应；

➤ 学生事务工作组为员工提供并安排必要的培训，以提高他们咨询与帮助的技能；

➤ 执行机构具备危机干预技能，并能制定危机干预和响应的方案；

➤ 积极与校园内其他部门或组织以及周边学校或其他机构合作，从而全面、综合地解决学生心理健康问题；

➤ 提供心理健康咨询专业教师或职员，并成立相应的评估工作小组；

➤ 与校内其他部门合作，建立校园活动或情况有效的处理机制；

➤ 与社区心理健康服务部门保持联络与合作。

（二）评价、评估及研究

1. 初级标准

学生事务工作者在评价、评估及研究方面应达到的初级标准是：

➤ 能够采取适当的方法区分评估、方案审查、评价、规划、研究；

➢ 有效地表达、解释并使用考核、评价、评估、研究的结果,其中包括专业文献调研;

➢ 采用最新的技术和方法为整个部门的评价和评估而努力,并且做好收集数据的工作;

➢ 评估可信性及其他质量方面的定性研究,并评估这些研究结果与目前所做工作之间的可转化性;

➢ 评估量化设计、分析技术,包括分析可能导致评判问题的因素,诸如采样、有效性和可靠性等方面问题;

➢ 解释必须遵循相关机构或部门的程序并参照其伦理评价、评估和其他伦理研究活动的内容;

➢ 给学生和同事解释 AER 过程同学习成果及目标的关系;

➢ 确定原始数据及部分处理数据与 AER 结果中的政治、教育敏感性相关度问题,适当做好保密工作,尊重组织保密原则;

➢ 将项目、学习成果与组织的目标和价值观进行匹配。

2. 中级标准

学生事务工作者在评价、评估及研究方面应达到的中级标准是:

➢ 采用最新技术设计持续、定期的数据收集工作,以确保它们是真实严谨的且尽量无妨碍;

➢ 有效地管理、调整并指导实施评估、评价和研究报告的结果;

➢ 致力于 AER 过程中所涉及到的同事、教师及其他机构部门之间关系的理解,以此在学生、部门、分支机构层面上明确学习成果和目标;

➢ 区分和讨论基于 AER 过程中的关键问题,对必要数据和目标对象进行合适的设计;

➢ 通过咨询建立基本的调查方式;

➢ 使用恰当的措辞和方法对 AER 过程进行研究,并完成 AER 报告分析;

➢ 在部门创建一个以评估、评价为核心的工作氛围,并保证相关技能培训具有价值,在日常工作中做好财政预算;

➢ 将概念和程序应用到定性研究、评价、评估中,适当采用抽样设计和咨询面试方案,参与到分析小组中,进行审计追踪、加入同行询问,以及使用其他技术来确保定量设计的可信度;

➢ 参与 AER 设计和分析定量研究,了解复杂的统计方法、统计报告,阐明实际情况与统计结果的象征性、合理性和可靠性上展现出的差距所带来的局限性;

➢ 管理 AER 伦理活动中的机构并执行专业标准;

➢ 优先将计划和学习成果与组织的目标和价值观进行匹配。

3. 高级标准

学生事务工作者在评价、评估及研究方面应达到的高级标准是:

➢ 有效地在工作单位领导设计系统中实现基于数据策略的概念化、高质量,设计以评估和评价学习、项目、服务等为标准;

➢ 有效地使用评价、评估结果去判断组织、部门或者单位在目标、资源整合以及资源获取渠道方面的完成进度；

➤ 领导一个有关 AER 组织结构，制定一份以"学习成果与目标设定之间关系"为主题的大学社团交流会流程；

➤ 撰写评估、评价报告及其他包括将数据分析转换为工作目标和行动的研究报告；

➤ 掌握策略应用、财政预算和人力资源相关方面的能力，学会高品质地进行方案评定、评估工作，以及进行研究和规划；

➤ 领导、监督或与他人合作设计和定性分析评估、评价，也包括一些诸如可转换性和复杂前提的下的可信度相关的研究活动；

➤ 领导、监督或与他人合作设计和定量分析、评估数据收集计划以及其他的 AER 活动，包括通过某些实践的形式，例如：编写和传播，为专业知识水平不同的对象设计报告的方式；

➤ 在工作单位中建立以 AER 为整个职业生涯实践中心的期望机制，并确保以培训和技能发展为重心；

➤ 保障 AER 活动中的机构、部门或单位与专业标准相兼容；

➤ 针对 AER 活动方案，确保其决策和资源的优先性。

(三) 公平性、多样性和包容性

1. 初级标准

学生事务工作者在公平性、多样性和包容性方面应达到的初级标准是：

➤ 认同机构内环境的相似性或不同人员的贡献；

➤ 针对校园中独特和多元化的问题整合文化知识；

➤ 评估和致力于帮助学生对 EDI 的关注，引导他们善于发现自己与他人的异同点，鼓励大家参加对个人信仰具有挑战的活动并展示自己和 EDI 有关的特长；

➤ 促进不同受益者之间进行有效的对话；

➤ 在参与不同的互动和实施项目、服务活动中，对文化和人类的差异性表示理解和认同，对个人多重身份的交叉性有所认识；

➤ 认识社会制度并了解它对不同背景的人的影响力；

➤ 阐明关于以下各项的基本理解：社会正义、高等教育机构、部门或单位以及个人在实现其目标的过程中所扮演的角色；

➤ 利用适当的技术帮助识别不同背景的人，并同时评估这些人在大学阶段中取得成功的过程；

➤ 设计符合文化背景且具有包容性的项目、服务、政策和实践活动等；

➤ 阐明对所有人平等对待的意愿并努力改变对公平对待无促进作用的环境因素；

➤ 分析全球化与学习制度之间的相互联系以及这些全球视角是怎样影响学习制度的。

2. 中级标准

学生事务工作者在公平性、多样性和包容性方面应达到的中级标准是：

➤ 从事公平的、包容性的、积极的、非歧视的雇佣和晋升实践工作；

- 在大学内通过文化相关的项目和特殊的议题整合文化资源；
- 举办有效的多元文化培训，用来扩展工作人员的文化知识；
- 认清为达到平等和包容的目的而所遇到的系统性障碍，采取多种方式揭露这些障碍；
- 应用辩护技能，以协助对多元文化更加敏感的院校专业的发展；
- 在多样性和包容性问题上监督、挑战其他的专家；
- 帮助他人学习，实践社会正义；
- 在提供的 EDI 问题上进行自我反思、自我评价；
- 组织高等教育中专注于此项工作的专家，为他们提供多样化的互动机会。

3. 高级标准

学生事务工作者在公平性、多样性和包容性方面应达到的高级标准是：

- 确保机构的政策实施、设施安排、系统和技术的运用充分尊重和代表工作人员多样化的能力、信念及个性；
- 评估处理与 EDI 相关的问题，保证克服存在障碍时的机构效力；
- 确保 EDI 各种元素在机构任务、目标和项目中得到证实；
- 机构要为多样性举措的持续发展和包容性行为创造不间断的策略规划，并保证这些领域的能力运用在大学里的部门实践中并贯穿始终；
- 向其他单位、部门或机构提供策略咨询来增加对被忽视群体的支持和机会；
- 在回应仇恨和偏执等问题且对部门有影响的行为上展现出效力；
- 确保整个机构对个人尊重、公正、公平、无偏袒地对待。

(四) 职业道德规范实践

1. 初级标准

学生事务工作者在职业道德规范实践方面应达到的初级标准是：

- 在学生事务工作中准确表达个人道德准则，它反映了专业的学生事务协会和他们的基本道德规范的声明；
- 描述涉及个人的工作范围直接相关的专业协会的声明和基本原则；
- 解释个人行为是如何体现职业道德声明，特别体现在以下方面：学生与同事的关系、实用科技和可持续性实践、职业发展与规划、总体关系以及在寻找工作过程中的个人行为；
- 有效识别个人工作过程中所牵涉的道德问题；
- 利用来自机构和专业方面的资源协助解决道德伦理问题，例如：与经验丰富的监事或同事协商，向道德委员会委员咨询；
- 协助学生在道德方面进行决策，并在适当的时候向有经验的专业人士提供参考；
- 展现出对信念和价值观在个人完整性及职业道德实践中所起到的作用的理解；
- 妥善解决不符合道德标准的组织行为；
- 展示与可持续性发展有联系的道德承诺。

2. 中级标准

学生事务工作者在职业道德规范实践方面应达到的中级标准是：

➤ 阐述个人专业实践同个人道德准则、专业学生事务机构的道德准则声明是如何匹配的；

➤ 妥善解决地区之间职业道德标准不一致；

➤ 处理和解决同事和学生之间的道德失误行为；

➤ 明确法律对学生事务中不同功能区域和专业领域所发表的道德声明的影响，例如法律对医疗专业人员、对辅导员的影响；

➤ 识别和表达不同文化对道德标准解释的影响；

➤ 表达并实现个人道德决策的草案。

3. 高级标准

学生事务工作者在职业道德规范实践方面应达到的高级标准是：

➤ 从事有效的咨询，在伦理问题上给同事和学生提供建议；

➤ 确保在单位或部门工作的人员遵守道德准则、认清指导方针，并妥善解决差异性；

➤ 积极参加与伦理道德专业协会相关工作人员之间的谈话；

➤ 积极支持其他专业的道德发展，提升工作领域内的道德组织文化。

（五）历史、哲学和价值观

1. 初级标准

学生事务工作者在历史、哲学和价值观方面应达到的初级标准是：

➤ 介绍一个专业的基本哲学思想和价值观；

➤ 介绍高等教育学生事务工作中的机构类型、功能范围及其环境、背景的历史渊源；

➤ 介绍行业内的各种哲学思想；

➤ 阐明学生事务工作者应尽的义务；

➤ 拥有针对学生所需的同情心和怜悯心；

➤ 介绍高校中教师与学生事务工作者的角色作用；

➤ 声明服务对于高校和学生事务专业协会的重要性；

➤ 阐明专业实践的基本原则；

➤ 阐明高等教育各种身份工作人员对历史的吸纳和排斥；

➤ 解释学生事务专业协会的作用和责任；

➤ 解释与哲学和价值观相匹配的专业出版物的使用目的；

➤ 大致解释学生事务和高等教育所体现的公众作用和社会效益；

➤ 阐明对于历史前进性这一本质的理解，以及个人在塑造历史中的作用；

➤ 制定专业规范并向同行和监事交流有关此举的预期效应；

➤ 阐述工作中的价值观是对可持续性实践的意义。

2. 中级标准

学生事务工作者在历史、哲学和价值观方面应达到的中级标准是：

➤ 解释实践是怎样从历史背景中获得启示的；

➤ 探索新的哲学背景和方法；

- 辨识工作中的价值观并将其纳入到个人专业实践的活动中；
- 积极参加大学和学生事务专业协会的服务；
- 了解不同身份背景的国际学生事务背后的哲学思想的异同点；
- 向同事或教授请教专业问题；
- 向教职工解释学生事务专业的公共责任和社会效益；
- 阐明历史经验教训对未来实践的启示；
- 批判性地审视专业历史的现实意义。

3. 高级标准

学生事务工作者在历史、哲学和价值观方面应达到的高级标准是：

- 参与开发新的哲学方法和专业相对应的价值观；
- 与教师合作参与有关专业的教学和科研活动；
- 提升个人机会和职业机会；
- 积极参与学生事务专业协会的服务和领导；
- 通过加强长期专业的价值观引领教育，鼓励和促进团体活动；
- 致力于专业的研究和奖学金设置；
- 积极吸取历史教训指导未来的实践；
- 带领同事批判性地审视专业历史的现实意义；
- 在学生事务工作中具有高度的前瞻性思维；
- 把握其他国家的学生事务实践工作的历史与发展概况。

（六）人力和组织资源

1. 初级标准

学生事务工作者在人力和组织资源方面应达到的初级标准是：

- 阐明适当的用人技巧和单位录用政策、程序和流程，熟悉监督的基本原则，掌握监督手段的应用；
- 解释工作是如何开展的，个人在工作环境中应如何配合其他工作人员；
- 用个人当前工作岗位的专业发展计划来评估专业地位，并建立行动目标以促进一个适当的增长水平；
- 向学生、工作人员和其他人介绍激励技巧的应用；
- 论述可以导致组织内部和学生生活中发生冲突的基本前提和解决这些冲突的基本方法；
- 在操作设备使用或设备编程中有效地使用设备管理程序；
- 掌握基本的财务预算、财务管理、开销处理等知识；
- 展现有效的管理和资源利用的工作能力；
- 利用科技资源促进个人的工作效率和效益最大化；
- 描述环境敏感问题，并解释如何在个人的工作中体现出可持续性的要素；
- 制定和宣传会议议程；

> 了解网络在组织完成工作中如何发挥作用；
> 了解不同角色在完成目标和工作任务中发挥的作用；
> 建立应对重大事故和校园危机响应的校园草案；
> 解释个人或组织的责任、风险的基本原则。

2. 中级标准

学生事务工作者在人力和组织资源方面应达到的中级标准是：

> 实施适当、有效的招聘策略，制定面试协议及有关工作人员遴选决策协议；
> 应用先进手段来监督指导不可接受的、边缘的和异常员工的表现；
> 明确多种人员编制模式的利弊，支持与个人工作环境有关的工作描述和工作流程配置；
> 协助或指导个人制定适合自身的专业发展计划，以适应自身发展并为现在和将来的工作服务；
> 应用一系列的策略激励他人；
> 解决部门内以及部门内成员与其他部门成员之间的矛盾、冲突；
> 有效地开发和管理设施、政策、程序、流程、人力资源和材料；
> 采用先进的会计手段，包括预测、有效利用财政资源以及对财务报告的合理解释；
> 识别和分配技术要求，保持先进的技术知识水平，以使个人有效地利用现有技术，同时及时纳入新兴技术；
> 有意识地构建适应工作氛围的单位运行机能；
> 介绍学生事务专家如何促进各种筹资战略；
> 借助日程管理策略有效地管理和组织会议；
> 在一对一或是一对多的环境下有针对性的使用有效的言语和非言语的策略进行沟通、交流；
> 确定沟通所获的消息（口头和书面）与预期的结果一致；
> 创建和提交针对工作环境和专业协会正式演讲的材料；
> 组建相应的团队，促使有效地完成工作任务；
> 解释校园危机干预系统的相互性和整合性，涉及到以下机构或部门：国家事故管理系统、行为干预工作组、重要事件处理工作组；
> 从事政策和程序的开发、实施、决策，从而最大限度地减少对自身、对学生、对其他选民以及对机构的风险。

3. 高级标准

学生事务工作者在人力和组织资源方面应达到的高级标准是：

> 制定招聘和雇佣的策略以鼓励来自弱势群体的职位申请；
> 有效地干预员工行为期望、冲突和表现问题；
> 评估目前工作人员编制的有效性，支持有关单位对工作能力的考核，以此有效地促进机构、部门、单位的任务和目标的完成；

- 预计学生、单位或部门的需求是如何影响工作人员的能力水平,以使工作人员作出预期的调整以满足这些需求;
- 提高专业发展的积极性,定期评估部门内专家的专业实力,指出他们需要改进的方面,并为他们提供机会,以提升他们的知识和技能;
- 采用有效策略来激励面临着脱离校园生活、情感淡漠等问题的个人或团体;
- 管理多个部门之间因差异而导致的复杂性冲突,并采取有效、公平的解决方案领导团体;
- 为机构或部门的长期规划和预算过程评估设施和资源;
- 做好长期预算规划,创造性地在伦理方面将财政资源优先用于单位、部门或组织最需要使用的地方;
- 传授其他人资源管理工作的经验;
- 认识到技术进步应适当纳入学生、职员或其他人员生活的节奏中;
- 在单位和整个组织中坚持长期地努力工作,并努力扩大组织的规模;
- 有效实施并支持部门和机构的筹款方案;
- 认识到证实证据—决定—策略的路线,学会制定资源分配和再利用的规划;
- 评估日程管理和会议中的群体动态间的关系,以及认识到这种关系是如何影响目标实现、任务完成和对参与者的影响的;
- 了解同时具有内部选民和外部选民的个人或机构,即父母、未来的学生、外部组织机构等的想法;
- 评估所建网络的复杂度,并以此来确定这些网络的力量,以及这些网络如何使机构或部门的目标受益或受损;
- 评估当前成立的政治团体的成本和效益,特别是它们在促进合作和组织透明间的关系;
- 参与校园危机管理计划的开发、实施和有效性评估;
- 有效地评估同所提供的项目和服务相关的个人与机构的风险和责任,确保专业人员受过培训,以使个人与机构的风险降低到最低水平。

(七)法律、政策和治理

1. 初级标准

学生事务工作者在法律、政策和治理方面应达到的初级标准是:

- 解释公立和私立高等教育中关于法律系统的差异以及它们对不同类型机构中的学生、教员和职员的意义;
- 描述不断变化的学生机构关系的法律理论,及它们将如何影响专业实践;
- 描述国家的宪法和法律是如何影响公立和私立的大学的学生、教师和工作人员的权利的;
- 介绍面对法律分歧事件时是应当向个人监管员还是向大学法律顾问咨询;
- 根据联邦及各个州的法律和机构的政策表现出一致性、非歧视行为;

- 介绍政策是如何在部门和机构、当地以及州和联邦各级政府发展的;
- 确定主要政策制定者在部门和机构、当地以及州和联邦各级政府是如何影响一个人的专业实践的;
- 找出部门、本地、州和联邦级别影响政策制定者的内部和外部的特殊利益团体;
- 对高等教育中围绕的主要政策问题进行公开辩论,问题包括可负担性、责任和质量;
- 介绍包括管理结构、教师、职员、学生等信息在内的个人所在机构的管理系统;
- 描述曾用于管理或是调整各个州高等教育系统的体系,包括社区大学,以营利为目的的民办高等教育等;
- 描述联邦及各大州在高等教育中起到的作用。

2. 中级标准

学生事务工作者在法律、政策和治理方面应达到的中级标准是:

- 解释侵权及疏忽的法律理论及其对专业实践的影响;
- 解释合同法的法律理论及其对专业实践的影响;
- 管理机构和个人的侵权行为,在处理赔偿责任时体现出最佳专业实践水平;
- 掌握最新的法律趋势,了解它们将如何影响目前的案例;
- 适当地在部门、分部和机构的政策制定工作中咨询学生或学生代表的意见;
- 适当使用数据来进行政策分析;
- 联合执行部门和机构以及当地州和联邦各级政府开发政策;
- 实施最佳专业实践水平,以此推进机构在访问性、可负担性、承担责任和质量方面的进步;
- 解释个人所在组织内部管理系统的运行参数;
- 根据个人所在组织的报告解释外部管理主体公布的数据。

3. 高级标准

学生事务工作者在法律、政策和治理方面应达到的高级标准是:

- 发展机构的政策和做法,并符合联邦及各大州的法律;
- 发展机构的政策和做法,来有效管理机构和个人的侵权责任;
- 发展机构的政策和做法,并符合合同法的相关规定;
- 发展机构的政策和做法,并符合公民权利,废除种族歧视;
- 发展机构的政策和做法,并符合高等教育法的发展趋势;
- 发展个人所在部门和机构的政策,以及在适当时机影响地方、州和联邦各级政府的政策决策;
- 确保部门项目及设施符合任何环保政策或实体管理的条例;
- 在合适的时间有效地参与到个人所在机构的管理体系中;
- 向个人所在机构的管理实体提供合适的道德上的影响。

(八) 领导力

1. 初级标准

学生事务工作者在领导力方面应达到的初级标准是:

- 论述自己的看法、个人价值观、信仰，并了解历史的观点是如何启示自己要想成为一名成功的领导者需要满足哪些基本的要求；
- 找出自己作为一位领导者的优、劣势，并寻求机会发展领导技能；
- 识别各种结构的领导力和领导风格，但不限于象征性的、专业的、激励的领导风格；
- 在个人工作环境和社会实践中确定团队精神和团队建设的基本原理；
- 介绍和应用团队建设的基本原则；
- 使用技术方式来支持领导，例如：寻求输入或反馈，共享决策，展示支持决策的数据，使用群组支持网站工具；
- 了解校园文化，例如：学术文化、学生文化以及两者之间的协作关系，将这种认识运用到个人工作中；
- 阐明主要工作单位、部门和机构的愿景和使命；
- 解释引导组织改进的价值观；
- 确定机构的传统习俗和组织结构，例如：阶级、网络、管理组、权利本质、政策、目标、议程和资源分配过程等，以及解释它们在组织中如何影响他人；
- 解释不同类型决策的优缺点，例如：协商一致、多数表决、权威人士决定等。
- 批判性、创造性地思考，想象当前并不存在或并不明显可能会发生的解决方案；
- 识别并有效地向关键利益相关者、具有不同背景的人咨询以做出明智的决策；
- 对不同群体的人或单位解释可持续性实践决策的影响；
- 向所有利益群体阐明做出决策的逻辑思路；
- 表现出能将普通民众团结在一起的见多识广的自信，以实际行动来改变他们的想法和世界观；
- 了解并引入关于潜在问题的对话，并在合适场合开展对话，例如：员工会议现场。

2. 中级标准

学生事务工作者在领导力方面应达到的中级标准是：

- 比较、批判，并应用适当的领导模式来应对组织生活中的各种情况；
- 认识组织单位内成员之间的相互关系；
- 计划和组织一个单位的资源来支持单位、部门和机构的目标实现；
- 为移除学生和工作人员成功路上的绊脚石而努力；
- 注意内部分工的变化，鼓励学生和工作人员成为消除障碍的倡导者；
- 促进达成共识的过程；
- 在决策过程中考虑自己和他人观点不一致的地方；
- 用合适的方法将决策过程中所用的数据变得透明化和可理解化；
- 规划时寻求创业的角度；
- 给予寻求成为更有效领导者的同事和学生们适当的反馈；
- 成为新生、新的专业人士或那些组织单位新人的导师；
- 创造环境鼓励学生，使他们认为自己有潜力能够为校园社区作出有意义的贡献，并在

社团中保持谦逊的态度;

➢ 愿意以负责任的态度、主人翁的意识从事校园治理工作。

3. 高级标准

学生事务工作者在领导力方面应达到的高级标准是:

➢ 领导、鼓励、影响、启发他人,使他们在组织影响过程中作出贡献,取得成功;

➢ 在真实的自我和其他角色中显示出真实性和一致性;

➢ 促进、推动和评估合作倡议,为队伍建设而努力,使用适当的技术支持工作;

➢ 建立单位、部门和机构的短期和长期的规划及共同愿景;

➢ 在机构中促进可持续发展,评估目标完成情况,并与机构的使命和决策相一致;

➢ 实施关于全球化视野和可持续问题等不断变化的部门的相应策略;

➢ 在单位和部门决策中承担责任;

➢ 建议成立委员会、工作组、交流组和跨职能角色部门等;

➢ 创造一种用适当和有效的反馈系统,例如:360度反馈过程,以此来提高个人领导力与团队绩效;

➢ 建立并维持系统的指导,以确保学生和专业人士获得所需的支持;

➢ 召集适当的人员来发现和解决潜在的问题;

➢ 联系其他单位,提醒他们可能会出现的影响他们工作的问题。

(九) 个人基础能力领域

1. 初级标准

学生事务工作者在个人基础能力方面应达到的初级标准是:

➢ 识别个人信念和承诺中的关键要素,例如:价值观、道德观、目标、欲望等,以及各自的根源所在,例如:自我、同行的家人,一个或多个较大的社区等;

➢ 确定主要的工作职责,并给予合适的不间断的反馈,形成一个现实的、总结性的自我评估;

➢ 强调个人职业和个人生活的重要性,并承认职业与生活的交叉点的存在;

➢ 表达对个人的态度、价值观、信念、假设、偏见和身份的认识和理解,因为它会影响一个人的工作,例如:与他人一起工作时,通过参与挑战自身信仰的活动来发展个人文化技能;

➢ 阐明如何养成健康的生活习惯来迎接更好的生活;

➢ 阐明健康是一个宽泛的概念,包括情绪、生理、社会、环境、关系、精神和智力的健康;

➢ 识别和描述卓越的人士所共同的职业责任;

➢ 清楚个人工作中有意义的目标;

➢ 确定基础能力对心理健康的积极和消极的影响,视情况而定,并从现有的资源中寻求帮助;

➢ 认识反思在个人和专业发展中的重要性。

2. 中级标准

学生事务工作者在个人基础能力方面应达到的中级标准是:

➤ 认识到个人信念和承诺中关键要素的现实意义；

➤ 发现持续增长的需求和机会；

➤ 寻找不和谐的缘由，采用合适的步骤解决问题，并最终达到自我实现；

➤ 认识到工作与个人生活之间的相互影响，并制定计划来管理相关问题；

➤ 尊重他人的态度、价值观、信念、假设、偏见和身份，并说明它们对一个人工作的影响；

➤ 发现和运用资源提高自己的心理健康水平；

➤ 分析个人生理健康和心理健康对他人的影响，以及在建立相互积极关系中的个人责任；

➤ 解释责任执行过程中的责任性和相关性；

➤ 卓越的自我定义，评估一个人的卓越意识是怎样影响自己和他人的；

➤ 加强一个人的心理弹性，包括参与压力管理活动，从事个人或精神探索，在工作内外建立健康的人际关系；

➤ 对于深入的学习和发展进行个人经验的分析，并同他人进行反思性讨论。

3. 高级标准

学生事务工作者在个人基础能力方面应达到的高级标准是：

➤ 对个人重塑信念和承诺，同时也要认识到其他重要人员的贡献，例如：自我、同伴、家庭或一个或多个较大社区；

➤ 不仅要参加立即增长的领域，也要参加涉及到预期的职业生涯规划的领域；

➤ 寻求可以提升个人发展空间的、具有足够挑战的环境及合作事项，并提供足够的支持说明这样的发展是可能的；

➤ 调节工作和个人生活之间的不一致性；

➤ 通过分享个人经验和培养他人的能力，成为一名榜样和导师，并协助同事实现工作与生活的平衡；

➤ 创建并实施个性化的健康生活计划；

➤ 在关系中展示出相互性；

➤ 评论别人追求卓越的意识，采取措施鼓励和启发自己和他人做出出色的工作；

➤ 制定计划和制度以确保自我和他人的卓越性；

➤ 在工作中证明对他人心理健康的关心，并与同事共同寻求支撑这种健康的方式；

➤ 将思考转换成积极的行动力；

➤ 在个人的日常工作中构思出自然反馈的过程。

（十）学生学习与发展

1. 初级标准

学生事务工作者在学生学习与发展方面应达到的初级标准是：

➤ 准确表达以下理论和实践：关于描述学生发展和关于促进学生全面发展的条件和做法；

➤ 阐明种族、民族、阶级、性别、年龄、性取向、性别认同、残疾、宗教信仰在大学期间是如

何影响学生的个人发展的;

> 识别和定义不同类别的理论,例如:学习的、社会心理和身份发展的、认知结构的、类型的、环境的等;
> 表述自己的发展历程,确定自己的非正式的学生学习与发展理论(也称为"使用中的理论"),并掌握如何采用正式的方式来表达这些理论从而加强学生工作的;
> 探索使用学习理论和模型指导来完成培训或教学实践的路径;
> 收集日常教学实践和培训活动中的学习成果;
> 评估教学、学习和培训成果,并将成果与实践相结合。

2. 中级标准

学生事务工作者在学生学习与发展方面应达到的中级标准是:

> 设计基于学生学习与发展的理论研究成果的方案和服务,以促进学生的学习和发展;
> 利用从理论到实践的模式来指导个人或单位的实践;
> 采用理论学习的方式创造学习机会;
> 识别、利用课程和项目发展构建中合适的机会以鼓励持续学习和不断发展;
> 构建有效的课程计划和教学大纲;
> 创建和评价学习成果以评估部门、机构的任务完成进度;
> 利用学习成果指导实践的方式去授课、训练和实践。

3. 高级标准

学生事务工作者在学生学习与发展方面应达到的高级标准是:

> 利用理论来指导部门和机构的政策和实践;
> 向同事、教师、学生、家长、政策制定者等解释理论,并以此来有效地提高对学生事务工作的认识;
> 分析和评判流行的理论;
> 为理论发展做出贡献;
> 确定工作人员将理论转化为实践的能力并利用各种学习概念创造职业发展的机会;
> 评价和评估各部门学习和教学的有效性,并将其有效性与较大的校园群体相沟通,解释关于合作机会、整合学习机会的契机等相关内容;
> 建立和支持充满包容和与学生贴心的校园社区,推动深入学习、促进学生成功;
> 与校园团体交流学生事务的学习方向。

参 考 文 献

中文著作：

1. ［美］布利姆林. 良好的学生事务实践原则——促进学生学习的视角［M］. 储祖旺等，译. 北京：科学出版社，2013.
2. ［美］苏珊·R·考米斯. 学生服务：高校学生事务工作手册（第四版）［M］. 北京：中国青年出版社，2008.
3. ［美］温斯顿. 学生事务管理者专业化论［M］. 储祖旺，胡志红等，译. 北京：科学出版社，2010.
4. 冯刚，赵锋. 走进英国高校学生事务管理［M］. 北京：中国人民大学出版社，2008.
5. 教育部思想政治工作司组编. 走进美国高校学生事务管理［M］. 北京：中国人民大学出版社，2011.
6. 马超. 美国大学学生事务研究［M］. 北京：知识产权出版社，2009.
7. 杨克瑞. 战后美国联邦政府大学生资助政策研究［M］. 北京：北京师范大学出版社，2007.
8. 张晓京. 美国高校学生事务管理：基于八所大学的个案研究［M］. 北京：中国传媒大学出版社，2010.

中文网站与报刊：

1. 百度百科中"慕课"词条：http://baike. baidu. com/link.
2. 赵妍. 北大清华部分课程上线 MOOC，高校试水在线教育.
3. 温静. 美国联邦政府研究生资助政策研究［D］. 西南大学，2012.
4. 包水梅. 中美高等教育学博士研究生培养制度的比较研究［J］. 高校教育管理，2012(4).
5. 卢丽琼. 浅析美国高校研究生助教制度及启示［J］. 复旦教育论坛，2005(1).
6. 彭敏. 美国大学教学助理管理制度研究——基于哥伦比亚大学的个案分析［J］. 大学：学术版，2012(9).
7. 石旺鹏，彩万志，刘庆昌. 美国研究生助教的培养和考核体系——以宾夕法尼亚州立大学为例［J］. 学位与研究生教育，2012(5).
8. 王竞辛. 美国高等教育学生资助制度研究——以加州大学为例［D］. 东北师范大学硕士学位论文，2007.
9. 王娜. 美国研究生资助研究［D］. 河北大学硕士学位论文，2008.
10. 王丹. 美国高校开展职业咨询实务的特点与启示［J］. 中国青年研究，2011(6).
11. 刘帆. 美国博士生职业发展服务创新：以密歇根州立大学为例［J］. 高等工程教育研究，2013(2).
12. 江捷. 美国大学的荣誉制度对我国高校诚信教育的启示［J］. 中国电力教育，2011(35).
13. 陈媛，康玉，唐张杰. 普林斯顿大学荣誉制度及启示［J］. 大学教育科学，2012,03(3).
14. 杨蕾，王文杰. 美国高校荣誉制度建设及其对我国的启示——以马里兰大学为例［J］. 中国科教创新导刊，2013(5).
15. 马莉. 《美国高校诚信教育特点及启示——以英语专业大学生诚信教育为例》［J］. 征信，2012(5).

国外高校官方网站和官方文件：

1. 麻省理工学院官方网站：www. mit. edu.
2. 斯坦福大学官方网站：www. stanford. edu.
3. 牛津大学官方网站：www. ox. ac. uk.
4. 新加坡国立大学官方网站：www. nus. edu. sg.
5. 耶鲁大学官方网站：www. yale. edu.
6. 密歇根大学官方网站：www. umich. edu.
7. 加州大学伯克利分校官方网站：www. berkeley. edu.
8. 布朗大学研究生手册：www. brown. edu/academics/gradschool/graduate-school-handbook.

9. 哈佛大学官方网站：www. harvard. edu.

10. 中田纳西州立大学官方网站：www. mtsu. edu.

11. 哈佛大学商学院官方网站：www. hbs. edu/mba/financial-aid/Pages/hbs-fellowship-program. aspx.

12. 哈佛大学科学艺术研究院官方网站：www. gsas. harvard. edu/prospective_students/flas. php.

13. 哈佛大学教育研究院官方网站：www. gse. harvard. edu/admissions/financial _ aid/fellowships/meritbased. html.

14. 哈佛大学肯尼迪学院研究生奖学金官方网站：www. hks. harvard. edu/degrees/sfs/prospective-students/fellowships-scholarships/intl/hks-affiliated.

15. 新加坡国立大学环境与水业计划办公室官方网站：www. ewi. sg/scholarship.

16. 新加坡国立大学商学院官方网站：bschool. nus. edu. sg/TheNUSMBAProspectiveStudents/TheNUSMBA/Admission/FinancingyourMBA/Scholarships/tabid/2279/default. aspx.

17. 哥伦比亚大学教学中心官方网站：Graduate School of Arts and Sciences Columbia University. Workshops.

18. 哈佛大学医学院学生资助手册：hms. harvard. edu/sites/default/files/assets/Sites/Financial _ Aid/files/HMSFinAidGuide. pdf.

19. 布朗大学官方网站：www. brown. edu.

20. 科罗拉多大学官方网站：www. colorado. edu.

21. 弗吉尼亚大学官方网站：plagiarism. bloomfieldmedia. com/z-wordpress.

22. 宾夕法尼亚大学图书馆官方网站：www. libraries. psu. edu/instruction/infolit/andyou/mod9/plagiarism. htm.

23. 普林斯顿大学学术诚信网页：www. princeton. edu/pr/pub/integrity/pages/cite/.

24. 宾夕法尼亚大学外卡顿学习资源中心网站：vpul. upenn. edu/lrc.

25. 耶鲁大学网站：yalecollege. yale. edu/content/dean-miller-academic-intergrity.

26. 加州理工学院官方网站：diversitycenter. caltech. edu.

27. 普林斯顿大学心理健康服务官方网站：www. princeton. edu/uhs/student-services/counseling-psychological/mind-body-programs/index. xml.

28. 宾夕法尼亚大学官方网站：www. upenn. edu.

29. 俄克拉荷马州立大学职业服务中心网站：www. hireosugrads. com.

30. 明尼苏达大学职业服务中心网站：www. career. umn. edu.

31. 哈佛大学校友会网站：post. harvard. edu/olc/pub/HAA/register/register. cgi.

32. 密歇根州立大学研究生院网站：grad. msu. edu/prep/workshops. aspx.

33. 哥伦比亚大学官方网站：www. columbia. edu.

34. 剑桥大学官方网站：www. cam. ac. uk.

35. 德国慕尼黑工业大学官方网站：www. tum. de.

36. 滑铁卢大学官方网站：uwaterloo. ca.

37. 纽约大学官方网站：www. nyu. edu.

国外相关机构官方网站：

1. 美国国家科学基金会：www. nsfgrfp. org.

2. 美国国防部国防科学与工程研究生奖学金计划官方网站：ndseg. asee. org.

3. 房利美和约翰赫兹基金会研究生奖学金官方网站：www. hertzfndn. org/dx/fellowships/fellowshipaward. aspx.

4. 新加坡国防科技研究院官方网站：www. dso. org. sg/awardschemes. aspx.

5. 美国联邦学生资助官方网站：studentaid. ed. gov/types/grants-scholarships/teach.

6. 美国国家学生人事者管理协会官方网站：www. partneragents. com.

外文文献：

1. American College Personnel Association. The Student Learning Imperative：Implications for Student Affairs. Washington，DC：American College Personnel Association，1996.

2. Arthur Sandeen，Margaret Barr. Critical Issues for Student Affairs-Challenges and Opportunities. San Francisco：John Wiley & Sons, Inc. ，2006.

3. Benjamin R. Marx, Job R. F. Soames, White A. Fiona, Wilson J. Clare. Moral Comprehension and What it Might Tell Us about Moral Reasoning and Political Orientation. Journal of Moral Education, Vol. 36, No. 2, June, 2007.

4. Bridget Terry Long. How do Financial Aid Policies Affect College? Journal of Human Resources, Autumn, 2004.

5. D. Gehring, E. M. Nuss, G. Pavela. Issues and Prespectives on Academic Internity. Washington, DC: National Association of Student Personnel Administrators, 1986.

6. Fritz K. Oser, Wolfgang Althof, Ann Higgins-D'Alessandro. The Just Community Approach to Moral Education: System Change or Individual Change? Journal of Moral Education, Vol. 37, No. 3, September 2008.

7. G. S. Blimling, E. J. Whitt. Principles of Good Practice for Student Affairs. About Campus, 1998, 31(1).

8. J. Barr Margaret, Mary K. Desler, Associates. The Handbook of Student Affairs Administration. San Francisco: Jossey-Bass, 2005.

9. J. Barr Margaret. The Handbook of Student Affairs Administration. San Francisco: Jossey-Bass, 1993.

10. Joseph L. Murray, Page Hall Naimoli, Kagan R. Shane, Sean M. Kirnan Snider, R. Brian. Reflections on the Use of Undergraduate Research to Support Student Affairs Assessment. Journal of College Student Development, 2004,45(2).

11. Juan C Gonzalez. Assessment Practice in Student Affairs: An Applications Manual (Review). Journal of Higher Education, 2002,73(4).

12. Karen Kellogg. Collaboration: Student Affairs and Academic Affairs Working Together to Promote Student Learning. Washington DC: ERIC Clearing House on Higher Education, 1999.

13. Lorayn Olson, A. Rachel. Rosenfeld. Parents and the Process of gaining Access to Student Financial Aid. Journal of Higher Education, Jul. -Aug. , 1984.

14. Margaret Spellings. Practical Information on Ctisis Planning: A Guide for Schools and Communities. Washington: U. S. Department of Education, Office of Safe and Drug-free Schools, 2003.

15. Marilee J. Bresciani. Frameworks for Assessing Learning and Development Outcomes. Journal of College Student Development, 2007,48(5).

16. Matthew J. Mayhew, Patricia King. How Curricular Content and Pedagogical Strategies Affect Moral Reasoning Development in College Students. Journal of Moral Education, Vol. 37, No. 1, March, 2008.

17. Roger B. Winston, Jr. Don G. Geamer, Theodore K. Miller, Associates. The Professional Student Affairs Administrator: Educator, Leader and Manage. Taylor & Francis Group, 2001.

18. Stephen L. DesJardins, Ahlburg, Dennis A. , McCall, Brian Patrick. An Integrated Model of Application, Admission, Enrollment, and Financial Aid. Journal of Higher Education May-Jun. , 2006.

19. Theodore K. Miller, Jr. Winston, B. Roger, Associates. Administration and Leadership in Student Affairs: Actualizing Student Development in Higher Education. Accelerated Development Inc. 1991.

20. U. S. Government Accountability Office (2005). Transfer students: Postsecondary Institutions Could Promote More Consistent Consideration of Coursework by Not Deter-mining Accreditation[EB/OL]. 2011 - 5 - 24.

参
考
文
献